本书由宁波工程学院学术专著
出版基金资助出版

高校社科文库
University Social Science Series

教育部高等学校
社会科学发展研究中心

汇集高校哲学社会科学优秀原创学术成果
搭建高校哲学社会科学学术著作出版平台
探索高校哲学社会科学专著出版的新模式
扩大高校哲学社会科学学科科研成果的影响力

顾客采用网络银行的影响因素研究

焦勇兵/著

The Study of Factors Affecting Customers' Adoption of Internet Banking

光明日报出版社

图书在版编目（CIP）数据

顾客采用网络银行的影响因素研究 / 焦勇兵著 . -- 北京：光明日报出版社，2011.5（2024.6重印）

（高校社科文库）

ISBN 978 - 7 - 5112 - 1191 - 0

Ⅰ.①顾… Ⅱ.①焦… Ⅲ.①电子银行—研究 Ⅳ.①F830.49

中国版本图书馆 CIP 数据核字（2011）第 075624 号

顾客采用网络银行的影响因素研究

GUKE CAIYONG WANGLUO YINHANG DE YINGXIANG YINSU YANJIU

著　　者：焦勇兵	
责任编辑：刘　彬　佟翠玲	责任校对：赵英慧　刘　洋
封面设计：小宝工作室	责任印制：曹　净

出版发行：光明日报出版社

地　　址：北京市西城区永安路 106 号，100050

电　　话：010-63169890（咨询），010-63131930（邮购）

传　　真：010-63131930

网　　址：http：// book. gmw. cn

E - mail：gmrbcbs@ gmw. cn

法律顾问：北京市兰台律师事务所龚柳方律师

印　　刷：三河市华东印刷有限公司

装　　订：三河市华东印刷有限公司

本书如有破损、缺页、装订错误，请与本社联系调换，电话：010-63131930

开　　本：165mm×230mm			
字　　数：274 千字		印　　张：15.75	
版　　次：2011 年 5 月第 1 版		印　　次：2024 年 6 月第 2 次印刷	
书　　号：ISBN 978 - 7 - 5112 - 1191 - 0 - 01			
定　　价：69.00 元			

序 言

大陆漂移学说之父魏格纳认为，不同板块之间的碰撞所形成的区域就是富矿蕴藏之处。网络银行就是银行业与互联网碰撞的富矿区，它已经成为银行业获取利润的新兴营销渠道。目前在中国，几乎所有的商业银行都构建了自己的网络银行渠道。同实物渠道不同，网络银行渠道有其自身独特之处，这主要体现在网络银行情境中的顾客心理和行为方面，焦勇兵博士的著作《顾客采用网络银行的影响因素研究》则是这方面研究的力作。

该著作将科技接受模型引进具体的网络银行情境中，同时吸收其它相关理论中的有关变量，构建了网络银行接受模型，来探讨和检验顾客采用网络银行的影响因素。同国内外相关研究相比，该著作具有其独特之处：首先，与以往的研究不同，该著作在构建网络银行接受模型时，不仅考虑到了顾客方面的因素，同时还考虑到了服务提供者即银行方面的因素。其次，在检验顾客采用网络银行的影响因素时，该研究发现，信任和感知风险在顾客对网络银行的接受中扮演着不可忽视的重要角色。

该著作在文献综述方面下了很大的功夫。可以说，这是迄今为止我看到的有关信息技术接受方面的研究最为完整的理论回顾。该著作的理论回顾包括信息技术接受理论，如科技接受模型、第二代科技接受模型和整合性科技接受模型、理性行为理论、计划行为理论、创新扩散理论、科技准备度和任务技术匹配模型等；也包括社会心理学理论，如社会认知理论、电脑自我效能理论、电脑恐惧症理论、沉浸理论、Triandis 模型、个人电脑使用模型和动机模型等；还包括服务营销和电子商务中的一些理论如基于科技的自助服务传递模型以及 B2C 电子商务理论等。另外，该著作还从五个不同角度就国内外学者有关网络银行接受的文献进行了梳理，这对于今后的相关研究是值得肯定的贡献。

该著作的研究方法也具有独特之处，尤其是采用了结构方程模型中的 Amos 软件进行分析，这在营销学领域中还比较少见。在数据要求上，A-mos 可以直接使用原始数据，即它可以读取 SPSS 的数据文件，两者可以相整合，这是比 Lisrel 更加方便之处。所以该著作采用 Amos 软件进行模型之验证是非常合理和科学的，这也是我欣赏该著作的原因之一。

该著作无论对于网络银行营销实践者，还是对于网络银行顾客行为的研究者都具有极其重要的意义。就对于网络银行营销实践者的意义而言：首先，银行部门应该将顾客对网络银行的信任放在首要的位置，只有这样才能使顾客认识到网络银行是值得信赖和采用的。其次，银行部门应该采用整合营销传播战略来扩大自己的顾客群。再次，银行部门应该将市场聚焦于自我效能高的顾客群体。第四，银行部门还应该加强网络银行的便利条件，以使顾客体验到网络银行给其带来的方便。最后，银行部门也可以举办定期的网络银行教育及培训活动，这样不仅可以让顾客认识和了解使用网络银行的优点，而且还可以降低顾客因教育水平、年龄、收入、职业等因素所造成的采用差距。

就对于网络银行顾客行为的研究者的意义而言：该著作显然为后续的研究如网络银行顾客的忠诚与转换等奠定了基础，同时该著作也为学者从事其他网络行为研究如网络购物、网络游戏中的顾客行为等提供了借鉴。

焦勇兵博士是几年前我在南开大学时所教的博士生。该著作是他在博士学位论文的基础上完善而成的。今闻该著作由光明日报出版社出版，甚是为他感到欣慰。我欣然为他这部作品作序，旨在鼓励他以后在营销学领域有更佳的作品问世，为中国的营销学事业作出贡献。

范秀成

2011 年 1 月 20 日

于复旦大学

CONTENTS 目 录

第一章

引　言

　　本章首先引出的是研究背景，其次介绍的是研究目的、研究问题与研究范围，再次展示的是研究意义，接着显现的是研究方法和技术路线，最后呈现的是本研究的创新点和论文结构。

第一节　研究背景

　　这一节勾勒出了本文的研究背景，主要表现在以下四个方面。

一、世界各地银行纷纷走上网络化的道路

　　随着互联网的出现和深入发展，一种新型的商业交易模式——电子商务越来越受到企业的欢迎和青睐。这种情况在银行业表现得尤为突出：网络银行这一电子商务模式正在使银行业进入一个全新的发展时期。自 1995 年 10 月美国安全第一网络银行（Security First Network Bank，SFNB）（Grandy，1995）开始营业至今，世界各地的银行已经纷纷走上网络化的道路。在美国，目前传统银行都把网络银行作为一个新的经济增长点，各银行纷纷开始筹备或已开展网络银行业务。美国 85% 的银行已经或正准备开展网络银行业务，网络银行业务量目前已经占到传统银行业务量的 50% ~ 60%（滕光进和刘琛，2006）。在欧洲，网络银行的市场份额也在不断扩大，其网络银行的用户现在以每个月净增百万的速度在发展，网络银行用户占到银行总用户的 20% 以上（王永莉，2003）。在中国，1997 年深圳招商银行率先开通了网络银行业务（Li，2002），到 2005 年，中国排名规模最大的 50 家商业银行中提供网络银行业务的有 25家，网络银行用户数更是飙升至 3000 多万户，网络银行业务已高达 72.6 万亿元（方渝军，2006）。可以预料，随着时间的推移，网络银行用户和业务还会

攀升。根据 Bradley 和 Stewart（2003）的研究，到 2011 年，几乎所有的银行都会实施网络银行服务。网络银行业务会成为银行间竞争的焦点，各个银行会用尽浑身解数来抢夺顾客资源。

二、网络银行顾客数量和顾客交易额逐年增加

互联网的普及也推动了广大顾客传统支付观念的改变，采用电子商务进行支付的顾客会越来越多。2004 年中国电子支付的采用者规模为 3400 万，2005 年规模增长为 5600 万，年增长率为 65%。未来几年我国网络支付采用者规模将继续扩大，2010 年我国网络支付采用者规模将达到 50350 万（艾瑞咨询，2006）。2004 年中国 B2C 购物交易额为 42 亿人民币，2005 年该数字达到 56 亿人民币，增长率为 33%，截至 2006 年底，中国 B2C 总体交易额为 82 亿元，预计 2010 年将达到 460 亿人民币（艾瑞咨询，2006）。这就意味着采用网络银行进行服务的顾客呈现愈来愈多的趋势，网络银行对于服务提供者和顾客的重要性已经初见端倪。艾瑞市场咨询的研究成果显示，随着个人金融服务和产品的不断发展和丰富，中国个人网络银行用户规模迅速发展。2005 年中国个人网络银行用户规模为 3460 万户，2006 年该规模增长为 7000 万户，年增长率达到 102%。艾瑞预测，2007 年中国个人网络银行用户规模将达到 1.17 亿户，未来几年中国个人网络银行用户规模将继续扩大，2010 年将超过 2 亿户，达到 2.15 亿户。（艾瑞咨询，2006）艾瑞市场咨询的研究成果还显示，2005 年中国个人网络银行交易额为 24000 亿元，2006 年该交易额达到 41000 亿元，年增长率达到 71%。艾瑞咨询预测，2007 年中国个人网络银行交易额将达到 60000 亿元，未来几年中国个人网络银行交易额规模将继续扩大，2010 年该交易额规模将超过 11.6 万亿元。（艾瑞咨询，2006）可以看出，网络银行顾客给银行会带来越来越多的利润。

三、国内银行面临外资银行的压力和挑战

许多在华外资银行的母行都建立了较为完善的网络银行，如花旗、汇丰、东亚、德意志等多家外资银行。（王玉秋，2005）根据相关协议，自 2007 年始，作为世界贸易组织（WTO）成员的中国将彻底兑现其"入世"条款中的各项承诺（吴晓云和焦勇兵，2007），允许外资银行在华设立法人机构并经营对居民的人民币零售业务，并取消外资银行经营人民币业务全部的地域限制。

这样，实力雄厚的外资银行在中国市场的重重壁垒将不复存在，构成对中国银行业的有力挑战。我国银行业在这种空前的压力与挑战下，只有用最先进的科技和理念武装自己，大力发展和开拓网络银行业务，凭借熟悉本土顾客需求的优势建立起广泛的国内顾客群对网络银行的依赖，才能形成新的竞争优势。

四、网络银行给银行和顾客带来双赢的格局

网络银行使银行不再局限于以单一的分支机构作为服务渠道，银行可以通过网络银行这种新兴的营销渠道为不同的顾客提供各种不同类型的服务。网络银行使银行的运营成本将变得十分低廉，顾客也可以在任何通因特网的地方非常方便地享受到银行所提供的各种金融产品和服务。从银行的观点而言，网络银行是目前全球十分流行的金融营运手段，其目标是：通过削减运营成本对成本进行控制、通过全天 24 小时可提供的服务使绩效得到改善、通过在任何地点就可以接受服务对顾客群进行广泛的覆盖、通过更佳的质量和额外的非金融服务带来收入的增加、以及通过人性化的服务而使顾客感到便利。（Bradley 和 Stewart，2002；Chau 和 Lai，2003；Frust et al.，2000；Suganthi 和 Balachandran，2001）就通过削减运营成本对成本进行控制这个目标而言，网络银行可以使银行节省大量的成本，如减少分支网点和收缩员工数量等，所以网络银行是银行采取的最便宜的渠道。（Giglio，2002）从顾客的观点而言，网络银行给顾客管理其财务提供了便捷高效的途径，因为在任何地点一天 24 小时和一年 365 天不需要亲自到银行就可以进入网络享受服务（Rotchanakitumunai 和 Speece，2003）。也就是说，顾客可以在任何时间、任何地点通过任何方式享受网络银行带来的便利性。可见，网络银行可以使顾客充分享用自助服务渠道，从而使顾客省去耗时、耗力奔波于分支网点之苦（Karjaluoto et al.，2003）。所以说，银行成本的降低、效率的提高和顾客的方便性需要通过网络银行渠道来实现。

不过，网络银行在给银行和顾客带来双赢利益的同时，顾客对于网络银行的采用亦会遇到诸多因素的限制。其中信任和感知风险是影响顾客采用网络银行的最为突出的因素。网络银行比传统的银行分支机构更具有风险性（Howcroft et al.，2002），尽管顾客正在体验到网络银行给其带来的便利性，但是网络银行的安全和隐私问题却为顾客所担忧（Howcroft et al.，2002），这就会导致顾客对网络银行的信任产生动摇，而缺乏对网络银行的信任是影响顾客采用意图的最大障碍（Alsajjan 和 Dennis，2006）。因此，银行部门一定要使自己的网络银行系统设置得安全可靠，只有这样才能赢得顾客的信任。

第二节 研究目的、问题与范围

本节凸显的是本文的研究目的、研究问题和研究范围，具体如下。

一、研究目的

先前的研究理论分别从不同侧面分析顾客对于网络银行的采用，有的学者以科技接受模型为基础，主要用来分析顾客方面的认知因素对于网络银行采用的影响（如 Luxman，1999；Howcroft et al.，2002）；也有学者从创新扩散理论的角度来研究顾客对于网络银行的采用（如 Polatoglu 和 Ekin，2001）还有的学者将科技接受模型同理性行为理论和计划行为理论相结合，以探索顾客采用网络银行的影响因素（如 Lassar et al.，2005；Mattila et al.，2003）；更有学者从基于科技的自助服务角度来挖掘和分析顾客采用网络银行的因素（如 Gerrard 和 Cunningham，2003）。本研究认为，网络银行是一种信息系统，是一种创新的高科技产品和服务，是一种向顾客提供的基于科技的自助服务渠道，更是一种特殊的 B2C 电子商务。因此，前人研究的有关信息系统接受、创新产品和服务的接受、基于科技的自助服务以及 B2C 电子商务的理论都可以用到顾客对网络银行采用的研究。

鉴于此，本研究的目的是，以科技接受模型为基础、同时吸收理性行为理论、计划行为理论、创新扩散理论、科技准备度理论、任务技术匹配模型、社会认知理论、电脑自我效能理论、电脑恐惧症理论、沉浸理论、Triandis 模型、个人电脑使用模型、动机模型、基于科技的自助服务传递模型和 B2C 电子商务理论中的有关变量，构建网络银行接受模型，来探讨顾客采用网络银行的影响因素。具体而言：

（1）以科技接受模型为基础，开发网络银行接受模型，对于顾客采用网络银行的影响因素进行分析。

（2）从顾客和银行双方面探讨影响顾客认知的前置因素。

（3）研究网络银行中信任和感知风险对顾客采用意图的影响。

（4）将研究结果回馈给银行业者，帮助其推动网络银行营销策略之参考。

二、研究问题

对于认知因素而言，越来越多的学者认为有外部变量会对其产生影响

（Davis et al.，1989；Venkatesh 和 Davis，2000），学者们也试图就认知因素对采用意图的影响进行解释（Davis et al.，1989）。本研究认为，就外部变量对认知因素的影响而言，不仅仅有顾客方面的因素，而且还有银行方面的因素；就认知因素而言，还应该包括除了感知有用性和感知易用性之外的因素；就所有对采用意图的影响因素而言，每种因素的影响强度是不同的。另外，在具体的网络银行这种虚拟的情境中，信任和感知风险应该受到特别的关注。因此，在网络银行环境下，本研究旨在回答以下研究问题：

（1）有哪些因素对顾客的采用意图产生影响？

（2）顾客方面的自我效能和银行方面的便利条件对顾客的认知因素产生怎样的影响？

（3）对采用意图的影响因素进行比较，何种因素对于采用意图的影响较大？

（4）信任和感知风险在网络银行接受中究竟充当什么样的角色？

三、研究范围

网络银行的研究范围亦可以说是比较广泛，有从金融学角度进行研究的，范围限制在通过网络银行进行金融衍生工具的创新和发行，或者是限制在维护网络安全、防范金融风险；有从计算机和信息系统技术角度进行研究的，范围限制在网络银行基础设施的建设和网络安全等；还有从组织管理学角度进行研究的，范围限制在组织本身内部的员工对于网络银行的接受。

网络银行实际上是一种特殊的电子商务，同一般的电子商务相同，网络银行是银行通过互联网直接向最终消费者（B2C）、企业和政府（B2B 和 B2G）等组织销售产品和服务。本论文旨在研究在 B2C 环境下，最终消费者也就是网络银行个体顾客对于网络银行的采用，这同以往有关组织本身内部的员工对于网络银行接受的研究形成对照，也同在 B2B 和 B2G 环境下企业顾客和政府顾客对于网络银行采用的研究区别开来。因此，在本研究中，除非特别指出，顾客的含义是指向网络银行购买产品和服务的最终消费者，即个体顾客。而那些向网络银行购买产品和服务的组织（如企业和政府等）则不在本研究的研究范围之列。

第三节　研究意义

这一节论述本文的研究意义，主要表现在以下五个方面。

一、从银行和顾客双方因素研究网络银行的采用

信息技术革命导致了网络银行的出现，但有关顾客对网络银行接受的研究与网络银行的踊跃快速发展还很不适应，尽管国际上已经有学者涉足此一研究领域（如：Pikkarainen et. al.，2004；Karjaluoto et al.，2002，2003；Bradley 和 Stewart，2003；Giglio，2002；Luxman，1999；Mattila et al.，2003；Howcroft et al.，2002），但这些研究大多只考虑影响顾客采用网络银行的顾客方面的影响因素，仅有个别研究考虑了银行方面的影响因素，而从顾客和银行双方的影响因素进行研究更是凤毛麟角。在中国，有关顾客采用网络银行的研究几乎还无人问津，而从顾客和银行双方的影响因素进行研究的还处于空白阶段。本研究试图从顾客和银行双方的角度对影响顾客采用网络银行的因素进行分析和研究，这样不仅在理论上将更加完善顾客采用网络银行的影响因素，而且在实践中也会指导银行部门在开展营销活动时考虑到的影响因素更加全面。

二、为研究者提供理论支持，为银行经理提供决策依据

通过建立和扩展分支机构曾经是银行部门常用的实体营销渠道，银行通过这种营销渠道在同业间展开竞争。随着信息技术的涌现，银行经理们在尝试一种新型的虚拟营销渠道——网络银行。互联网的急速增长和盛行使处于各个商务领域的公司都将互联网作为一种营销渠道来提供产品和服务，尤其需要强调的是，互联网对于金融服务公司的重要性远远大于其它行业（Mukherjee 和 Nath，2003；Tan 和 Teo，2000）。但是，互联网这种营销渠道在给公司提供机会的同时，也给公司带来了威胁（Chan 和 Lu，2004；Chau 和 Lai，2003；Cronin，1997）。因此，还需要在理论上和实践上对顾客采用网络银行服务渠道进行交易的影响因素进行更深入的探讨和检验，以便为网络银行研究者提供更多的理论支持，同时也为银行经理进一步开展网络银行营销活动提供决策依据。

三、将科技接受模型运用到具体的服务营销领域

网络银行既是一种高科技产品和服务，又是一种服务渠道。首先，网络银行是一个信息系统，而信息系统又是一种创新的高科技产品和服务，所以有关顾客接受信息系统或创新产品和服务的理论如科技接受模型（Davis，1989）等都可以借用到网络银行接受的研究中来，以便分析和研究顾客为什么要采用网络银行。其次，网络银行是一种向顾客提供的基于科技的自助服务渠道，有关影响顾客采用网络银行的服务方面的因素也应该考虑进来。本研究试图将科技接受模型运用到具体的服务营销领域，以验证在具体的网络银行自助服务系统环境下顾客采用意图或采用行为的影响因素。

四、整合各种相关理论，构建网络银行接受模型

顾客采用网络银行的研究涉及到许多专业领域的理论。在管理信息系统领域，科技接受模型（Davis，1989）、计划行为理论（Ajzen，1991）和创新扩散理论（Rogers，1983）等都可以用来分析和解释顾客为什么会采用网络银行。在社会心理学领域，社会认知理论（Wood 和 Bandura，1989）、计算机自我效能理论（Compeau 和 Higgins，1995b）和沉浸理论（Csikszentmihalyi，1975）等也都可以用来分析和解释顾客采用网络银行的影响因素。在服务营销领域，有关基于科技的自助服务传递模型（Dabholkar，1994）也都可以解释和分析顾客采用网络银行的影响因素。在电子商务领域，有关 B2C 电子商务的理论（如Childers et al.，2001）亦可以用来指导网络银行接受的研究。本研究在探讨顾客采用网络银行的影响因素时，试图将这些领域的有关理论进行整合，进而构建网络银行接受模型。

五、凸现信任在网络银行接受中的角色

最近有研究显示，信任在顾客的网络在线交易中起着重要的作用（如Gefen，2000；Gefen et al.，2003；Harris 和 Good，2004）。但信任在顾客对网络银行采用中的角色之研究还未曾多见。本研究的重要意义还在于：在具体的网络银行环境下，将信任作为一种认知建构引进网络银行接受模型，对网络银行顾客采用意图的影响因素进行理论探讨和实证检验，从而得出信任对顾客的网络银行采用意图具有最大的积极影响的重要结论。

第四节　研究方法和技术路线

这一节呈现的是本文的研究方法和技术路线（图1.1）。

一、研究方法

根据图1.1，本研究拟采用的研究方法表现在：

在理论分析中，主要采用文献回顾的方法来寻求理论支持，旨在发现网络银行环境中顾客采用意图的影响因素，从而在导师的具体指导下构建理论模型。

文献回顾法是科学研究中最基本也是最根本的必要手段和必经途径。本研究通过对"Emerald、JSTOR，Wiley InterScience，Springer LINK，EBSCO，Ebrary，Blackwell 和 CCER"等英文数据库就"Internet bank"，"online bank，web bank"，"digital bank"，"cyber bank、e‐bank"，"virtue bank"，"net bank 和 electronic bank"以及"Internet bank and acceptance（adoption or usage），online bank and acceptance（adoption or usage），web bank and acceptance（adoption or usage），digital bank and acceptance（adoption or usage），cyber bank and acceptance（adoption or usage），e‐bank and acceptance（adoption or usage），virtue bank and acceptance（adoption or usage），net bank and acceptance（adoption or usage）和 electronic bank and acceptance（adoption or usage）"等主题进行了搜索，同时对"经济金融数据库、中国财经报刊数据库、万方数字化期刊、中国学术期刊全文数据库和维普期刊全文库"等中文数据库就"网络银行、网络银行、虚拟银行、在线银行、数字银行和电子银行"以及"网络银行和接受（采用或使用）、网络银行和接受（采用或使用）、虚拟银行和接受（采用或使用）、在线银行和接受（采用或使用）、数字银行和接受（采用或使用）、电子银行和接受（采用或使用）"等主题也进行了搜索，发现网络银行接受的相关研究为数不多，但有关信息系统接受的研究还比较丰富。由于网络银行是一种特殊的信息系统，所以信息系统接受方面的文献对本研究具有非常重要的参考价值。

在实证研究中，在理论模型和假设的基础上进行初步问卷设计，然后主要通过实地拦截方法和网络调查方法来完成问卷的填写工作，在这个过程中银行部门专业人士和营销学者的意见也非常重要。接下来根据导师和相关领域专家的意见进行问卷的修正和完善。当然问卷设计是一个反复修正和完善的过程。

最后是统计分析，采用 Spss15.0 软件进行描述性统计分析，以及通过运行用以结构方程的 Amos7.0 软件进行数据统计分析和假设关系的检验。

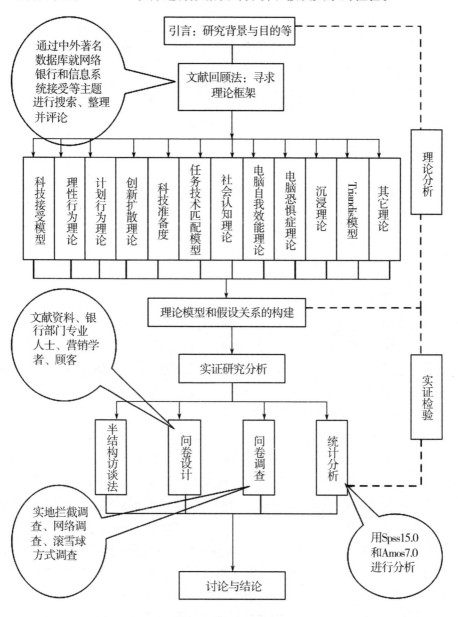

图 1.1　研究方法和技术路线

资料来源：本研究整理

二、技术路线

如图 1.1 所示，本研究拟采用的技术路线是：

首先是引言，叙述本研究的背景，目的、问题和范围，研究意义等。

其次根据文献回顾法寻求理论支持，进行理论模型和假设关系的构建。

再次是对理论模型进行实证研究分析，实证研究分析主要通过半结构式访谈法、问卷设计、问卷调查和统计分析等过程进行。

最后是根据本研究的实证检验而进行的讨论与结论。

第五节　创新点和研究结构

无论是在创新点方面，还是在论文结构安排上，本研究都有其独特之处。现分别展现之。

一、创新点

与先前的研究相比较，本研究的创新点主要表现在如下几个方面：

（1）先前的研究仅仅是分析了影响顾客对网络银行采用意图的认知因素，而对影响这些认知因素的前置因素并没有探讨和分析。而本研究对这些认知因素的前置因素进行了深入的探讨和分析，加入这些前置因素将会使对顾客采用网络银行的影响因素的分析更加清晰和完善。

（2）先前的研究仅仅是从顾客或银行单方面的影响因素来研究顾客对于网络银行的采用，但将银行和顾客双方面的影响因素结合起来对顾客采用网络银行进行研究的几乎还无人问津。而本研究从银行和顾客双方面的角度对认知因素的前置因素进行了探讨和分析，这会使对顾客采用网络银行的影响因素的研究更加深入和全面。

（3）在网络银行情境中，还未曾发现先前有研究探讨感知有用性、感知愉悦性和主观规范对顾客信任的影响。本研究将信任这一认知建构引进网络银行接受模型，并对影响信任的这些前置因素分别进行了实证检验，从而凸显了信任在网络银行接受中的角色扮演。另外，在网络银行情境中，还未曾发现有学者就自我效能对感知愉悦性和感知风险之影响进行探讨和实证检验，也未曾发现有学者就便利条件对感知愉悦性之影响进行探讨和实证检验。而本研究对这些因素之间的关系分别进行了实证检验，从而使网络银行接受中认知因素及其前置因素的关系的研究更加具体和完善。

二、研究结构

在结构安排上，本研究按照"研究背景→提出问题→寻求解决问题的理论支持→根据理论构建模型和提出假设→围绕模型和假设关系进行资料收集等研究设计→对所搜集的资料进行统计分析→对资料分析结果进行讨论和得出结论"的线索进行。本研究的结构框架如图 1.2 所示。

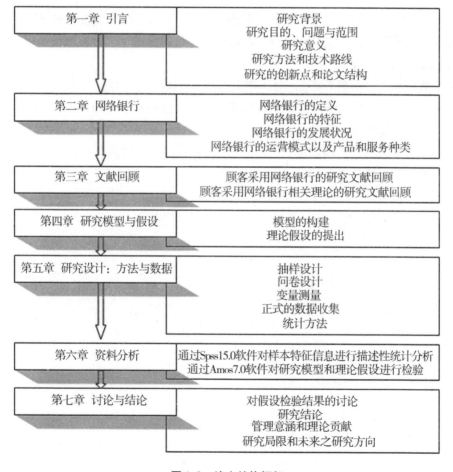

图1.2 论文结构框架

资料来源：本研究整理

根据图 1.2 所示的研究结构框架，论文的研究结构安排具体如下：

第一章是"引言"，介绍研究背景，研究目的、问题与范围，研究意义，研究方法和技术路线，以及研究的创新点和论文结构。

第二章是"网络银行"，介绍网络银行的定义、特征、发展状况、运营模式以及产品和服务种类。

第三章是"文献回顾"，呈现顾客采用网络银行的研究文献回顾以及与顾客采用网络银行相关理论的研究文献回顾。

第四章是"研究模型与假设"，根据相关理论进行模型的构建和假设的提出。

第五章是"研究设计：方法与数据"，对研究模型和研究假设内所隐含的关系进行研究设计，包括研究设计、抽样设计、问卷设计、变量测量、正式的数据收集和统计方法。

第六章是"资料分析"，对所搜集的样本数据进行分析。首先是通过运行 Spss15.0 软件对样本特征信息进行描述性统计分析，然后是通过运行 Amos7.0 软件对研究模型和理论假设进行检验。

第七章是"讨论与结论"，介绍假设检验结果、管理意涵、理论贡献、研究局限、未来的研究方向和研究结论。

第二章

网络银行

为了对网络银行有一个进一步的认识，本章对网络银行的有关情况进行了介绍。首先讨论的是网络银行的定义和特征，其次介绍的是网络银行的发展状况，最后呈现的是网络银行的运营模式及其产品和服务种类。

第一节 网络银行的定义和特征

网络银行具有其独特之定义和特征。本节先介绍网络银行的定义，然后凸显的是网络银行的特征。

一、网络银行的定义

网络银行在中国又被称为网上银行、线上银行或联机银行等，在西方又被称为 internet banking，online banking，network banking，virtual banking，web banking，cyber banking 或 e‐banking 等。有关网络银行的定义可谓是众说纷纭，银行监管部门为之定义者有之，学术理论界为之定义者有之。现将银行监管部门和学术理论界对网络银行的各种定义总结比较如下，以便我们对网络银行有更加全面而清晰的认识。

（一）银行监管部门对网络银行的定义

网络银行是信息技术高速发展的产物，它最早起源于西方，所以我们先考察几个西方国家权威的银行监管部门对网络银行的定义。

1. 巴塞尔银行监管委员会对网络银行的定义

1998 年，国际权威金融机构——巴塞尔银行监管委员会（BCBS）在其发表的《电子银行与电子货币活动风险管理》的报告中，首次以书面形式对网络银行进行了定义。网络银行是指"那些通过电子渠道提供产品和服务的银行。这些产品和服务包括存贷款、账户管理、金融顾问、电子账户支付以及其它一些诸如电子货币等电子支付的产品和服务。"①

2. 美国财政部货币监理署的定义

1999 年，美国财政部货币监理署在其发表的《网络银行检查手册》中，将网络银行定义为"一些系统（systems），利用这些系统，银行客户可以通过个人电脑或其它的智能化设备进入银行账户，以便获取有关银行产品和服务的信息。"②

3. 欧洲银行标准委员会对网络银行的定义

1999 年，在其发布的《电子银行》公告中，欧洲银行标准委员会将网络银行定义为"那些利用互联网为通过使用计算机、网络电视、机顶盒以及其它个人终端数字设备链接到互联网的消费者和中小企业提供银行产品和服务的银行。"③

（二）学术理论界对网络银行的定义

学术理论界对网络银行的定义也不太一致，现将有关学术理论界对网络银行常见的定义呈现如下。

1. 权威词典对网络银行的定义

在《牛津英语词典》（2004）中，网络银行被定义为通过互联网进行的银行交易，并不涉及现金或支票的实物存据，银行账户的维护是通过计算机和电信设备以及软件进行的。而在《朗文当代英文词典》第四版中，网络银行被定义为银行提供的一种服务，旨在使人们能够通过互联网查询到有关其账户、支付账单等信息。

2. 一些学者对网络银行的定义

Frust et al. （2000）、Mukherjee 和 Nath （2003）以及 Sathye （1999）把网络银行定义为通过使用互联网传递银行服务，所传递的既包括所有传统的银行服务诸如结余咨询、打印结算单和转账等，也包括新兴的银行服务诸如电子票据付兑和支付等，顾客无需亲自到银行分支机构就可以获取这些服务。Pikkarainen et. al. （2004）和 VanHoose （2003）将网络银行定义为顾客通过一

---

① BCBS., "Risk Management for Electronic Banking and Electronic Money Activities," Basle Committee on Banking Supervision, 1998, p. 4.

② OCC., "Internet Banking—Comptroller's Handbook. Comptroller of the Currency Administrator of National Banks," The Office of the Comptroller of the Currency, 1999, p. 1.

③ ECBS., "Electronic Banking," European Committee for Banking Standards, 1999, p. 5.

个互联网入口接受从账单支付到投资等不同种类的银行服务。Hertzum et al. (2004) 认为网络银行是以互联网为基础所提供的银行服务，在服务过程中，没有实际物体的参与，服务内容包括账单查询、转账和支付等。Kim et al. (2005) 认为网络银行是信息技术同银行和金融机构的功能相结合的产物，顾客通过互联网终端设备通过有线或无线网络可以链接到网络银行网站，从而进行信息查询、转账和信用卡支付等服务。

（三）本研究对网络银行的定义

通过以上银行监管部门和学术理论界对网络银行的定义可以看出，尽管对网络银行的定义还没有一个统一的标准，但是这些定义的内容实际上都是一致的。在以上定义的基础上，本研究认为，网络银行是以互联网为基础的银行服务，是指顾客利用有线或无线设施通过一个互联网入口进入到银行网站接受不同种类的银行服务，诸如账单咨询与支付、转账、证券交易和其它理财服务等。

二、网络银行的特征

根据 Sneddon（1997）的观点，网络银行具有以下特征：

（一）网络银行是一种金融机构

网络银行是随着金融业和互联网的发展而出现的一种新型的营销和服务渠道，通过这种渠道，网络银行可以向顾客提供金融服务，所以说网络银行是一种金融机构。

（二）实体分支机构可有可无

网络银行是通过有线或无线网络向持有互联网终端设备的顾客提供金融服务的，这样就避免了顾客到银行分支机构的奔波之苦。因此，网络银行使实体分支机构可有可无。

（三）顾客可通过通讯网络进行交易

网络银行是以互联网为基础的银行，顾客只要持有链接互联网的终端设备，就可以通过网络同所开户的网络银行进行交易。

（四）顾客可轻易地存取到其过去的事务数据

网络银行与顾客所有的交易都通过网络进行，这些交易都是无纸化的电子交易，顾客可以轻易地将其事务数据存储到网络银行中，也可以轻易地将其事务数据从所存储的网络银行中取出来。这些数据包括账户余额信息、账户交易信息、个人信息和历史交易信息等。

（五）提供全范围的查询服务

网络银行为顾客提供全范围的查询服务，这些查询服务包括存款余额查询、交易明细查询、汇入汇出款项查询、票据托收入户查询、证券账户余额查询、基金账户余额查询、借款余额及应缴本息查询、信用卡查询、挂牌利率及汇率查询等。

（六）提供全天候的交易服务

只要网络不出现问题，顾客就可以通过互联网随时随地享受网络银行提供的全天 24 小时不间断的交易服务。

第二节　网络银行的发展状况

由于网络银行具有成本低和效率高的优势，在经济全球化的影响和互联网的冲击下，网络银行在全球雨后春笋般地发展和壮大。

一、网络银行在全球的发展

自 1995 年 10 月全球第一家网络银行——美国安全第一网络银行（SFNB）（Grandy，1995）在美国成立后，在以后的十几年的时间内，花旗、美洲、大通、汇丰、德意志等国际金融集团纷纷进入网络银行市场。网络银行在全球范围内的数量急剧增加，其中，美国和欧洲的网络银行发展最为迅速，其网络银行数量之和占全球网络银行市场的半壁江山以上。即使在全球网络行业进入到调整期后，网络银行业务仍然保持着强劲的增长势头。在美国，2004 年有5300 万个顾客采用网络银行进行交易，预计到 2007 年将迅速发展到约有 1 亿个顾客通过网络银行进行交易（e‐Marketer，2004）。在欧洲，通过网络银行进行交易的顾客数量到 2005 年已经发展到超过 6000 万的规模（Dbresearch，2006），预计到 2007 年也会迅速发展到约有 1 亿个顾客通过网络银行进行交易的规模。在非洲，网络银行的发展相对比较落后，到 2002 年，仅仅有 4 家银行提供网络银行服务（Singh，2002）。在澳大利亚，到 2003 年，采用网络银行的顾客数量达到了 7200 万的规模（ABI，2003），可以预料到 2008 年其网络银行顾客规模完全可以达到 1 亿之上。在亚洲，网络银行的发展也非常迅猛，在中国大陆、中国香港、日本和印度等地网络银行使用者数量的最高增速可以达到 300%。到 2005 年，仅在印度和中国大陆就已经有上亿规模的网络银行顾客（CRM Today，2007）。

二、网络银行在中国本土的发展

当网络银行在全球尤其是在西方发达国家以雨后春笋般的速度发展时，中国银行业也已开始关注这一新型营销渠道，也纷纷地开始从事经营网络银行业务。1997 年，深圳招商银行率先开通了网络银行业务（Li，2002）。到 2005 年，中国排名规模最大的 50 家商业银行中提供网络银行业务的有 25 家（方渝军，2006）。而到 2006 年上半年时，在 141 家商业银行中和获取开办网络银行业务的外资银行中，已经开设网络银行的为 45 家（中国金融认证中心，2006）。截止到 2011 年 4 月为止，中国本土几乎所有的大中型商业银行都推出了自己的网络银行。

中国网络银行的个体顾客交易量和个体用户规模也在迅速扩大。艾瑞市场咨询的研究成果显示，2005 年中国个人网络银行交易额为 24000 亿元，2006 年该交易额达到 41000 亿元，年增长率达到 71%。艾瑞咨询预测，2007 年中国个人网络银行交易额将达到 60000 亿元，未来几年中国个人网络银行交易额规模将继续扩大，2010 年该交易额规模将超过 11.6 万亿元（图2.1）。（艾瑞咨询，2006）

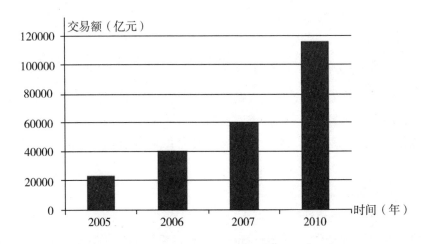

图 2.1　中国网络银行 2005 年至 2010 年个体顾客交易额

资料来源：根据《2006 年中国网络支付研究报告》整理

艾瑞市场咨询的研究成果还显示，中国个体顾客网络银行用户规模 2002 年为 350 万户，2003 年为 706.2 万户，2004 年为 1736.3 万户，2005 为 3476.64 万户，2006 年为 7000 万户。可以观察到，2005 年较 2004 年增长 103.5%，而 2006 年较 2005 年增长 102%。（艾瑞咨询，2006）艾瑞预测，未来 5 年内中国本土网络银行个体顾客用户数仍将快速增长，到 2010 年网络银行个体顾客用户数有望超过 1 亿户（图 2.2）。（艾瑞咨询，2006）

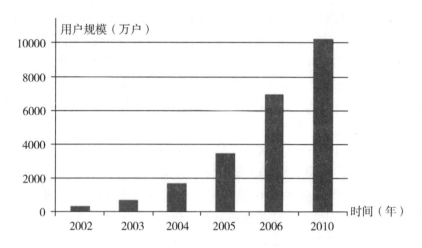

图 2.2　中国网络银行 2002 年至 2010 年个体顾客用户数

资料来源：根据《2006 年中国网络支付研究报告》整理

第三节　网络银行运营模式及其产品和服务种类

　　网络银行的运营模式有分支型网络银行和纯网络银行两大类，本研究将网络银行的产品和服务分为查询类、存款类、贷款类、转账还款类、汇款类、缴纳税费类、投资理财类、网上支付类、银行卡类、支票类和信息管理类。

一、网络银行的运营模式

　　从国内外网络银行的发展实践看，网络银行的运营模式有分支型网络银行和纯网络银行两大类。（Pikkarainen et. al., 2004）分支型网络银行是在传统的"砖墙式"银行基础上，通过互联网建立银行的门户站点而提供金融服务的网络银行。通常情况下，分支型网络银行既可以单独为顾客提供各种金融服务，又可以为其它传统的"砖墙式"银行分支机构提供辅助服务。目前，分支型网络银行是网络银行的主流运营模式，可以说在全球约有 70% 以上的网络银行属于分支型网络银行的运营模式，在中国所有的网络银行都属于分支型网络银行的运营模式。

所谓纯网络银行在本质上就是一家独立的金融机构，它是一家不依托任何传统的"砖墙式"的实体银行而存在的网络银行，其设立之初就致力于专门提供各种在线金融服务。纯网络银行不设立分支机构，其所提供的所有的服务都通过互联网进行。目前，全世界这种运营模式的网络银行为数并不多，而且主要集中在北美和欧洲等发达国家和地区。纯网络银行的客户一般来自传统的"砖墙式"银行的客户群体。因此，纯网络银行在提供其网络金融产品和服务时，尤其重视其所提供的产品和服务与传统的"砖墙式"银行所提供的产品和服务的差异性，主要通过提供较高的利息和对各种在线交易提供低价或免费服务而吸引和保留顾客。目前，已经出现了越来越多的纯网络银行同传统的"砖墙式"银行展开竞争。

二、网络银行的产品和服务种类

就网络银行的服务对象而言，可以分成两类：一类是企业或政府等团体组织，一类则是单个的个体顾客。网络银行对企业或政府等组织提供的服务被称为 B2B 或 B2G 业务，而网络银行对个体顾客提供的服务则被称为 B2C 业务。在本研究中，网络银行顾客是指 B2C 业务中的单个的个体顾客，而非指 B2B 或 B2G 业务中的企业或政府等团体顾客。

就网络银行的产品和服务种类而言，本研究在查阅了中国国内主要的各大银行网站的基础上，认为网络银行主要涉及以下产品和服务（表 2.1）：

表 2.1　中国本土主要的网络银行产品和服务种类

银行名称	产品和服务种类
工商银行	账户信息查询，大额转账汇款，信用卡还款，费用缴纳，网上支付，网上贷款，外汇、证券和保险的交易，网上挂失、修改密码、账务及财经信息的通知提醒，黄金交易等。
中国银行	账户信息查询，账户转账，代缴费，账户挂失，外汇、证券、国债、基金等服务，信用卡服务，利率资讯，外汇资讯，外汇期权，更改网络银行密码，更新个人资料等。

续表

银行名称	产品和服务种类
建设银行	账户信息查询，转账汇款，缴费，信用卡，公积金，网上支付，支票，外汇买卖，股票、债券、基金和黄金，账户追加、账户注销、账户挂失和个人资料的修改等。
农业银行	账户信息查询，转账交易，漫游汇款，贷记卡还款，网上缴费，股票、基金和债券买卖，银证转账，账户密码修改，网上挂失，客户证书更新等。
交通银行	账户查询，转账，还款，基金、国债、彩票、股票和外汇交易，个人储蓄、个人质押贷款、个人住房按揭贷款、个人汽车消费贷款、个人商铺贷款，账户挂失等。
招商银行	账户查询，贷款，定活互转，缴费，同城转账，境内汇款，外汇、国债、股票、基金买卖，信用卡，网上支付，理财计划，财务分析，账户挂失和修改等。
民生银行	信息查询，个人住房贷款、消费品贷款、自助质押贷款、两得利贷款等，缴纳固定电话费、手机费、物业费、煤气费、电费、水费等，电子汇款，约定转账，主动收款，国债、基金、外汇和保险买卖等，网上支付，修改账户密码、修改个人信息、账户临时挂失等。
光大银行	账户信息查询，转账，汇款，投资理财，个人外汇买卖、小额质押贷款，自助贷款，信用卡，股票、国债、基金和外汇买卖，募集期撤销，产品终止，风险偏好评估，即时汇率，变更分红方式，证券资金第三方存管，网上支付，动态密码签约，账户挂失，防伪信息设置，证书更新等。
中信实业银行	账户信息查询，股票、基金和外汇买卖，信用卡，个人贷款、留学贷款等，转账，网上支付，密码更改和账户挂失，安全设置等。
兴业银行	资产负债总览，通知存款预约及支取，自助质押贷款，转账汇款，缴费，网上支付，国债、基金买卖，银证转账，借记卡、e卡和其他储蓄存款存单服务，密码锁定服务等。
上海浦东发展银行	账户信息查询，储蓄存款，股票、基金和外汇买卖，汇款，缴费，个人住房贷款，个人消费贷款，个人汽车贷款，留学贷款，个人商业用房贷款，个人存单/国债质押贷款，个人信息修改、密码更改和账户挂失等。
广东发展银行	账户信息查询，活期、定期储蓄，约定汇款，个人住房贷款和汽车消费贷款，股票、外汇、债券、保险、基金和彩票的买卖，网上支付，个人信息、密码更改和账户挂失等。

续表

银行名称	产品和服务种类
深圳发展银行	账户查询，转账，预约业务，信用卡，股票和基金交易、网上支付，网上挂失、修改密码和修改信息等。
渣打银行	账户查询，活期存款、通知存款、定期存款和致高活利定期存款等，保本型汇率挂钩投资、保本型利率挂钩投资、保本型股票挂钩投资、保本型商品挂钩投资、基本型汇利投资、可转换型结构性票据和组合型结构性票据等，无担保个人贷款、住房按揭贷款和持证抵押贷款等，网上挂失、修改密码和修改信息等。
汇丰银行	账户信息查询，转账，汇款，查询外汇汇率，查询存款利率，定期存款，设定或修改定期存款到期指示，申领支票本，止付或挂失支票，要求临时账单/前期账单，个人信息修改、密码更改和账户挂失等。
荷兰银行	账户信息查询，投资理财，抵押贷款，个人贷款，跨国贷款，保险和基金的买卖，信用卡，个人信息管理、密码更改和账户挂失等。
花旗银行	账户信息查询，多币种活期存款，多币种定期存款，通知存款，外币协议储蓄，持证抵押贷款，多币种房贷，转按揭贷款，全球汇款，保险购买，境外理财产品，环球基金买卖，美元债券交易，结构性投资账户，少儿精英成长计划，财务安全计划，个人信息管理、密码更改和账户挂失等。
东亚银行	账户查询，定期存款，按揭贷款，转账，汇款，查询利率汇率，申领支票簿及结单，其他服务（留讯息、更改密码、停止支付、预约取款、挂失）等。

资料来源：根据表中各网络银行中国网站整理

（一）查询类

查询类产品和服务包括存款余额查询、交易明细查询、汇入汇出款项查询、票据托收入户查询、证券账户余额查询、基金账户余额查询、借款余额及应缴本息查询、信用卡查询、挂牌利率及汇率查询等。

（二）存款类

存款类产品和服务包括定期存款、活期存款和定活两便存款等。

（三）贷款类

贷款类产品和服务包括长中短期的各种贷款，如购房贷款、助学贷款、留学贷款、创业贷款等。

（四）转账还款类

转账还款类产品和服务包括及时转账、预约转账、贷款还款、信用卡还款等。

（五）汇款类

汇款类产品和服务包括漫游汇款兑付、漫游汇款信息查询和漫游汇款退汇等。

（六）缴纳税费类

缴纳税费类产品和服务包括所得税缴纳、水费缴纳、电费缴纳、煤气费缴纳、取暖费缴纳、电话费缴纳、保险费缴纳、养路费缴纳、罚单费缴纳和信用卡费缴纳等。

（七）投资理财类

投资理财类产品和服务包括股票、基金、债券、保险以及黄金或白银的查询、申购以及撤单等。

（八）网上支付类

网上支付类产品和服务包括用开户行的存折、借记卡、贷记卡和信用卡账户在各大电子商务网站上购买商品或服务。

（九）银行卡类

银行卡类产品和服务包括存折、借记卡、贷记卡和信用卡的各种在线服务。

（十）支票类

支票类产品和服务包括申领支票簿、查询支票信息、对签发支票进行承诺付款设置，查询他人支票的承诺付款情况、确认所收到的支票真实性等。

（十一）信息管理类

信息管理类产品和服务包括个人资料的维护、密码更改、银行账户的挂失和客户证书的更新等。

第三章

文献回顾

有关顾客采用网络银行的研究已经引起学术界密切而广泛的关注（如Bradley 和 Stewart，2003；Karjaluoto et al.，2002；Pikkarainen et. al.，2004）。不过，这些研究几乎都是国外学者所进行，目前国内学者所进行的研究还是微乎其微。有关顾客采用网络银行的研究一般都涉及到信息技术接受理论和社会心理学理论。本章首先呈现的是顾客采用网络银行的研究文献回顾，然后呈现的是与顾客采用网络银行相关理论的研究文献回顾。

第一节　顾客采用网络银行的文献回顾

上个世纪 90 年代互联网的出现和深入发展催生了世界上首家网络银行——美国安全第一网络银行（Grandy，1995），以后，世界各地的银行也纷纷效仿开展网络银行服务（Bradley 和 Stewart，2003），各家银行都将网络银行作为战略武器进行作业运营、服务传递和相互竞争（Seitz 和 Stickel，1998）。结果导致网络银行成为各家银行赢得顾客的一种新兴的服务营销渠道，银行和顾客双方都可以通过银行网站进行电子交易。与此同时，有关网络银行采用的研究也越来越引起学者们的兴趣和关注。通过对相关文献的梳理，本研究发现学者们从不同角度对网络银行的采用进行了研究：或从银行和顾客双方成本和收益的角度进行；或从顾客个体特征的角度进行；或从信任、承诺、安全和感知风险的角度进行；或从顾客满意的角度进行；或从信息技术采用的角度进行（表 3.1）。

表 3.1　不同角度的网络银行采用之研究

角度	研究者
成本和收益	Anguelov et al. , 2004；Alsajjan 和 Dennis, 2006；Chang, 2002；Daniel 和 Storey, 1997；Delvin, 1995；DiDio, 1998；Engen, 2000；Fredriksson, 2005；Fysh, 1999；Giglio, 2002；Hickman, 1999；Hoffman, 1999a；Irvine, 1999；Karjaluoto et al. , 2003；Lee 和 Lee, 2001；Luxman, 1999；Meckbach, 1999；Mols, 2000；Nath et al, 2001；Orr, 1999；Osterland, 1999；Read, 1998；Robinson, 2000；Sheshunoff, 2000；Timewell 和 Kung, 1999；Tomkin 和 Baden – Fuller, 1998；Turban et al. , 2000；VanHoose, 2003；Wang et al. , 2003；Wah, 1999。
顾客个体特征	邵兵家和杨霖华, 2008；Akinci et al. , 2004；Barczak et al. , 1997；Gerrard 和 Cunningham, 2003；Hitt 和 Frei, 2002；Howcroft et al. , 2002；Karjaluoto et al. , 2002；Kaynak 和 Harcar, 2005；Kim et al. , 2005；Laforet 和 Li, 2005；Lassar et al. , 2005；Liao 和 Cheung, 2002；Machauer 和 Morgner, 2001；Mattila et al. , 2003；Mavri 和 Ioannou, 2006；Mols, 1998, 1999；Moutinho 和 Smith, 2000；Sarel 和 Marmorstein, 2003a, b；Sathye, 1999；Sohail 和 Shanmugham, 2003。
信任、承诺、安全和感知风险	Alsajjan 和 Dennis, 2006；Benamati et al. , 2006；Bhattacherjee, 2002；Cheng et al. , 2006；Eastin, 2002；Eriksson 和 Kerem, 2005；Fock 和 Koh, 2006；Howcroft et al. , 2002；Jih et al. , 2002；Kim 和 Prabhakar, 2004；Laforet 和 Li, 2005；Liu 和 Louvieris, 2006；Mattila et al. , 2003；Mukherjee 和 Nath, 2003；Sathye, 1999；Suh 和 Han, 2002；Wang et al. , 2003。
顾客满意	Bloemer et al. , 1998；Joseph 和 Stone, 2003；Jun 和 Cai, 2001；Lewis, 1991；Mols, 1998；Moutinho 和 Smith, 2000；Polatoglu 和 Ekin, 2001。
信息技术接受理论	邵兵家和杨霖华, 2006；Alsajjan 和 Dennis, 2006；Black et al. , 2001；Chan 和 Lu, 2004；Chau 和 Lai, 2003；Eastin, 2002；Eriksson 和 Kerem, 2005；Gerrard 和 Cunningham, 2003；Guriting 和 Ndubisi, 2006；Jun 和 Cai, 2001；Lee et al. , 2003；Liao 和 Wong, 2007；Liao et al. , 1999；Lockett 和 Litter, 1997；Luarn 和 Lin, 2005；Ndubisi, 2007；Pikkarainen et al. , 2004；Polatoglu 和 Ekin, 2001；Seok-Jae 和 Ji-Hyun, 2006；Shih 和 Fang, 2004；Sukkar 和 Hasan, 2005；Suh 和 Han, 2002；Tan 和 Teo, 2000；Wang et al. , 2003。

资料来源：根据相关资料整理

一、成本和收益——银行和顾客双方都首先考虑的因素

成本和收益是银行和顾客双方在网络银行采用中都首先考虑的因素，因为网络银行会给给银行和顾客带来双赢的利益格局：就银行方面而言，网络银行是银行业里最富有和最盈利的部分（Robinson，2000），它可以使银行维持竞争优势、节省成本、提高大众定制化、加强营销和沟通活动以及维系和吸引顾客（Daniel 和 Storey，1997；Mols，2000；Read，1998；Sheshunoff，2000；Tomkin 和 Baden－Fuller，1998）。从成本上讲，Karjaluoto et al.（2003）认为网络银行可以使银行节省大量的成本，Giglio（2002）的研究也发现网络银行是银行所采取的最便宜的分销渠道，而 Fredriksson（2005）则认为同其它渠道相比，网络银行就意味着具有较少的员工和较小的基础设施。从收益上讲，网络银行也是最有效率的分销渠道（Wang et al.，2003），因为网络银行可以使银行通过削减交易成本和提高服务速度而改善分销渠道的效率（Chang，2002；VanHoose，2003）。

就顾客方面而言，网络银行可以使顾客充分享用自助服务渠道，从而使顾客省去耗时、耗力奔波于分支网点之苦（Karjaluoto et al.，2003），网络银行还可以给顾客提供很容易获取的每周 7 天每天 24 小时的便利高效的理财服务（Alsajjan 和 Dennis，2006）。根据 Delvin（1995）的观点，顾客几乎没有时间进行访问银行等活动，所以他们需要更高程度的便利性和可接近性；Lee 和 Lee（2001）指出网络银行使顾客更容易接近其账户、降低服务开支而且节省时间；而 Anguelov et al.（2004）也认为网络银行可以使顾客更容易接近银行服务，降低账单付款并节省他们管理其财务的时间。另外，Turban et al.（2000）也指出由于节省成本、时间和空间，以及对顾客抱怨的快速反应和提供改进的服务，网络银行对顾客极其有利。

还有诸多学者从银行和顾客双方的成本和收益因素研究顾客对网络银行的采用，这些研究都是从战略上以银行家的眼光来进行的，认为网络银行是减少交易成本、改进顾客服务、增加顾客基础和提高交叉销售机会的战略性机遇。（Nath et al, 2001）就网络银行给银行带来的利益而言，可以节约交易成本（DiDio，1998；Irvine，1999；Nath et al，2001；Orr，1999）、赢得顾客忠诚（Dixon，1999；Nath et al，2001）、给顾客提供额外服务（Nath et al，2001；Wah，1999）、获取更多的利润（Meckbach，1999；Nath et al，2001）以及赢得给银行带来高利润的顾客（Hoffman，1999a；Nath et al，2001；Timewell 和

Kung, 1999）；就网络银行给顾客带来的利益而言，可以节约成本（Nath et al, 2001；Osterland, 1999）、使顾客得到额外服务（Fysh, 1999；Hickman, 1999；Nath et al, 2001）以及给顾客带来"一站式购物"的便利性（Engen, 2000；Nath et al, 2001）。

鉴于网络银行会给银行和顾客带来双赢的利益，尤其是会给银行带来低成本、高效率和盈利，世界上的银行都纷纷开展网络银行业务。Luxman（1999）估计：在不远的未来，银行会在曾经关闭其许多分支机构的地方尤其是乡村加强其网络银行渠道。不过，有关 Luxman 的该种观点还没有得到有力的证据来支持。如果没有对网络银行的直接后勤管理，顾客会感到在管理他们的财务事宜如账单时遇到麻烦。

在网络银行给银行和顾客带来双赢利益的同时，网络银行的采用亦会遇到诸多因素的限制：首先，顾客要采用该服务的话必须接入互联网；而且新的网络银行采用者还要先学习如何采用该服务（Luxman, 1999）。其次，非网络银行采用者经常抱怨网络银行缺乏互动空间，即他们不是享受银行分支网点面对面的服务（Mattila et al., 2003）。再次，顾客唯恐有安全问题（Howcroft et al., 2002）。

传统银行是网络银行渠道开发的先锋，控制着整个市场的大部分份额。不过，在不需要通过建立广泛的分支网络的情况下，网络银行渠道即可运营，这一点至少在理论上成立。最近几年纯网络银行兴起，但它们对整个银行业的影响还微乎其微。纯网络银行通常也采用如呼叫中心等其它渠道，有些通过建立分支服务来进行有形展示。许多纯网络银行因缺少足够的顾客群而遭受损失甚至破产（Schneider, 2001）。鉴于此，Sievewright（2002）预料许多在美国的纯网络银行在最近几年会破产。

二、顾客个体特征——研究中不可或缺的因素

顾客个体特征是学者们进行网络银行采用的研究时所必须考虑的不可或缺的因素。就年龄特征而言，有将市场进行细分，着重研究芬兰成年人群体对网络银行的采用行为（Mattila et al., 2003），该项研究结论表明，同银行总体客户相比，老年顾客属于网络银行的后期采用者。同样地，Karjaluoto et al. (2002) 也对芬兰网络银行顾客进行了研究，该研究表明年龄因素对网络银行顾客的态度和行为有很大影响，典型的网络银行顾客相应而言比较年轻。Sathye（1999）在对澳大利亚顾客进行的研究中发现年轻的顾客群体是网络银

行市场快速发展中最关联的顾客细分。类似的研究还有 Howcroft et al.
（2002），他们发现在网络银行情境中，年轻的顾客比年老的顾客更加重视便
利性和时间的节省，年轻的顾客还将面对面接触看得不那么重要。Mavri 和 Io-
annou（2006）的研究发现影响顾客采用网络银行服务的关键因素之一就是个
人年龄。不过，也有学者持相反的观点，认为网络银行采用者和未采用者在年
龄上没有显著差异（Sohail 和 Shanmugham，2003）。类似的观点还有 Laforet 和
Li（2005），他们在对中国顾客的研究中发现中国网络银行顾客不一定年轻。
而 Akinci et al.（2004）对土耳其网络银行顾客的研究表明 13～50 岁的顾客是
网络银行的主要采用者。

就教育特征而言，有学者认为教育程度对网络银行采用具有显著的积极影
响（Mattila et al.，2003）。Sathye（1999）的研究则发现受过教育的顾客群体
是推动网络银行市场快速发展的主要力量。Sarel 和 Marmorstein（2003a，b）
对芬兰成年人顾客的研究表明教育对网络银行的采用有显著的积极影响。Kar-
jaluoto et al.（2002）也对芬兰顾客对网络银行的采用行为进行了研究，结果
发现教育对采用态度和采用行为都有积极的影响，典型的网络银行顾客相应而
言受过良好的教育。Akinci et al.（2004）对土耳其网络银行顾客的研究结论
显示：教育程度高、技术导向型的顾客最容易采用网络银行进行自助服务。然
而，Sohail 和 Shanmugham（2003）的研究却表明网络银行采用者和未采用者
在教育程度上没有显著差异。Howcroft et al.（2002）也发现在网络银行情境
中，顾客的受教育水平并不影响顾客对网络银行的采用。在对中国的顾客进行
的研究中，Laforet 和 Li（2005）也发现中国网络银行顾客不一定受过更高程
度的教育。

Kim et al.（2005）的研究结论显示年轻而受过良好教育的顾客更有可能
采用网络银行。不过，当顾客的年龄同教育程度相联系的时候，年龄效应会因
不同的教育程度而相异。就低教育背景的顾客而言，采用网络银行可能性的年
龄效应呈驼峰状态；而就高教育背景的顾客而言，采用网络银行的可能性会因
年龄的降低而下降。

就收入特征而言，Mattila et al.（2003）在研究芬兰成年人群体对网络银
行的采用行为时，发现家庭收入对网络银行采用具有显著的积极影响。Sohail
和 Shanmugham（2003）的研究也表明网络银行采用者和未采用者在月收入上
存在显著差异。而 Sathye（1999）在对澳大利亚顾客进行的研究中也发现富裕
的顾客偏爱于采用网络银行服务。类似的研究还有 Sarel 和 Marmorstein

（2003a，b），他们的研究表明家庭收入对顾客采用网络银行有显著的影响。在芬兰，Karjaluoto et al.（2002）发现典型的网络银行顾客相应而言具有高水平的收入。

就性别特征而言，Akinci et al.（2004）以土耳其顾客为样本探讨了先进的发展中国家的顾客采用网络银行的影响因素，结论显示网络银行顾客大部分为男性（69.9%）。而 Laforet 和 Li（2005）在对中国顾客的检验中也发现网络银行顾客同样是以男性为主。

态度、经验、动机和顾客创新也是网络银行采用研究中所涉及的顾客个体特征。Kim et al.（2005）的研究发现顾客的态度在顾客采用网络银行的决策中扮演重要的角色。Karjaluoto et al.（2002）发现芬兰顾客对于网络银行采用的态度和实际行为都受到以往电脑态度以及电脑技术经验的影响。Machauer 和 Morgner（2001）根据态度的不同维度将德国的网络银行顾客分为交易导向型、一般兴趣型、服务导向型和技术反对型四种类型。Barczak et al.（1997）根据美国顾客的资金管理理念而产生出四种类型动机的顾客：安全意识型、追求最大值型、即时满意型和麻烦躲避型，这四种类型动机的顾客对网络银行的采用具有不同的态度和行为。Lassar et al.（2005）根据顾客的创新特征而探讨网络银行的采用行为，结果发现后天性创新对网络银行的采用有积极影响，而先天性创新对网络银行的采用有消极的影响。

还有的学者根据顾客的个性特征将顾客分为不同的群体，从而对顾客采用网络银行的行为或行为意图进行研究。Akinci et al.（2004）以土耳其顾客为样本将顾客分为使用者和非使用者两类，结论显示采用网络银行的顾客大部分为男性，大部分采用网络银行的顾客年龄在 13～50 岁之间，而且教育程度高的技术导向型的顾客最容易采用网络银行进行服务。Mavri 和 Ioannou（2006）也对采用网络银行的顾客和不采用网络银行的顾客进行了比较，研究发现影响顾客采用或不采用网络银行服务的关键因素有个人年龄、使用互联网的困难、害怕银行部门因技术发展而进行的变革以及缺乏通过电子渠道向顾客提供的产品和服务信息等。Kaynak 和 Harcar（2005）对美国网络银行顾客和传统银行顾客进行了比较，发现许多网络银行顾客仍然偏爱通过传统银行方法进行一些银行服务，这意味着银行必须通过在线或传统的手段同顾客维持有效的私人关系以便使他们更多更快地采用网络银行服务。Mols（1998，1999）也将银行顾客分为网络银行顾客和传统的分支银行顾客两类，并将网络银行顾客同传统的分支银行顾客进行了比较。研究结果表明：网络银行顾客比传统的分支银行顾客更加满意、对价格更缺乏敏感性、具有更高的再购意图和提供更积极的口碑效应。类似的研究还有 Hitt 和 Frei（2002），他们检验了网络银行顾客同传统银行顾客在个性特征和行为上的区别，得出了人口统计特征和顾客采用网络银行的行为仅仅占整个区别的一小部分的结论。他们还发现网络银行顾客比传统银行顾客有更大的倾向性去购买未来的银行产品和服务。而在对中国网络银行顾客进行的研究中，邵兵家和杨霖华（2008）的研究将银行客户细分为大学生群体和社会在职群体，对影响中国不同群体网络银行使用意向的因素进行实证比较研究。结论认为大学生群体和社会在职群体的网络银行使用意图影响因素存在显著差异，但对电子渠道的信任对两个群体的使用意向影响均最大。使用方便与节约时间是使用者采用网络银行的最主要原因，而担心网络银行安全问题与对网络银行服务不了解是阻碍未使用者使用网络银行的最主要原因。

Gerrard 和 Cunningham（2003）运用 41 个陈述来测量有关新加坡顾客采用网络银行的个性特征，其因子分析将社会愿望、一致性、便利性、复杂性、保密性、可进入性、经济利益和电脑熟练程度作为影响顾客采用网络银行的八大影响因素。在另外一项对新加坡顾客的研究中，Liao 和 Cheung（2002）发现有关精确、安全、交易速度、用户友好、用户参与和便利性的个体期望是顾客采用网络银行中感知有用性的最重要的质量属性，其中前五个属性决定了顾客采用网络银行的意愿。类似的结论还有 Moutinho 和 Smith（2000），他们研究了英国既有银行顾客的行为并得出网络银行的灵巧性和便利性是顾客的两个重要期望的结论。

三、信任、承诺、安全和感知风险——顾客最为担心的因素

由于信任、承诺、安全和感知风险是顾客采用网络银行时最为担心的影响因素，所以这些因素愈来愈引起了学者们的注意和兴趣。Bhattacherjee（2002）的研究发现信任同感知有用性和感知易用性一样对顾客在网络银行中的采用意图产生积极影响。Suh 和 Han（2002）的研究结果显示信任对网络银行的采用有显著的积极影响，信任在网络银行情境中比感知易用性更能够直接地影响顾客的行为。Eriksson 和 Kerem（2005）对爱沙尼亚顾客采用网络银行的研究中发现，信任通过感知有用性和感知易用性对采用行为有积极的影响。Alsajjan 和 Dennis（2006）则认为信任对网络银行的采用意图和顾客个人的信息敏感性具有决定性的影响。

Benamati et al.（2006）运用信任和非信任两个建构对网络银行的采用进

行了实证研究，该研究检验了可信赖、信任、非信任和顾客对网络银行的采用意图的关系，结果显示可信赖同非信任负相关，而非信任对采用意图产生消极影响。而 Kim 和 Prabhakar（2004）研究了初始信任（initial trust）对网络银行使用意图的影响。作者将信任分为对电子渠道的初始信任和对银行的信任，同时提出了对电子渠道的初始信任的三个前置因素：信任倾向（propensity – to – trust）、口头推荐（word-of-mouth referrals）和结构保证（structural assurances），其中口头推荐包括相关内容（relational content）和关联程度（tie strength）。研究表明信任倾向、结构保证和口头推荐的相关内容作为对电子渠道的初始信任的前置因素均是显著的，顾客对电子渠道的初始信任对网络银行使用意图有显著影响，但顾客对银行的信任却对其网络银行使用意图无显著影响。研究结果还表明顾客对银行电子渠道的信任因子是网络银行使用意图的一个必要但不充分条件。

Liu 和 Louvieris（2006）对英国顾客采用网络银行的影响因素进行了研究，他们认为信任和承诺是顾客采用网络银行的两个主要影响因素。Bhattacherjee（2002）的研究发现信任对于网络银行顾客的承诺有显著的积极影响。类似的研究还有 Mukherjee 和 Nath（2003），他们研究了信任对顾客的网络银行关系承诺（relationship commitment）的影响。在 Mukherjee 和 Nath（2003）的研究中，关系承诺是指承诺方维持重要的现行关系的持续意愿，也即反映了网络银行顾客持续使用网络银行的意图；共同价值（shared value）反映了银行和顾客对道德规范、安全和隐私问题的共同认知；交流反映了银行的响应速度、信息质量等方面的服务；银行的机会主义行为（opportunistic behaviour）反映了银行利用法律或合约漏洞或疏忽而侵犯顾客的利益。研究结果表明，信任对顾客的关系承诺有积极影响；共同价值同信任和关系承诺分别具有正相关关系；交流与信任具有正相关关系；而银行的机会主义行为与信任具有负相关关系。Fock 和 Koh（2006）基于新加坡 500 个大学生的调查数据研究了网络银行环境中信任和承诺的前因后果。通过建立连接信任和承诺同采用网络银行意愿的模型，实证结论显示高度的信任和承诺同高度的网络银行采用意图具有强烈的联系。该研究还发现安全、道德、隐私、开放、反应速度、信息质量、调节控制、技术进步和声誉是信任的决定因素。

在对芬兰成人顾客的研究中，Mattila et al.（2003）认为影响顾客采用网络银行的主要障碍是安全问题。Howcroft et al.（2002）的研究发现阻碍顾客采用网络银行的因素之一就是安全顾虑。Sathye（1999）对澳大利亚顾客进行的研究发现安全问题和缺乏对网络银行的认知是采用网络银行的主要障碍。Wang et al.（2003）用感知可靠性来反映顾客对网络银行安全和隐私问题的关注，基于123个电话访问的样本，研究结果表明感知可靠性对采用意图有显著影响。而Laforet和Li（2005）对中国的网络银行顾客进行了研究，发现影响顾客采用网络银行的最重要因素是安全问题，顾客采用网络银行的主要障碍还有感知风险、电脑和技术技能以及中国传统的随身携带现金进出银行的文化。Cheng et al.（2006）研究了香港顾客对网络银行的感知和采用情况，结果显示感知网络安全在解释顾客对网络银行的采用意图方面具有很高的鲁棒性。

Jih et al.（2002）检验了感知风险对顾客的网络银行采用意向的影响，发现网络银行参与度（online banking involvement）、互联网熟悉度（familiarity with Internet）、感知风险、对降低风险措施的感知（perception of risk-reduction measures）和采用意向均显著相关。类似的研究还有Eastin（2002），该研究发现感知风险对网络银行的采用行为具有显著的消极影响。还有的学者探讨网络银行情境中感知风险和顾客承诺之间的关系，Bhattacherjee（2002）的研究就发现感知风险对网络银行的顾客承诺产生显著的积极影响。

四、顾客满意——获取顾客忠诚的利器

服务营销学认为顾客满意是获取顾客忠诚的利器（Berry，1980；Bitner et al.，1994；Lovelock，1991；Zeithaml et al.，1996），研究网络银行采用的学者也同样持有此观点（Bloemer et al.，1998；Polatoglu和Ekin，2001），如果顾客满意，顾客则会采用或继续采用网络银行；如果顾客不满意，顾客则会拒绝采用网络银行或转换到其它服务渠道。Mols（1998）将网络银行顾客同非网络银行顾客进行了比较，结果表明网络银行顾客比非网络银行顾客对于银行所提供的服务更加满意。Jun和Cai（2001）使用关键事件法来揭示网络银行顾客的主要维度并辨别出关键的满意和非满意因素，诸如顾客服务质量、银行服务产品质量和网络系统质量等。最经常提及的满意和不满意因素是可靠性、反应性、存取和准确性。基于荷兰网络银行顾客的实证研究，Bloemer et al.（1998）提出银行服务质量将会通过满意对忠诚产生间接影响，而满意则会对忠诚产生积极的直接影响。对网络银行服务的满意受到诸如顾客忠诚和供应渠道的类型等因素的影响。而Polatoglu和Ekin（2001）的研究则证明：同其它顾客群体相比，网络银行服务的早期采用者和大量采用者对于网络银行服务更加忠诚和满意。

Lewis（1991）指出顾客之所以从传统的分支银行转换到网络银行，就是因为顾客对传统银行服务的不满意，这些不满意因素包括缓慢的服务速度、不方便的开放时间和地点以及少量的向顾客提供服务的雇员等。Joseph 和 Stone（2003）认为通过网络银行技术提供服务的能力同高满意度相关。而 Moutinho 和 Smith（2000）则强调人性化和网络银行技术同顾客对服务的感知具有显著的相关性。他们还指出这些感知会影响顾客对网络银行的满意程度、保留程度和转换程度。

五、信息技术接受理论——网络银行采用研究的依据

学者们一般都将信息技术接受理论作为研究顾客对网络银行采用的理论依据，如果采用者不愿意接受，那么信息系统就不能够给组织带来完全的利益（Davis，1993；Davis 和 Venkatesh，1996）。采用者对新信息系统越接受，他们就越愿意改变其惯例以及越愿意花费其时间和体力来真正地开始采用新信息系统。（Succi 和 Walter，1999）因此，弄清楚采用者对一个新信息系统的采用意图或采用的原因将具有重要意义。常见的信息技术接受理论有科技接受模型、创新扩散理论、计划行为理论和理性行为理论等。

Guriting 和 Ndubisi（2006）以马来西亚顾客为样本，将自我效能引进科技接受模型，对网络银行采用意图的决定因素进行了检验，发现感知有用性和感知易用性是网络银行采用意图的重要决定因素，而电脑自我效能和电脑经验会通过感知有用性和感知易用性对采用意图产生间接的影响。Ndubisi（2007）也将自我效能这一调解变量加进科技接受模型，对顾客采用网络银行的影响因素进行研究。在其研究中，Ndubisi 改变了传统研究中集中于技术因素的做法，而将研究聚焦于顾客方面的因素。该研究认为，在网络银行服务中，即使网络银行能够提供给潜在的顾客，但由于他们对于运用网络银行的感知和使用网络银行时的信心程度各异，顾客也不一定采用网络银行系统。鉴于此，该研究将科技接受模型进行扩展，加进了自我效能这一调解变量。基于田野调查得来的133 个网络银行顾客样本，该研究发现感知有用性和感知易用性是顾客采用网络银行行为意图的主要决定因素，而感知可靠性同行为意图没有直接的关系。电脑自我效能调节了感知有用性和感知易用性同行为意图之间的关系。Wang et al.（2003）也将自我效能引进科技接受模型，他们将自我效能作为影响感知有用性，感知易用性和感知可靠性的前置因素。研究结果除了验证了传统的科技接受模型的结论外，还表明电脑自我效能通过感知有用性、感知易用性和

感知可靠性对使用意图有显著影响。

Jun 和 Cai（2001）将服务质量引进科技接受模型中，他们强调顾客服务质量包括反应性、可靠性和可进入性；在线系统质量包括易用性和精确性；而银行服务包括产品质量。类似的研究还有 Liao 和 Wong（2007），他们的研究结果显示感知有用性、易用性、安全、便利性和对服务请求的反应性对网络银行的采用有显著的积极影响。Chau 和 Lai（2003）也将服务引进科技接受模型，对顾客网络银行采用意图的影响因素进行了研究，其选取个性化服务（personalization）和集成服务（alliance services），任务熟悉度（task familiarity）作为感知有用性的前置因素，将任务熟悉度和可接入性（accessibility）作为感知易用性的前置因素。结果表明研究所提出的新的感知有用性的前因均与其显著相关，但感知易用性的前因中只有可接入性对其有显著影响。而 Pikkarainen et al.（2004）将网络银行在线信息和网络连接质量引进科技接受模型并运用到网络银行情景中，他们创建的网络银行接受模型包括感知有用性、感知易用性、感知娱乐性、网络银行在线信息、安全与隐私以及网络连接质量等维度。他们对芬兰的 268 名网络银行顾客进行了调查，结论显示只有感知有用性和在线银行信息对网络银行的采用具有显著的积极影响。

Suh 和 Han（2002）将信任引入科技接受模型，对影响顾客使用网络银行的因素进行了研究，结果表明信任、感知有用性和感知易用性均对顾客的使用意图有显著影响。Eriksson 和 Kerem（2005）也将信任变量引进科技接受模型，对爱沙尼亚顾客采用网络银行的因素进行研究，该研究运用结构方程因子分析对 1831 个样本进行了研究，结果发现信任通过感知有用性和感知易用性对顾客采用行为有积极影响。将信任引进科技接受模型的还有 Alsajjan 和 Dennis（2006），他们认为信任对于顾客通过网络银行进行交易的意图和顾客个人对信息的敏感性具有决定性的影响。

Wang et al.（2003）在科技接受模型中加入了感知可靠性这一外部变量，用于反映顾客对网络银行安全和隐私问题的关注。研究结果表明感知可靠性对网络银行使用意图也有显著影响。Luarn 和 Lin（2005）也将感知可靠性等变量引进科技接受模型并运用到网络银行情景中，他们构建的网络银行接受模型包括感知有用性、感知易用性、感知可靠性、感知自我效能和感知财务成本等变量，结果表明这些变量对网络银行的采用意图都有显著的影响。而邵兵家和杨霖华（2006）对中国顾客采用网络银行的因素进行了研究。该研究在科技接受模型的基础上增加了感知风险、对电子渠道的信任、结构保证以及电脑自我效能等变量，结果发现对电子渠道的信任、结构保证电脑自我效能及感知易用性对网络银行的使用意图均有显著影响，其中对电子渠道的信任对使用意图的影响最显著。

Eastin（2002）在 TAM 基础上探索了网络银行使用经验、感知风险、互联网自我效能、在线时间、感知方便性、感知财务优势（perceived financial advantage）对顾客网络银行使用行为的影响，结果表明感知风险、在线时间和感知方便性对顾客的使用行为有显著影响。另外，顾客对网络银行、在线购物、在线投资和电子支付四种电子商务的接受存在相互促进作用，如果已经接受了其中一种电子商务形式，则更容易接受其他三种电子商务形式。

Lockett 和 Litter（1997）在科技接受模型的基础上又加进了感知创新属性和个性特征等变量来对英国顾客采用网络银行的因素进行研究，结论显示每天24 小时提供的服务是顾客采用网络银行的积极影响因素，而复杂性和感知风险是顾客采用网络银行的消极影响因素。Black et al.（2001）也将感知创新属性等变量加进科技接受模型，对顾客采用网络银行的影响因素进行了研究，他们强调了感知创新属性的重要性，但同时也注意到了诸如"社会问题"和"宿命感"也是需要进一步研究的额外维度。

还有学者在第二代科技接受模型的基础上对网络银行情境中顾客采用的影响因素进行研究。Chan 和 Lu（2004）研究了香港网络银行服务环境中顾客的采用行为，他们的研究框架基于第二代科技接受模型和社会认知理论，旨在辨识影响顾客采用网络银行的因素。但其选取第二代科技接受模型中的主观规范（subjective norm），形象（image），结果展示性（result demonstrability）作为感知有用性的前置因素，同时将感知风险也作为感知有用性的前置因素，电脑自我效能作为感知易用性的前置因素。研究结果除了验证了部分第二代科技接受模型中的结论外，还表明对于已使用者而言，感知风险和主观规范对感知有用性没有显著影响，但对未使用者却有显著影响；结果展示性对已使用者的使用意图有影响，对未使用者却没有影响；另外，对两个群体而言，电脑自我效能都与感知易用性正相关；而感知易用性则都对使用意图没有显著影响。Sukkar 和 Hasan（2005）以约旦为代表运用第二代科技接受模型对发展中国家和欠发达国家的顾客采用网络银行的意图进行了研究，他们所建立的模型包括感知有用性、感知易用性、采用态度、行为意图、文化、信任和技术质量等维度。结果显示，文化、信任和技术质量通过感知有用性和感知易用性对采用态度有显著地影响。

Gerrard 和 Cunningham（2003）根据 Rogers（1995）界定的影响技术扩散的因子对影响顾客使用网络银行的因素进行实证研究并将影响顾客采用网络银行的因素归结为：社会赞许性（social desirability）、相容性（compatibility）、便利性（convenience）、复杂性（complexity）、机密性（confidentiality）、可进入性（accessibility）、经济收益性（economicbenefits）和个人电脑熟练度（PC proficiency）。此处社会赞许性、便利性和经济收益性相当于 Rogers 所界定的相对优势（relative advantage），复杂性和个人电脑熟练度相当于 Rogers 所界定的复杂性，机密性和可接入性相当于前人研究中的风险概念（如 Ostlund，1974）。研究发现同未使用者相比，使用者具有更高的个人电脑熟练度，感知到更多的便利性，更少的复杂性，与网络银行更具相容性。使用者同未使用者相比也更具金融创新性。然而在社会赞许性、机密性、可接入性和经济收益性上使用者和未使用者则没有显著差异。Lee et al.（2003）也基于创新扩散理论检验了顾客对网络银行采用的决定因素，其研究框架和结论同 Gerrard 和 Cunningham（2003）的基本相似。而 Polatoglu 和 Ekin（2001）基于创新扩散理论的研究则认为：顾客采用网络银行的影响因素应包括相对优势、可观测性（observability）、可试用性（trialability）、复杂性、相容性、感知风险、群体类型（group type）、决策类型（decision type）和营销努力（marketing effort）。

Tan 和 Teo（2000）通过国际互联网发布的问卷调查来进行其研究，其兴趣在于发现顾客采用网络银行的影响因素。不过，其研究框架来源于 Taylor 和 Todd（1995a）创立的解构的计划行为理论，该模型基于计划行为理论（Ajzen，1985）和创新扩散理论（Rogers，1983）。Tan 和 Teo（2000）将其研究聚焦于影响顾客采用网络银行的因素如态度、社群影响和感知行为控制等，结果显示态度和感知行为控制比社群影响更显著地影响顾客对网络银行的采用意图，而主观规范对于行为意图没有影响或影响甚微。研究发现感知相对优势、一致性、可试用性和运用网络的风险也影响顾客对网络银行的采用意图。另外，运用网络银行服务的信心以及对政府支持电子商务的感知也影响顾客对网络银行的采用意图。

Liao et al.（1999）基于计划行为理论对香港顾客采用网络银行的影响因素进行了研究，认为实际采用决定于采用意图，但该结论在实证研究中仅仅得到了部分有限的支持，他们还得出了主观规范对于行为意图没有影响或影响甚微的结论。Seok-Jae 和 Ji-Hyun（2006）对韩国顾客采用网络银行的影响因素进行了研究，他们比较了预测顾客采用意图的两个模型：理性行为理论和计划行为理论。结果表明态度和感知行为控制对网络银行的采用意图具有关键的影响。不过，无论是在计划行为理论中还是在理性行为理论中，采用意图都不受到主观规范的影响。另外，态度、主观规范和感知行为控制分别受到态度信念结构、规范信念结构和控制信念结构的影响。理性行为理论和计划行为理论在预测网络银行的采用意图方面都非常有效，而计划行为理论在实证研究方面略高一筹。Shih 和 Fang（2004）也认为预测顾客采用网络银行的意图是一项重要的课题，他们试图理解顾客的信念、态度、主观规范和感知行为控制是如何影响意图的。他们检验了计划行为理论和解构的计划行为理论两种模型并同理性行为理论进行了比较。数据来源于 425 个样本，并采用了结构方程模型进行统计分析，结果显示对理性行为理论和计划行为理论都支持，数据具有很好的吻合性。

六、对顾客采用网络银行研究文献的评价

从前面的文献回顾可以发现，对于顾客采用网络银行的影响因素研究可谓是众说纷纭，学者们都试图从不同角度对网络银行的采用进行解释和预测。不过，顾客采用网络银行的影响因素是复杂的，仅仅从任何单一的角度来解释都是片面的。显然，仅仅将成本和收益、顾客的个体特征、信息技术接受、顾客满意以及信任、承诺、安全和感知风险等影响因素中的任何一个或若干个作为解释和预测顾客采用网络银行的根据是有失偏颇的，因为这样会忽略其它方面的影响因素。只有发掘网络银行采用的全面影响因素，才能够更精确更完整地解释和预测顾客的采用意图或采用行为。

本研究发现无论从何种角度来研究网络银行的采用，其研究框架大多都是以信息技术接受理论为依据的。在这些接受理论中，科技接受模型最受学者们的青睐，因为该模型可以被运用于信息技术的任何领域（Venkatesh 和 Davis，2000）。在科技接受模型的基础上，可以引进成本和收益这两个外部变量，也可以引进年龄、收入、性别、教育、态度、动机和顾客创新等变量，还可以引进信任、承诺、安全和感知风险等变量，更可以引进满意这一变量，甚至可以引进创新扩散理论、计划行为理论和理性行为理论中的全部或部分变量。

就本研究所梳理的文献而言，绝大多数学者都从顾客方面的影响因素来研究网络银行的采用，也有为数不多的学者从银行方面的影响因素来研究。但将银行方面的影响因素和顾客方面的影响因素结合起来进行研究的还几乎无人问津，这不能不说是网络银行采用研究中的一大缺陷。

　　在研究方法上，绝大部分学者都采用实证的研究方法来验证顾客对网络银行的采用或采用意图。Pikkarainen et al.（2004）运用验证性因子分析和多元回归分析的方法对芬兰顾客的采用行为进行了分析和验证。Lassar et al.（2005）运用 Logistic 回归的方法检验了顾客创新、互联网自我效能和互联网态度同顾客采用行为之间的关系。Hitt 和 Frei（2002）通过 Logistic 回归分析检验了网络银行顾客同传统银行顾客在个性特征和行为上的区别，发现网络银行顾客比传统银行顾客有更大的倾向性去购买未来的银行产品和服务。Mavri 和 Ioannou（2006）则运用广义线性模型即二元回归模型的方法来预测顾客采用或不采用网络银行服务的概率。而 Karjaluoto et al.（2002）则通过运用因子分析证明计算机和技术经验以及人口因素对网络银行的采用有很大影响。

　　还有相当大部分学者通过运行 Lisrel 软件运用结构方程模型（SEM）方法对顾客采用网络银行的影响因素进行验证，例如，Shih 和 Fang（2004）就通过运用结构方程模型来检验计划行为理论，并同理性行为理论进行了比较，试图理解网络银行顾客的信念、态度、主观规范和感知行为控制是如何影响采用意图的。结果证明，来源于 425 个样本的统计分析数据都具有很好的吻合性。

　　本研究认为采用结构方程模型来分析顾客采用网络银行的影响因素比较合理，因为影响顾客采用网络银行的因素比较复杂，所牵涉到的变量比较多，而结构方程是处理多变量的有效的统计工具（陈顺宇，2007；侯杰泰等，2005；黄芳铭，2005）。

第二节　顾客采用信息技术的文献回顾

　　有关网络银行接受的研究一般都涉及到信息技术接受理论和社会心理学理论。信息技术接受理论一般包括科技接受模型（TAM）、第二代科技接受模型（TAM2）和整合性科技接受模型（UTAUT）、理性行为理论（TRA）、计划行为理论（TPB）、创新扩散理论（IOD）、科技准备度（TR）和任务技术匹配模型（TTF）等。社会心理学理论主要有理性行为理论（TRA）、计划行为理论（TPB）、社会认知理论（SCT）、电脑自我效能理论（CSE）、电脑恐惧症理论（CAT）、沉浸理论（FT）、Triandis 模型（Triandis Model）、个人电脑使用模型（MPCU）和动机模型（MM）等。另外，由于网络银行是一种基于互联网技术的自助服务渠道，所以有关服务营销学中基于科技的自助服务（TB-SS）传递模型也可以被借用到网络银行接受的研究中。本研究还注意到，因为电子商务（EC）是信息系统的一种形式，而网络银行又是电子商务的一种特殊形式，所以本研究认为有关 B2C 电子商务的理论亦可以用于对网络银行接受的研究。

一、信息技术接受理论

企业投资于信息系统有诸多原因，如削减成本、不增加成本的情况下产出更多、改善服务或产品质量。（Lederer et al.，1998）有学者（Davis，1989；Succi 和 Walter，1999；Venkatesh 和 Davis，1996）已经注意到采用者对于信息系统的态度和接受对于信息系统的成功采用具有关键性的影响。如果采用者不愿意接受信息系统，那么信息系统就不能给组织带来利益。（Davis，1993；Davis 和 Venkatesh，1996）采用者对一项新的信息系统接受的程度越高，他们就越愿意付出时间和精力来改变其习惯而真正地开始采用这项新的信息系统。（Succi 和 Walter，1999）满足采用者需求的系统强化采用者对系统的满意，而采用者对系统是否满意则取决于采用者对系统的感知。在不依赖于系统及其信息的情况下，采用者对于系统的行为可能是消极的。信息系统的成功接受与否不一定依赖于系统的科技质量。（Ives et al.，1983）系统的成功采用往往同系统的效果相联系，采用者认为没有效果的系统是无用的。所以弄明白人们为什么决定采用或不采用信息系统是重要的，这一点对系统设计研发人员的工作会有益处（Mathieson，1991），当然对运用信息系统的组织更会有益处。

（一）科技接受模型（Technology Acceptance Model，TAM）

对于信息系统采用的研究运用最广泛的就是科技接受模型（Technology Acceptance Model，TAM）（Al – Gahtani，2001；Davis et al.，1989；Davis 和 Venkatesh，1996；Gefen 和 Straub，2000；Mathieson，1991），该模型是一个信息系统理论，由社会心理学理论中的理性行为理论和计划行为理论修正而来，广泛地用以预测、解释和加强各种领域里使用者对信息技术接受的共同理解。科技接受模型的创始人是 Davis（1989），后来，Venkatesh 和 Davis（2000）提出了第二代科技接受模型以及 Venkatesh 等（2003）提出了整合性科技接受模型。

科技接受模型旨在给跨越不同的终端用户电脑技术的使用者接受和使用行为提供一种解释（Davis，1989；Davis et al.，1989），该模型认为采用者对于某一新的信息技术或信息系统的采用（Adoption）或接受（Acceptance）是由他对这个信息系统的行为意图（Behavior Intention）决定的，而他的行为意图又是由他对信息系统的态度（Attitude）和使用者对于科技有用性的感知共同决定的（图3.1）。态度受到感知有用性和感知易用性这两个行为信念的共同影响。根据科技接受模型，感知有用性（Perceived Use，PU）和感知易用性（Perceived Ease Of Use，PEOU）对于信息系统的采用具有重要意义。

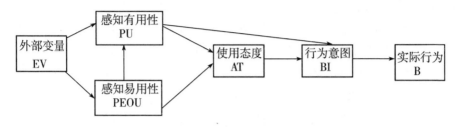

图 3.1　科技接受模型

资料来源：Davis, F. D. , "Perceived usefulness, perceived ease of use, and user acceptance of information technology," *MIS Quarterly*, Vol. 9, 1989, pp. 319 ~ 340.

感知有用性是指"一个人对运用一个特殊的系统会提高他（她）的工作业绩的相信程度"[1]，而"一个具有高感知有用性的系统，是一个使用者相信存在一个使用和业绩正相关的系统"[2]；感知易用性是指"一个人对运用一个特殊的系统会使他（她）节省付出的相信程度"[3]。有大量富有意义的研究证明，感知有用性是影响使用意图和使用行为的重要因素（Taylor 和 Todd，1995b；Venkatesh 和 Davis，1996）。Chau（2000）证明了一项特殊科技的采用意图取决于感知有用性和感知易用性。

在科技接受模型中，外部变量，如任务、使用者特征、政治影响和组织因素等被认为是通过影响感知有用性和感知易用性而间接地影响科技接受的。（Szajna，1996）另外，感知有用性受到感知易用性的影响。

科技接受模型已经通过在不同情景下不同样本的广泛测试并被证明在解释信息系统的采用方面具有效度和信度。（Davis 和 Venkatesh，1996；Mathieson，1991）在所有的科技接受和扩散的模型中，科技接受模型被看作是在信息系

---

[1]　Davis, F. D. , "Perceived usefulness, perceived ease of use, and user acceptance of information technology," *MIS Quarterly*, Vol. 9, 1989, p. 321.

[2]　Davis, F. D. , "Perceived usefulness, perceived ease of use, and user acceptance of information technology," *MIS Quarterly*, Vol. 9, 1989, p. 321.

[3]　Davis, F. D. , "Perceived usefulness, perceived ease of use, and user acceptance of information technology," *MIS Quarterly*, Vol. 9, 1989, p. 321.

统研究中最被广泛接受和使用的理论和方法，该模型受欢迎的主要原因可能是其简约性、具体的信息系统特征以及大量研究中的实证支持。（Mathieson et al.，2001；Wang et al.，2003）

尽管科技接受模型在解释使用者对科技的接受方面非常有用，但该模型的主要目的是提供一个基础，以解释外部变量对行为意念的影响（Davis et al.，1989）。也就是说，科技接受模型只是一种基础架构，在实际运用过程中必须配合主题特性选择不同的外部变量，并探讨这些变量所起的作用（Gefen 和 Keil，1998；Venkatesh，2000，Venkatesh，et al.，2000）。于是，许多学者提出了对 TAM 进行扩展的建议（Henderson 和 Divett，2003；Lu et al.，2003；Venkatesh 和 Davis，2000；Venkatesh et al.，2002；Venkatesh 和 Speier，1999）。尤其是 Venkatesh 和 Davis（2000）通过对原有的科技接受模型进行了扩展并创立了所谓的第二代科技接受模型（Technology Acceptance Model2，TAM2），来研究对感知有用性的决定因素（图3.2）。

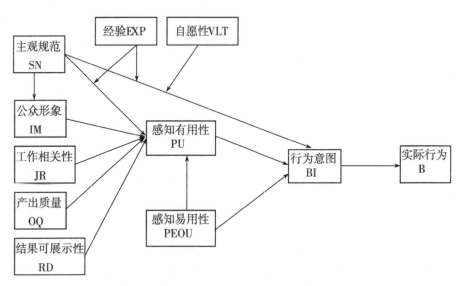

图3.2 第二代科技接受模型

资料来源：Venkatesh, V. and Davis, F. D., "Theoretical extension of the technology acceptance model: four longitudinal field studies," *Management Science*, Vol. 46, No. 2, 2000, pp. 186~204.

第二代科技接受模型解释了社群影响过程和认知辅助过程是如何影响感知有用性和行为意图的。社群影响过程包括主观规范（Subjective Norm）、公众形象（Image）、自愿性（Voluntariness）和经验（Experience）等四个维度；认知辅助过程包括工作相关性（Job Relevance）、产出质量（Output Quality）、结果可展示性（Result Demonstrability）和感知易用性（Perceived Ease Of Use）等四个维度。在第二代科技接受模型中，主观规范会通过内化（Internalization）和认同（Identification）两种方式对感知有用性产生作用。让使用者认为自己应该使用该系统，因而觉得该系统是更有用的。（Venkatesh 和 Davis，2000）另外，主观规范也会通过公众形象这个变量来影响使用者的感知有用性。个体会通过其在社会规范中的影响来建立或维持其在该群体中的良好形象。（Venkatesh 和 Davis，2000）Moore 和 Benbasat（1991）将公众形象定义为"使用某项创新可以增强个人在社会系统中地位的程度"①。第二代科技接受模型将印象纳入到其架构中，认为主观规范通过影响公众形象而对感知有用性产生作用。

另外，Venkatesh 和 Davis（2000）发现，在强制使用的环境中，主观规范对使用意图有很大的影响，而在这过程中受到自愿性的调节。所谓自愿性就是指一个潜在采用者认为采用过程不是被强迫接受的程度（Venkatesh 和 Davis，2000）。当组织中强制采用一个系统时，使用倾向会根据使用者愿不愿意执行的程度而改变。

主观规范还会受到经验这个调节变量的影响。Hartwick 和 Barki（1994）的研究发现主观规范对使用行为意图的影响会随着科技使用经验的增加而逐渐递减。在一开始使用者对系统还很陌生的时候，主观规范会对使用意图有非常显著的影响，但是一旦使用者对系统的直接经验增加，他对他人意见的依赖程度便会降低。同样还有学者指出一开始透过强制的方式引进系统确实能够帮助使用者度过第一次使用的障碍，但是这样的社会压力会随着时间以及经验的增加而逐渐降低。（Agarwal 和 Prasad，1997）

而所谓的认知辅助过程，是指人们对感知有用性的判断，有部分来自该系统是不是有足够的能力来完成他们的需求的认知（Venkatesh 和 Davis，2000）。用工作相关性、产出质量、结果可展示性和感知易用性来解释认知辅助过程这一个流程，简单地说就是将任务技术匹配模型（Goodhue 和 Thompson，1995）纳入到理论架构之中。

工作相关性的定义是个人认为该技术可以应用在他的工作上的程度，也就

---

① Moore, G. C. and Benbasat, I., "Development of an Instrument to Measure Perceptions of Adopting an Information Technology Innovation," *Information Systems Research*, Vol. 2, No. 3, 1991, p. 195.

是说工作相关性是指技术对使用者工作相关任务所能支持程度的函数。第二代科技接受模型验证工作相关性是一种认知上的判断，而不是来自主观规范。它会直接对感知有用性产生影响。而产出质量是当使用者认为该系统符合他任务的需求之后，接着他所关心的便是该系统能够把任务完成好的程度。使用者在许多与他们工作相关的系统中，会倾向挑选产出质量最高的系统来使用。另外，如果一项技术可以产生有效率而且符合使用者需求的结果，却无法让人清楚的感受到，使用者仍然无法了解到该技术究竟在何种程度上有用。因此，Venkatesh 和 Davis（2000）将结果可展示性，即使用该项创新所得结果的可接触性（Moore 和 Benbasat，1991）纳入到模型之中。

实证研究结果显示，第二代科技接受模型在解释不同具体领域的使用者接受方面具有很强的说服力（Henderson 和 Divett，2003；Lu et al.，2003；Venkatesh 和 Davis，2000；Venkatesh et al.，2002；Venkatesh 和 Speier，1999）。

另外，Venkatesh et al.（2003）对历年来相关的研究作了一番全面的回顾，发现过去那些经过实证的模型都各有特色，也分别在不同的具体领域里具有说服力，于是他将这些不同具体领域的理论或模型整合在一起，针对探讨"影响用户认知因素"的问题，提出了所谓"权威模式"的整合性科技接受模型（Unified Theory of Acceptance and Use of Technology，UTAUT）（图3.3）。

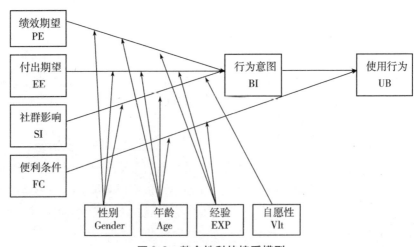

图 3.3　整合性科技接受模型

资料来源：Venkatesh, V., Morris, M. G. ., Davis, G. B., and Davis, F. D., "User acceptance of information technology: Toward a unified view," *MIS Quarterly*, Vol. 27, No. 3, 2003, pp. 425～478.

整合性科技接受模型把相关文献中所提出的论点整合成四个核心决定因素（core determinants）：绩效期望（Performance Expectancy，PE）、付出期望（Effort Expectancy，EE）、社群影响（Social Influence，SI）和便利条件（Facilitating Conditions，FC），以及四个控制变量：性别（Gender）、年龄（Age）、经验（Experience）、自愿性（Voluntariness）。

绩效期望是指使用者感觉使用系统可帮助其获得工作绩效的程度，包括感知有用性、外在动机、工作相关性、相对优势和结果预期等五个子维度。Venkatesh et al.（2003）认为期望效用是使用系统后可以获得显著的奖励（Rewards）。由过去的研究可知，性别以及年龄的差异对于绩效期望的影响较显著，因此追求绩效的男性工作者或年轻工作者会较其它社群显得突出。

付出期望是指个人认为使用系统的容易程度，包括感知易用性、系统复杂都和操作简单性等三个子维度。这意味着信息系统的设计是否可以让使用者容易使用是接受信息技术的关键因素之一，Venkatesh et al.（2003）认为个人对使用系统的付出期望会因性别、年龄有所差异，通常女性或是年纪较长者较显著，但这些影响都会随着使用经验增加而减少。

社群影响是指个人知觉到对其重要的人认为他应该使用新系统的程度，包括主观规范、社群因素和公众形象三个子维度。Venkatesh et al.（2003）认为社群影响与使用意图之间的关系会受到性别、年龄、经验与自愿使用等的干扰因素影响。

便利条件是指个人所感受到组织、技术上相关设备对系统使用的支持程度，包括感知行为控制、方便性条件和兼容性三个子维度。因此，便利条件是指支持使用者使用系统的组织与技术条件，包括电脑软硬件的支持或系统操作上的帮助等。（Venkatesh et al.，2003；Thompson et al.，1991）经验与年纪是便利条件与行为间的干扰因素。总之，Venkates et al.（2003）认为经验、性别、年纪、使用者的目的在强调不同的情境下，个人接受与采用信息技术的策略也有所不同，必须考虑这些干扰因素对导入策略作适当的修正。

整合性科技接受模型指出绩效期望维度、付出期望维度和社群影响维度会直接影响行为意向（Behavior Intention，BI）；而便利条件维度直接影响使用行为（Usage Behavior，UB）；性别、年龄、经验和自愿控制变量等显著影响以上的绩效期望、付出期望、社群影响和便利条件。Venkatesh et al.（2003）的研究结果发现性别、年龄、经验和自愿中两个以上控制变量的复合作用会使得影响作用更为显着。实证结果显示，整合性科技接受模型对科技采用行为的解释力高达 70%，比过去所知的任何一个模型都有效。

（二）理性行为理论（Theory of Reasoned Action，TRA）

科技接受模型、第二代科技接受模型和整合性科技接受模型的基础是理性行为理论（TRA）（Ajzen 和 Fishbein，1980；Fishbein 和 Ajzen，1975）（图 3.4），用来解释态度与行为（Behavior）的关系（Ajzen 和 Fishbein，1980；Davis et al.，1989）。理性行为理论基于这样的假设：认为顾客的行为是理性的并且系统地采用所获取的信息。根据该理论，个人的某些特定行为表现是由其行为意图所决定，而行为意图又由个人的态度和主观规范所共同决定（Davis，1989）。态度与主观规范是两个决定行为意图最主要的因素（Ajzen 和 Fishbein，1980）。

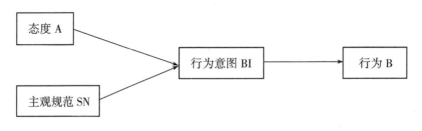

图 3.4 理性行为理论

资料来源：Ajzen，I. and Fishbein，M.，*Understanding Attitudes and Predicting Social Behavior.* NJ：Prentice Hall，1980，pp. 217～242.

理性行为理论主张行为意图这一影响因素受到内在的心理因素所影响，进而影响实际行为。该理论已经被证明在预料和解释许多领域的行为方面非常成功。

（三）计划行为理论（Theory of Planned Behavior，TPB）

计划行为理论（TPB）（Ajzen，1991）是理性行为理论的扩展。因为理性行为理论缺乏行为控制的因素，所以 Ajzen 在原先的态度和主观规范之外又加入了感知行为控制（Perceived Behavioral Control），从而形成了计划行为理论。该理论认为在预测行为的意图时，除了对行为的态度和主观规范进行考虑外，个人是否能够控制执行行为也会影响行为意图。即行为是由行为意图所决定，且行为意图则由态度、主观规范和感知行为控制这三个因素所共同决定（图 3.5）。

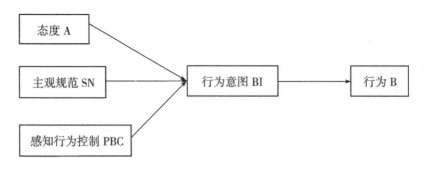

图 3.5　计划行为理论

资料来源：Ajzen, I., "The theory of planned behavior," *Organizational Behavior and Human Decision Processes*, Vol. 50, 1991, pp. 179~211.

也有学者对计划行为理论进行了分解，即在态度、主观规范和感知行为控制三个维度前面又分别加上了若干前置因素，开发了分解式计划行为理论（Decomposed Theory of Planned Behavior, DTPB）（Taylor 和 Todd, 1995a）。在此模型中（图 3.6），行为态度、主观规范与感知行为控制均有其多维度的信念结构以用来描述此三个维度，感知有用性、易用性和兼容性分别影响态度；同伴和上级的影响又分别是主观规范的前置因素；而自我效能、资源便利条件和技术便利条件又分别为感知行为控制的前置因素。

已有许多研究采用分解式计划行为理论模型，以了解影响使用者采用新信息系统的行为（Taylor 和 Todd, 1995a）。Bagozzi（1981, 1982, 1983）发现多维度的信念结构（Multidiimensional Belief Structrures）比单一维度的信念结构（Unidimensional Construct）更能用来描述影响行为态度的因素；Shimp 和 Kavas（1984）在其研究中也发现多维度的信念结构更能解释行为态度。

理性行为理论和计划行为理论都被广泛地用来解释和预料人类行为。两个理论都预料行为由意图决定进而执行行为。计划行为理论是理性行为理论的一种扩展，两者都认为行为受个人意图的影响进而执行行为。计划行为理论的态度和主观规范的构建同理性行为理论的构建相同。理性行为理论和计划行为理论之间唯一关键的区别是计划行为理论包含了感知行为控制。正如 Ajzen（1991）所指出的，理性行为理论的主要缺陷在于缺乏对行动或行为的意志控制。

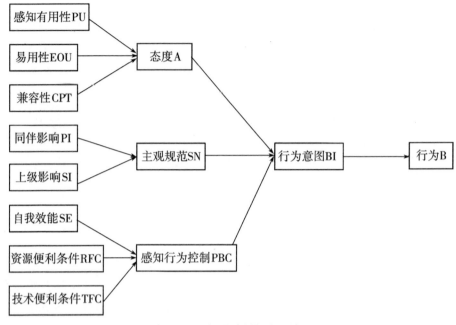

图 3.6　分解式计划行为理论

资料来源：Taylor, S. and Todd, P. A., "Understanding information technology usage: a test of competing models," *Information Systems Research*, Vol. 6, No. 2, 1995a, pp. 144～176.

理性行为理论、计划行为理论和科技接受模型最有可能是构建使用者对新科技采用模型中运用最多的理论。理性行为理论和计划行为理论常常用于对人的行为的社会心理学研究，系统使用和信息技术采用的研究者也广泛地使用这两个理论。实际上，在信息系统接受的研究中，理性行为理论是计划行为理论和科技接受模型的前身和基础。

Taylor 和 Todd（1995a）将计划行为理论的预测因素同科技接受模型中的感知有用性相结合，构建了一个综合模型，即合成的科技接受模型和计划行为理论（Combined TAM and TPB，C－TAM－TPB），用来解释使用者对于信息系统或技术的接受，其中态度、主观规范和感知行为控制来源于计划行为理论或理性行为理论，而感知有用性则显然来自于科技接受模型。

（四）创新扩散理论（Diffusion of Innovation，DOI）

创新（Innovation）是指呈现给目标采用者的一个新的概念、物体、信息技术或系统。Rogers（1983）开发了一种创新扩散（DOI）模型予以解释社会系统中创新扩散是如何发生的。根据创新扩散理论，个人收集和合成创新信息，而这种信息的编译过程形成了他们对创新的感知。基于这些感知，个人可以决定接受或拒绝一项创新（Agarwal 和 Prasad，1997；Moore 和 Benbasat，1991）。

Rogers（1983）假定创新在下列情况下更有可能被采用：（1）相对优势（Relative Advantage）：感知到创新优于先前想法的程度。当个人感知到创新的相对优势愈高时，采用创新的可能性愈高。（2）兼容性（Compatibility）：感知到创新和潜在采用者已有价值观（Existing Values）、先前经验（Previous Experience）和现在需求（Current Needs）的兼容程度。当个人感知到创新的兼容性程度愈高，采用创新的可能性愈高。（3）复杂性（Complexity）：感知到理解（Understand）、学习（Learn）和操作（Operate）创新的困难程度。当个人感知到创新的困难程度愈高，采用创新的可能性愈低。（4）可试用性（Trialability）：创新的可试用程度。当个人可以试用创新的程度愈高，则可以降低潜在采用者的不确定性，增加采用创新的可能性。（5）可观察性（Observability）：创新结果的可观察程度。当创新结果的可观察程度愈高，表示创新结果可以被观察，并且可以向潜在采用者沟通，则采用创新的可能性更高（Pease 和 Rowe，2005）。

不过，在做出采用一项创新的决策时总是存在高度的不确定性。根据 Rogers（1983）的观点，创新信息通过诸如大众传媒或个人渠道等不同的渠道而进入采用者所在的社会系统。潜在的采用者形成了对创新特征的感知，这些创新特征会影响采用决策（Agarwal 和 Prasad，1998）。Knol 和 Stroeken（2001）认为：通过沟通，扩散同社会系统成员间的不确定性的减少有关。Wejnert（2002）认为采用过程不是统一而是会有不同的，这取决于三个方面的影响：个人的创新（Innovativeness），每个人对于采用创新有显著的差异；其它人的影响力（Personal Influence），采用创新会受到他人的影响；最后是创新特征（Innovation Characteristics），个人感知到的创新特征也会影响创新的采用。

扩散的速度由在某段时间内采用的比率而定。研究者观察到仅有少数的早期采用者：他们是新创意的积极的信息搜寻者，很少依赖于他人的评估，能够获取必要的资源采用变化，受过正式的良好的教育，能够对付风险和不确定性，而且愿意在早期阶段采用创新。研究者还观察到当早期的采用者开始向其同伴沟通创新时，采用的比率会迅速提高，然后在接下来的阶段会逐渐下降，最后是晚期采用者。创新采用可以用 S 曲线图表示（图 3.7）。

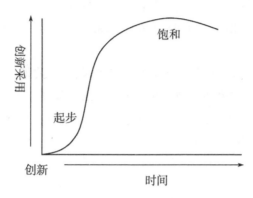

图 3.7 创新采用曲线

资料来源：Rogers, E. M., *Diffusion of innovations* (*3rd ed.*). New York：The free press, 1983, pp. 243~251.

创新扩散理论已经被广泛运用在了解消费者对各种创新的采用的研究中 (Goldsmith 和 Hofacker, 1990; Howcroft et al., 2002; Lee 和 Lee, 2000; Moore 和 Benbasat, 1991; Tan 和 Teo, 2000)。

Moore 和 Benbasat (1991) 扩展并提炼了 Rogers (1983) 的模型以开发可以用于跨越各种信息系统或信息技术创新领域的工具，同时该工具要具有足够的稳健性来探讨创新的各种感知。他们保留了原有模型中的相对优势、兼容性和可试验性，同时将复杂性改为易用性以便和 Davis (1989) 的科技接受模型相一致。Rogers (1983) 的可观察性这一建构被认为需要比具体的信息系统研究更具有通用性才能够被广泛运用到各种信息技术或系统领域中。因此，Moore 和 Benbasat (1991) 将之替代为两个新的建构：可见性 (一项创新能见的程度) 和结果可展示性 (一项创新的结果对采用者而言轻易显著的程度)。而且，他们增加了两个新建构：形象 (个人相信通过采用科技会提高其社区形象的程度) 和自愿性 (一项创新采用被感知在采用者的控制下的程度)。

扩展的创新扩散模型 (DOI2) 通过了严格的初试，被认为在预测各种信息系统采用方面是一具有信度的选择。不过，就所有的建构而言，该模型很少在实证研究中引起注意 (Agarwal 和 Prasad, 1998; Plouffe et al., 2001)。例如，Agarwal 和 Prasad (1997) 发现相对优势、可观察性、兼容性、可试验性和结果可展示性是一项创新采用意图的重要预测变量；Tan 和 Teo (2000) 将相对优势、复杂性、兼容性和可试验性看作一项创新采用意图的重要预测变量；Chin 和 Gopal (1995) 却认为兼容性是一项创新采用意图的重要预测变量；Karahanna et al. （1999） 主张自愿性是一项创新采用意图的重要预测变量；Taylor 和 Todd （1995a） 把相对优势、易用性和兼容性当成一项创新采用意图的重要预测变量；而 Chan 和 Lu （2004） 则证明形象和结果可展示性是一项创新采用意图的重要预测变量。另外，从创新采用研究的元分析来看，相对优势、复杂性和兼容性被认为同创新采用具有一致的相关性 （Tornatzky 和 Klein，1982）。

而 Lehmann 和 Markman （2001） 的研究涉及到消费者采用决策的心理过程，结论认为先前的产品知识对采用有负面的影响。在对以上进行解释时，Lehmann 和 Markman （2001） 认为专业人士比生手更具有产品相关的目标，所以假如一个产品不具有相关特征，专业人士会拒绝接受而生手会不介意来接受。例如，研究发现照相机知识微乎其微但电脑知识丰富的消费者会购买数码相机而照相机知识丰富但电脑知识匮乏的消费者很少有可能购买数码相机。

Taylor 和 Todd （1995a） 在研究顾客采用创新产品时，也探讨创新的特征对顾客采用的影响。研究发现，顾客感知到创新产品相较于先前产品更具有相对优势时，愈可能采用创新产品。当感知到创新产品的复杂度愈低，愈可能采用创新产品。在信息技术采用的研究上，Hoffer 和 Alexander （1992） 针对数据库系统的采用进行研究。结果显示潜在采用者感知到系统具有较高的相对优势、或是较高的兼容性、或是较低的复杂度，均会有较高的采用意愿。Chin 和 Gopal （1995） 则针对采用者采用群体决策支持系统进行研究，结果也显示潜在采用者感知到信息系统的相对优势愈高、或是兼容性愈高，则采用的行为意愿也会愈高。Busselle et al. （1999） 针对影响采用因特网采用的因素研究中，发现当采用者感知到因特网拥有较多的优势，或是感知到因特网较不复杂，则采用意愿较高。Takacs 和 Freiden （1998） 认为因特网是一个新的产品，应该应用创新的特征进行因特网扩散与采用的研究。研究指出，当采用者已经具有电脑的采用习惯，则较会采用因特网。采用者感知到因特网的兼容性，会影响采用的意愿。

Goldsmith 和 Hofacker （1990） 将创新扩散理论运用到了具体的领域中，研究了具体领域创新的概念，所谓具体领域创新 （Domain Specific Innovativeness，DSI） 是指 "在一个具体的兴趣领域内对了解和采用创新 （或新产品） 所反映的倾向。"[1] 也有学者根据具体领域创新的概念运用横截面研究途径开

---

[1] Goldsmith, R. E., and Hofacker, C. F., "Measuring Consumer Innovativeness," *Journal of the Academy of Marketing Science*, Vol. 19, No. 3, 1990, p. 211.

发和测试了各种具体领域创新的量表（Gatignon 和 Robertson，1985；Midgley 和
Dowling，1978；Robertson 和 Myers，1969），用来测量个人在其具体感兴趣的领
域的创新性。问卷可以被调整以适合任何兴趣领域，那么其结果就可能在所运
用的具体领域具有通用性，但是在其它无关的领域却不一定适用。例如，一个
人在信息技术领域具有创新性，但是在音乐领域或服装领域却不一定能够
创新。

有关各个具体领域创新的研究给营销者提供了一种比一般创新观点更实用
的方法用来测量和预测购买行为。这种观点被应用到管理信息系统以界定信息
技术领域的个人创新（Personal Innovation In Technology，PIIT）。（Agarwal 和
Prasad，1998）这种新建构以 Goldsmith 和 Hofacker（1990）的具体领域创新量
表为基础并加以调整以适应信息系统领域的需要。信息技术领域的个人创新
（PIIT）是指个人尝试使用新信息技术的意愿。（Agarwal 和 Prasad，1998）如
果这些个人更愿意尝试被确定的信息技术，那么他们就可以充当组织背景中执
行新信息技术的代言人或意见领袖（Agarwal 和 Prasad，1998）。当考虑到执行
新技术时，这些个人会帮助拥护信息技术项目的执行，这样，项目的失败率就
比较低。从信息技术生产者的优势来看，早期的营销战役活动可以将目标定位
在那些具有高度创新性的个人，这样可以带来早期阶段丰厚的销售收入，而且
还可以提高对那些不太具有创新性的个人的口碑广告效应。

（五）科技准备度（Technology Readiness Index，TRI）

Parasuraman（2000）将科技准备度指数（TRI）定义为"人们接受与采用
新科技以完成日常生活或工作目标的倾向程度"①。这个概念可以视为是一种
整体的心理状态，可视为由心理方面的驱使力（enablers）与抑制力（inhibi-
tors）所共同决定的个人采用新科技之倾向（图3.8）。

Parasuraman 与 Rock bridge Associates 公司合作，针对该公司顾客进行焦点
群体访谈，汇整出顾客对科技正面与负面的感觉。其中，正面感觉包括弹性、
便利、效率与乐趣，而安全疑虑、陈旧过时的风险、非人性化与缺乏控制则可
被归类为负面的感觉。根据此结果，发展出初步科技准备度指标的量表，可分
为乐观主义（optimism）、创新性（innovativeness）、不适应（discomfort）与安
全疑虑（insecurity）四个维度。乐观主义表示对科技的正面感觉，并相信科技

---

① Parasuraman，A.，"Technology Readiness Index（TRI）：A Multiple – Item Scale to Measure Readi-
ness to Embrace New Technologies," *Journal of Service Research*，Vol. 2，2000，p. 311.

可使人们增加日常生活的管控、弹性与效率；创新性表示成为科技先锋或思想领袖的倾向；不适应表示意识到对于科技无法控制，并产生被科技淹没的感觉；安全疑虑表示不相信科技，并质疑科技能够正确地工作的能力。在此四个维度中，乐观主义与创新性可归类为科技准备度的驱使力，亦可视为顾客对于科技的正面感觉。反之，不适应与安全疑虑则属于科技准备度中抑制力的部分，亦可视为顾客对科技的负面感觉（图3.8）。

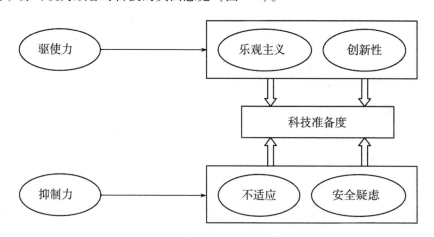

图3.8　科技准备度模型

资料来源：Parasuraman, A., "Technology Readiness Index（TRI）：A Multiple – Item Scale to Measure Readiness to Embrace New Technologies," *Journal of Service Research*, Vol. 2, 2000, pp. 307 ~ 320.

（六）任务技术匹配模型（Task – Technology Fit，TTF）

任务技术匹配模型（TTF）是在TAM中加入考虑任务对使用的影响等问题而拓展形成的。该模型认为信息系统或信息技术的使用绩效根源于任务与技术的匹配，即某项技术所具有的特征和所提供的支持是否恰好适合于某项任务的要求（Goodhue和Thompson，1995）。

任务技术匹配模型综合了信息技术与工作绩效表现之间关系的两类主流研究；认为态度是行为之预测指标方面的研究，以及技术与任务匹配是绩效的预测指标方面的研究。Goodhue和Thompson（1995）认为此两者实际上是互补的，故将之合并于一个模型中讨论。认为信息技术要能对绩效表现有所帮助，其前提是此技术必须被使用者接受且愿意使用，而且技术所提供的功能可以支持使用者的任务，那么信息技术将会被采用。

任务技术匹配模型首先强调的是使用状况的前提因素，即信念、态度、社会规范和习惯可以影响信息系统的使用行为。而使用行为会进一步影响绩效表现（Igbaria 和 Tan，1997）。有学者将此类的研究运用到信息技术接受领域，Lucas（1975）研究信息系统的质量与使用态度的关系，Liker 和 Sindi（1997）运用此理论探讨专家系统的接受度等。这些文献证实了系统或技术的特性，会通过个人认知信念、态度和意愿而影响使用行为。

任务技术匹配模型其次强调的是在技术和任务之间匹配程度对绩效表现的影响。认为唯有当所使用的技术能够支持任务、可以使任务更顺利的进行和可以减少使用者执行任务花费的精力及成本时，才会出现良好的绩效表现。Vessey 和 Galletta（1991）发现当技术功能不符合任务的需要时，决策的质量会降低；而 Goodhue（1988）也提出信息系统只有当在它们的功能与使用者的任务需求关联时，才会有正面的绩效。Goodhue 和 Thompson（1995）将上述两类的观点进行整合，认为技术、任务、个人的匹配为影响绩效表现本身与使用者认知信念，而信念会转而影响使用情形，再进一步影响绩效表现（图3.9），这就是所谓的任务技术匹配模型。该模型包含匹配理论、态度行为理论、绩效表现和回馈等维度。（Goodhue，1995；Goodhue，1997）

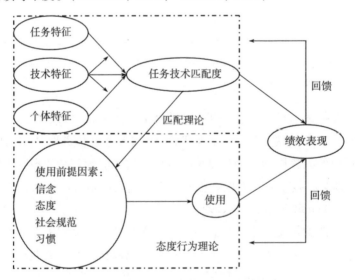

图3.9　任务技术匹配模型

资料来源：Goodhue, D. L., and Thompson, R. L., "Task – Technology Fit and Individual Performance," *MIS Quarterly*, Vol. 19, No. 2, 1995, pp. 213～236.

就匹配理论维度而言，Goodhue 和 Thompson（1995）将任务技术匹配度定义为技术协助个人完成某些任务的程度。显然，所谓任务技术匹配指的就是任务特征、个人特征和技术特征三者之间的相互符合（correspondence）。而前述三者对任务技术匹配度并非直接产生影响，而是通过他们之间的交互关系产生间接影响。Goodhue 和 Thompson（1995）认为，当个人特征、技术特征和任务特征三者之间的缝隙（gap）缩小的时候，任务技术匹配度会上升。

就态度行为理论维度而言，任务技术匹配模型认为技术任务匹配度会透过信念、态度、社会规范和习惯等因素影响使用行为，而使用行为会进一步影响绩效表现。Goodhue（1997）指出当使用起中介作用时，技术特征协助个人完成任务的程度将决定使用技术的可能性。

就绩效表现来讲，Goodhue 和 Thompson（1995）认为绩效表现会同时受到任务技术匹配度以及使用行为的影响。当有高的任务技术匹配度时，会直接影响绩效的提升。

回馈也是任务技术匹配模型中的一个重要部分。一旦使用者认识到技术使用会影响绩效，就会产生回馈，使用技术的真实经验会引导使用者有更好的绩效，进而影响未来使用；而个人也许会从使用技术的经验中去学习，并同时改善个人技术匹配及整个任务技术匹配。Goodhue（1997）研究了绩效与任务技术匹配度对回馈的影响，研究结果验证绩效与任务匹配度对回馈皆有显著相关。

任务技术匹配模型的有效性已被管理信息系统的大量相关研究所支持（Dennis et al.，2001）。

Dishaw 和 Strong（1999）的研究发现任务技术匹配模型在预测"工作相关"的任务使用时比科技接受模型更有效。他们发现工作和技术影响任务技术匹配度，而任务技术匹配度又影响感知易用性和实际采用，但任务技术匹配度对感知有用性的影响则不明显。其研究还得出了用任务技术匹配模型和科技接受模型组合的模型在解释采用行为方面优于单独的科技接受模型或任务技术匹配模型的结论。

Goodhue 和 Thompson（1995）提出的任务技术匹配模型与 Delone 和 McLean（1992）提出的"技术的使用与使用者态度导致对工作绩效的影响"①

---

① DeLone, W. H. and McLean, E. R., "Information Systems Success: The Quest for the Dependent Variable," *Information Systems Research*, Vol. 3, No. 1, 1992, p. 87.

是一致的。但与 Delone 和 McLean（1992）有两点不同，第一，任务技术匹配模型可以解释技术如何影响效能；第二，任务技术匹配模型更明确指出了各维度之间的关系，为信息技术对绩效的影响提供了一个较强的理论解释基础。而 Chen et al.（2002）曾经构造出与"匹配"（fit）相似的"兼容性"（compatibility）概念。"兼容性"不仅评价技术的使用是否适合用户的价值、信念和想法，还评价技术的使用和工作需要是否适合。其研究发现"兼容性"对"感知有用性"和"采用态度"都有影响。

二、社会心理学理论

电脑信息系统科技功能的不断改进可以使复杂的运用变得经济可行。随着科技障碍的消失，利用这种功能的关键因素是创造人们愿意使用信息系统的能力。所以，实践者和研究者需要更好地了解人们为什么拒绝使用信息技术以便设计实用的方法来评估科技和预测使用者对信息技术的反映，进而通过改善科技性能和科技执行过程来提高使用者接受。信息系统研究者从社会心理学的角度提出了意图模型，作为研究使用者行为决定因素的潜在的理论基础（Swanson，1982），有关这方面的具体理论或模型有理性行为理论、计划行为理论、社会认知理论、电脑自我效能理论、电脑恐惧症理论、沉浸理论、Triandis 模型、个人电脑使用模型和动机模型。鉴于理性行为理论和计划行为理论经常和科技接受模型一起用以研究使用者对信息系统的采用，在前面的信息技术接受理论中已经作了回顾，所以在社会心理学这一部分本研究将不再对它们进行回顾。

（一）社会认知理论（Social Cognitive Theory，SCT）

社会认知的概念是由 Bandura（1977，1978，1982，1986）所提出。后来，经过进一步的发展和完善，Wood 和 Bandura（1989）建立了正式的社会认知理论（SCT）。社会认知理论以个人、行为及环境三者持续相互的影响来解释个人行为，在这双向互动的因果关系模式中，行为、认知及环境等因素，将会彼此互相影响（图 3.10）。

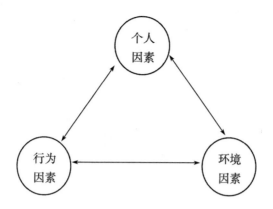

图 3.10　社会认知理论

资料来源：Wood, R. E., and Bandura, A., "Social cognitive theory of organizational management," *Academy of management Review*, Vol. 14, 1989, pp. 361 ~ 384.

　　Bandura（1986）在社会认知的基础上发展并强调了自我效能（Self – efficacy）的概念，认为一个人对于某项行为的自我效能越高，则对于该行为的行动意愿也就越高（Compeau 和 Higgins, 1995a, b; Compeau et al., 1999）。自我效能由三个维度组成，即能力的大小（Strength）、信念的强度（Magnitude）和能力普适性（generalizability of ability）。许多研究要么仅仅测量能力大小（Locke et al., 1984），要么仅仅测量信念强度（Lent, 2001; Murphy et al., 1989; Pajares 和 Miller, 1997），而对能力普适性的测量却很少见到。这可能跟"因为能力有领域特殊性，所以自我效能就不可能用一套普遍适用的测量工具来衡量"[①] 有关。许多研究支持了 Bandura（1986）"自我效能是绩效的关键"[②] 的说法。Bandura（1986）认为自我效能会受经验、他人的关注、说服、情感、激励等影响。所以自我效能的研究经常将经验当成控制或前置变量（Murphy et al., 1989）。Agarwal et al.（2000）就把相关的先前经验加入电脑自我效能模型中来解释易用性，并将其用于对信息技术应用的研究。其它将社会认知理论运用于信息技术接受之研究的还有：Compeau 和 Higgins

---

　　① Mark, Diane and Brent, "Extending the Task – Technology Fit Model with Self – Efficacy Constructs," *Human – Computer Interaction Studies in MIS, 2002 — Eighth Americas Conference on Information Systems*, 2002, p. 1023.

　　② Bandura, A., *Social Foundations of Thought and Action: A Social Cognitive Theory*. NJ: Prentice Hall, 1986, p. 391.

（1995a）的探讨电脑之采用以及 Compeau et al.（1999）的探讨电子学习系统之采用等。

（二）电脑自我效能理论（Computer Self – Efficacy，CSE）

在信息技术使用行为研究领域内，还有很多模型着重研究个人对使用电脑能力的感知（Thompson et al.，1991），其中较为出名的是电脑自我效能模型（Computer Self – Efficacy，CSE）（Compeau 和 Higgins，1995b）。电脑自我效能是指使用者对其运用电脑完成某项工作的能力之信念（beliefs），主要考查个人认为可以利用某种系统或软件进行工作或执行特定任务的能力，而且会影响个人对使用电脑产生的结果预期。电脑自我效能对于个人的过去行为并不在乎，在乎的是他未来能够执行何种行为（Compeau 和 Higgins，1995b）。

与以往强调环境对使用者采用信息系统的影响的模型相比，Compeau 和 Higgins（1995b）呈现了一种不同的视角，开发了电脑自我效能理论来测量使用者的自我效能，同时在环境中对系统或技术进行观察。电脑自我效能理论以社会认知理论为基础，其模型（图 3.11）显示支持、他人的使用以及他人的

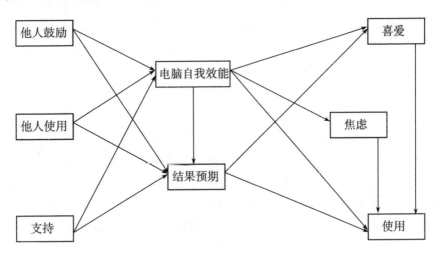

图 3.11　电脑自我效能模型

资料来源：Compeau, D. R. and Higgins, C. A.，"Computer Self – Efficacy：Development of a Measure and Initial Test," *MIS Quartely*, Vol. 19, No. 2, 1995b, pp. 189～211.

鼓励对于自我效能和结果预期都具有积极的影响。自我效能也积极地影响结果预期。自我效能或许会导致对系统或技术使用的喜爱或焦虑的情感。自我效能、结果预期、焦虑和喜爱都会影响对系统或技术的采用。结果显示自我效能

是预测系统或技术采用的最大变量，也是个人决定使用信息系统或技术的重要影响因素。在科技接受模型的运用中，有证据显示电脑自我效能是使用者判断一个新的信息系统或技术是否具有感知有用性和感知易用性的基础（Venkatesh，2000）。

不过，在对使用者进行研究的过程中，Compeau 和 Higgins（1995b）发现支持可能会消极地影响喜爱。例如，当一个使用者发现自己遇到的是复杂的难题而支持人员却认为是小事一桩的情况下便是如此。

在信息技术的文献中，电脑自我效能常被用于当成科技接受模型中易用性的前置因素来研究（Fenech，1998；Venkatesh 和 Davis，1996）。有时也会与使用者的能力（Competence）相联系（Marcolin et al.，2000）。Compeau 和 Higgins（1995b）设计的包含 10 道题的测量电脑自我效能的量表被许多研究采用（Agarwal et al.，2000；Compeau et al.，1999；Venkatesh，2000）。

（三）电脑恐惧症理论（Computer Anxiety Theory，CAT）

由于新技术的快速发展和使用信息技术的社会压力，恐惧症成为当今时代一个特有的现象（Cambre 和 Cook，1985）。在信息技术领域，电脑恐惧症是心理学变量神经过敏症和控制轨迹的复合体，是指个人在考虑到使用或实际使用电脑技术时，感到害怕和忧虑（Maurer 和 Simonson，1984）。研究发现焦虑的个人不可能感知到电脑技术的高度有用性（Brod，1982），还发现个人的自我效能越高，电脑恐惧症程度越低（Marakas et al.，2000），而当电脑恐惧症作为前置因素时，恐惧程度同自我效能呈反向关系（Thatcher 和 Perrewè，2002）。电脑恐惧症和自我效能在影响个人对信息技术的感知方面具有同等的重要性（Brosnan，1998），但是自我效能是使用行为的基本决定因素（Bandura，1997；Brosnan，1998）。Thatcher 和 Perrewè（2002）认为在电脑恐惧症和自我效能之间似乎存在着一个互惠关系。

（四）沉浸理论（Flow Theory）

沉浸理论（flow theory）由 Csikszentmihalyi（1975）首次提出，解释当人们在进行某些日常活动时为何会完全投入到情境当中，而且会过滤掉所有不相关的知觉，进入一种沉浸的状态。后来陆续有学者就相关的沉浸行为进行研究并修正其定义以期更能符合沉浸状态的描述。

早期沉浸理论指出，挑战（challenge）与技巧（skill）是影响沉浸的主要因素。倘若挑战太高，使用者对环境会缺少控制能力，而产生焦虑或挫折感；反之，挑战太低，使用者会觉得无聊而失去兴趣，沉浸状态主要发生在两者平衡的情况下（图 3.12）（Csikszentmihalyi，1975）。而 Csikszentmihalyi 和 Massi-mini（1985）发现当挑战与技巧必须在一定的程度上结合时，沉浸体验才有可能发生；而当两者均低时，使用者的心态为冷漠。后续的研究则开始着重沉浸体验带来的自我肯定，促进使用者的后续学习行为（Csikszentmihalyi 和 Csik-szentmihalyi，1988；Csikszentmihalyi 和 LeFevre，1989）。

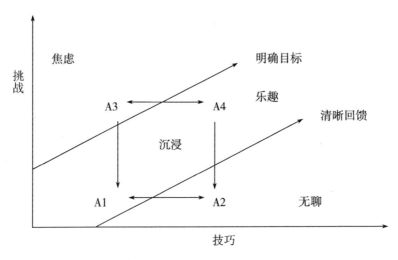

图 3.12　沉浸理论

资料来源：Csikszentmihalyi，M.，*Beyond Boredom and Anxiety*. CA：Jossey – Bass，1975，pp. 109~219.

随着电脑技术的发展，沉浸理论延伸至人机互动上的讨论，Webster et al.（1993）视这种互动具有娱乐性（playful）和探索性（exploratory）的特征。Ghani 和 Deshpande（1994）以人机互动对工作的影响进行研究，提出沉浸的两个主要特征：在活动中完全专注（concentration）和从活动中引导出来的心理享受（enjoyment）。Novak et al.（1999）对网络沉浸进行了一系列的研究与模型开发，认为在一定程度上，除挑战与技巧之外，在人机互动中的沉浸主前提（primary antecedents）上还必须加上专注（focused attention），他们的这种观点有别于原始的沉浸模型。

后来的学者针对沉浸模型做出了修正和更详细的研究（Hoffman 和 Novak，1996；Hoffman et al.，2000），并针对不同的网络行为对沉浸模型进行检验。研究发现，在网络使用行为中，信息搜寻最容易令使用者进入沉浸，其次为阅读和书写。不同形式的网络活动，如网络游戏、网上购物、在线聊天和 E – mail

等，也会带来沉浸体验的差异。

（五）Triandis 模型（Triandis Model）

Triandis（1980）认为一个人产生的实际行为是先产生行为意图，而行为意图则受个人对该行为的态度影响，也就是存在着态度—意图—行为的影响模式，基于这样的模式，Triandis（1980）提出了 Triandis 模型（图 3.13）。

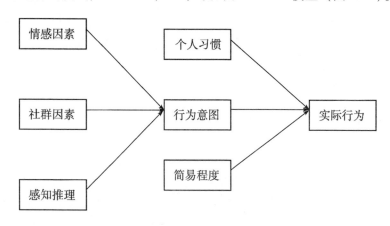

图 3.13　Triandis 模型

资料来源：Triandis, H. C., "Values, attitudes, and interpersonal behavior," In: *Beliefs, attitudes, and values*. Howe, H. and Page, M. (Eds.). Lincoln: University of Nebraska Press, 1980, pp. 195~259.

在这个模型中，Triandis（1980）认为实际行为的发生受到个人的习惯、意图与实行行为的简易程度所影响，个人的习惯对行为发生的影响不难理解。简易程度指的是在实施行为的环境下，是否具有使得行为较容易实施的条件，即指实施行为的困难或容易程度。Triandis（1980）将影响意图的态度分为三种：对行为将会产生的情感因素（Affect）、限制或激励行为的社群因素（Social Factors）和对行为的感知推理（Perceived Consequences）。

情感因素是属于内心情感态度的影响因素，它包括了纯粹感情的悸动、欢乐、愉悦、消沉、厌恶以及不开心的联想等等，即包括了因为实际行为所带来的正面或反面的情感反应。社群因素是指不同环境中，因不同文化和观点所造成的对行为意愿的影响，这包括了特定群体所共有的体验、信仰、价值观、态度、理想、规范、法律等等各方面的观点，因为这些共有的观点而直接影响了行为意愿。感知推理是指实行了某种行为会给使用者带来何种实质上的结果，这种结果有可能对使用者是有价值的和有益处的，也有可能对使用者是有损失的和有害处的。感知推理是属于纯粹认知知觉上的考虑，情感因素则是纯粹内心感受方面的影响因素，有时两者是冲突的，具有良好的感知推理上的价值不一定就会具有良好的情感感受，所以两者与社群影响因素一样都是分别独立的影响因素。（Triandis，1980）

（六）个人电脑使用模型（Model of PC Utilization，MPCU）

个人电脑使用模型（MPCU）呈现了一种同 TRA 和 TPB 竞争的观点。Thompson et al.（1991）对 Triandis 模型（Triandis，1980）进行了提炼并将之运用到信息系统情境中以预测个人对信息技术如个人电脑等的接受和使用（图 3.14）。个人电脑使用模型有工作匹配性（指个人相信使用一项技术可以提高其工作业绩的程度）、复杂性（指个人感知到一项创新理解和使用起来相对难易的程度）、长期结果（指对未来结果的预期）、使用情感（指个人使用信息技术时表现出的情感因素，如快乐、欢喜、愉悦或沮丧、厌恶、生气或憎恨等）、社群因素（指个人将参考群体的主观文化内在化，以及个人在具体的社会环境下同他人形成的具体的人际协议）和便利条件（指有助于个人完成行为的客观环境因素，在信息系统情境下，指给个人电脑使用提供支持进而影响信息系统使用的方便性条件）等六个核心维度。

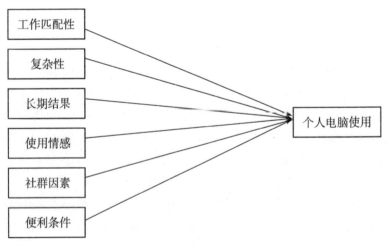

图 3.14　个人电脑使用模型

资料来源：Thompson, R. L., Higgins, C. A., and Howell, J. M., "Personal Computing: Toward a Conceptual Model of Utilization," *MIS Quarterly*, Vol. 15, No. 1, 1991, pp. 125~143.

（七）动机模型（Motivational Model，MM）

心理学中有相当大量的研究将一般的动机理论作为行为或行为意图的解释。根据 Vallerand（1997）的观点，动机是一个包含内在和外在双重因素的概念（图3.15），所谓内在动机（Intrinsic Motivation）包括电脑恐惧症、电脑娱乐性和电脑自我效能等因素，而外在动机（Extrinsic Motivation）则是指完成一个具体目标的行为。Deci 和 Ryan（1991）也将动机分为内外在两种，外在动机是指本质上起辅助作用的行为，而内在动机则指个人因为自己内在本身的缘故而具有的行为。有些研究已经检验了动机模型并将之运用到具体的情境中，尤其是在信息系统领域。Davis et al.（1992）运用动机模型来解释新技术的采用，他们也将动机分为外在动机和内在动机。外在动机是指：使用者之所以想要执行一项活动，就是因为使用者感知到该项活动能够帮助其实现同活动本身相区别的有价值的结果，诸如工作绩效的提高、报酬或提升等；而内在动机是指：使用者之所以想要执行一项活动，本质上就是因为执行活动的过程之需要，如在活动过程中的感知愉悦性和享乐信念等，而非表面的外在之强化。（Davis et al.，1992）Venkatesh 和 Speier（1999）运用动机模型来研究某段时间内训练之前的情绪对使用者技术接受的影响，即在某一时刻点个人的感觉是积极的还是消极的。

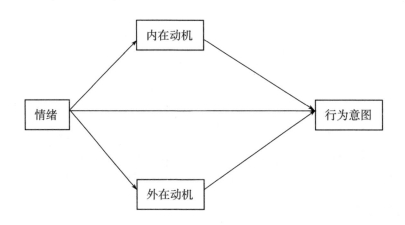

图 3.15　动机模型

资料来源：根据 Vallerand（1997）、Deci 和 Ryan（1991）、Davis et al.（1992）以及 Venkatesh 和 Speier（1999）等资料整理

三、基于科技的自助服务

学者们认为服务是一个从服务提供者提供的完全服务到员工与顾客的合作生产再到顾客的自助服务的连续统一体。（Dabholkar，1994；Meuter 和 Bitner，1998）而自助服务又可以分为基于劳动的自助服务（Labor – Based Self – Service，LBSS）和基于科技的自助服务（TBSS）两类。前者包括餐馆、超市等，要求顾客参与整个服务过程并运用自己的劳动来满足其消费需求；后者包括自动取款机、在线软件升级、店内电话亭和网络银行等，以科技密集型服务过程和环境为特色。

基于科技的自助服务是一种通过使用电子技术向顾客提供服务的创新渠道（Bitner et al.，2000；White，1998）。顾客越来越接受这种基于科技的信息系统自助服务渠道。例如，在银行业，通过运用这些信息系统自助服务渠道，顾客能够进行快速和便利的金融交易，而且不需要到银行就可以获取账户信息（Lee 和 Lee，2000；Lee et al.，2002；White，1998）。许多学者研究了在自助服务的环境下顾客对创新的科技产品、服务和信息系统等的采用（Bitner et al.，2000；Lee et al.，2003；Meuter et al.，2000；Parasuraman，2000）。

Dabholkar（1994）创建了基于科技的自助服务传递模型，该模型认为：使用基于科技的自助服务态度影响使用基于科技的自助服务意图，而使用基于科技的自助服务态度又分别受到易用性、性能（performance）和娱乐的影响（图 3.16）。

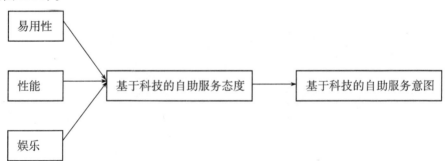

图 3.16　基于科技的自助服务传递模型

资料来源：Dabholkar, Pratibha A.，"Technology – Based Self – Service Delivery：A Classification Scheme For Developing Marketing Strategies，" *Advances in Services Marketing and Management*，Vol. 3，1994，pp. 241 ~ 271.

Dabholkar（1996）对基于科技的自助服务的研究表明，就人机界面代替传统的人际服务接触而言，个人态度具有很大的差异。这说明在未来的研究中还需要探讨顾客对于服务过程中信息技术的反映。随着科技创新的加速，尤其在信息技术领域，有些研究开始涉及基于科技的自助服务的特征（Meuter et al.，2000）。还有的研究具体到网上购物行为、电子商务管理、基于互联网沟通的互动特征（Alba et al.，1997；Hoffman 和 Novak，1996）。交互性和可选择性是电脑调节环境（Computer Mediating Environment，CME）中两个重要的特征。在电子商务研究领域，关键的概念如成本透明化（Sinha，2000），定制化（Wind 和 Rangaswamy，2001），顾客授权（Alba et al.，1997）和顾客关系管理（Customer Relationship Management，CRM）（Lemon et al.，2002）已经被开发，从而成了科技密集型环境中独特的科技和关系之间问题的概念。整合科技接受的顾客个性差异和科技特征的研究还比较有限（Hoffman et al.，2000；Parasuraman，2000）。电脑调节环境中的心理理论的开发和运用已经被认为是学术研究和管理决策中的关键点（Alba et al.，1997）。

四、电子商务理论

电子商务（EC）是指通过通信网络而共享商务信息、维持商务关系和处理商务交易，不仅包括货物的买卖，而且还包括在单个组织内部支持买卖目标的各个过程。（Zwass，1996）电子商务的基础设施是嵌套在企业、家庭和政府中的联网的电脑信息技术处理环境。因此，电子商务是一种管理信息系统，也是一种高科技的创新产品，有关信息系统和高科技创新产品的接受理论都可以用于电子商务的研究中。

最常见的电子商务形式有三种，即企业对顾客（Business-to-Consumer，B2C）、企业对企业（Business-to-Business，B2B）和企业对政府（Business-to-Government，B2G）等。近年来，随着互联网的普及和人们生活和消费水平的提高，B2C 电子商务越来越受到企业界的青睐，全球 B2C 电子商务的交易量由 1995 年的不足 10 亿美元迅速上升到 2005 年的 2700 亿美元（Lauden 和 Traver，2007），鉴于此，许多学者对影响顾客采用 B2C 电子商务的因素进行研究：或从性别角度进行（Durndell 和 Haag，2002；Gefen 和 Straub，1997；Gefen et al.，2003；Rogers 和 Harris，2003；Slyke et al.，2002）；或从信任、安全和隐私的观点进行（Bélanger et al.，2002；Bhattacharya 和 Saha，2004；Gefen et al.，2003；Slyke et al.，2004）；或从跨文化的观点进行（Jarvenpaa 和 Tractinsky，

1999；Li et al.，2001）；或从顾客享乐与实用的因素进行（Childers et al.，2001）；或从科技接受模型的观点进行（Chen et al.，2002；Inge 和 McKinney，2004；Lederer et al.，2000；Moon 和 Kim，2001）等。

第三节　理论比较与选择

从以上的文献回顾可以看出，许多学者运用不同的理论从不同的视角来解释顾客对信息系统的采用或接受，这些理论都可以用来作为对网络银行情境中顾客接受的研究。网络银行是一种信息系统，所以有关信息技术接受的理论自然可以运用到网络银行接受的研究中。例如：Suh 和 Han（2002）以科技接受模型为基础对影响顾客使用网络银行的因素进行研究，Lassar et al.（2005）将第二代科技接受模型和创新扩散理论进行整合来对顾客在网络银行情境中的采用行为进行检验等。网络银行经常同顾客打交道，网络银行与顾客之间是一种人机互动，所以有关的社会心理学理论也可以用来对网络银行采用的研究。例如：Chan 和 Lu（2004）运用了社会认知理论来研究网络银行顾客的采用行为。Ndubisi（2007）在对顾客接受网络银行的研究中，将研究聚焦于顾客方面的电脑自我效能因素等。网络银行是一种基于科技的自助服务渠道，通过运用这种自助服务渠道，顾客能够进行快速和便利的金融交易，而且不需要到传统的银行分支网点就可以获取其账户信息（Lee 和 Lee，2000；Lee et al.，2002；White，1998），所以有关基于科技的自助服务方面的研究也可以运用到顾客对网络银行采用的研究中。网络银行是电子商务的一种特殊形式，和电子商务一样，其业务是在互联网上进行的（Eastin，2002），因此，有关电子商务接受的研究也可以用于网络银行接受的研究中。

一、理论比较

之所以对使用者接受的各个相关理论进行比较（表3.2），就是为了要寻求本研究中要构建的网络银行接受模型的基本支撑理论。当然，在寻求基本支撑理论的同时，也要引进一些其它理论中的成分作为对本研究理论模型的补充。从前面的理论回顾可以看出：首先，科技接受模型是预测信息技术采用的支配理论（Davis et al.，1989；Szajna，1996；Venkatesh，2000；Venkatesh 和 Davis，1996）；其次，第二代科技接受模型和整合性科技接受模型是科技接受模型的扩展，分解式计划行为理论和合成的科技接受模型和计划行为理论是计划行为理论的扩展和延伸，扩展的创新扩散理论是创新扩散理论的延伸；再次，B2C 电子商务理论比较庞杂，是各种接受理论在具体领域的运用。所以本研究将以科技接受模型为基准，将科技接受模型分别同理性行为理论、计划行为理论、创新扩散理论、科技准备度、任务技术匹配模型、社会认知理论、电脑自我效能、电脑恐惧症理论、沉浸理论、Triandis模型、个人电脑使用模型、动机模型和基于科技的自助服务传递模型进行具体的比较分析。

表3.2　使用者接受的有关理论比较

理论	变量	研究者
科技接受模型	外部变量、感知有用性、感知易用性、使用态度、行为意图、实际行为	Davis（1989）
第二代科技接受模型	主观规范、公众形象、工作相关性、产出质量、结果可展示性、经验、自愿性、感知有用性、感知易用性、行为意图、实际行为	Venkatesh 和 Davis（2000）
整合性科技接受模型	绩效期望、付出期望、社群影响、便利条件、性别、年龄、经验、自愿性、行为意图、使用行为	Venkatesh et al.（2003）
理性行为理论	态度、主观规范、行为意图、行为	Ajzen 和 Fishbein（1980）
计划行为理论	态度、主观规范、感知行为控制、行为意图、行为	Ajzen（1991）
分解式计划行为理论	感知有用性、易用性、兼容性、态度、同伴影响、上级影响、主观规范、自我效能、资源便利条件、技术便利条件、感知行为控制、行为意图、行为	Taylor 和 Todd（1995a）
合成的科技接受模型和计划行为理论	态度、主观规范、感知行为控制、感知有用性、行为意图、行为	Taylor 和 Todd（1995a）
创新扩散理论	相对优势、兼容性、复杂性、可试用性、可观察性、采用	Rogers（1983）

续表

理论	变量	研究者
扩展的创新扩散理论	相对优势、兼容性、易用性、可试用性、可见性、结果可展示性、形象、自愿性、采用	Moore 和 Benbasat（1991）
科技准备度	驱使力（乐观主义、创新性）、抑制力（不适应、安全疑虑）	Parasuraman（2000）
任务技术匹配模型	任务特征、技术特征、个人特征、任务技术匹配度、使用前提因素（信念、态度、社会规范、习惯）、使用、绩效表现	Goodhue 和 Thompson（1995）
社会认知理论	个人、环境、行为、自我效能、经验、他人的关注、说服、情感、激励、绩效	Wood 和 Bandura（1989）
电脑自我效能理论	他人鼓励、他人使用、支持、电脑自我效能、结果预期、喜爱、焦虑、使用	Compeau 和 Higgins（1995b）
电脑恐惧症理论	电脑恐惧症、自我效能、感知有用性、采用	Maurer 和 Simonson（1984）
沉浸理论	挑战、技巧、焦虑、无聊、沉浸、乐趣、明确目标、清晰回馈、采用	Csikszentmihalyi（1975）
Triandis 模型1	情感因素、社群因素、感知推理、个人习惯、行为意图、简易程度、实际行为	Triandis（1980）
个人电脑使用模型	工作匹配性、复杂性、长期结果、使用情感、社群因素、便利条件、个人电脑使用	Thompson et al.（1991）
动机模型	情绪、内在动机、外在动机、行为意图	Vallerand（1997），etc
基于科技的自助服务传递模型	易用性、性能、娱乐、基于科技的自助服务态度、基于科技的自助服务意图	Dabholkar（1994）
B2C 电子商务理论	性别、信任、安全、隐私、跨文化、顾客享乐、顾客实用以及科技接受模型中的变量等等	Zwass（1996），Rogers 和 Harris（2003），etc

资料来源：根据相关资料整理

（一）科技接受模型与理性行为理论的比较

比较一下科技接受模型和理性行为理论，我们就会发现，科技接受模型运用理性行为理论作为专门解释科技采用行为的理论基础。科技接受模型和理性行为理论都认为行为意图是行为的主要决定因素。不过，实证研究显示科技接受模型在解释使用者对于信息系统和高科技成品的采用或采用意图方面远远强于理性行为理论（Gentry 和 Calantone，2002）。同理性行为理论相比，科技接受模型对感知有用性和感知易用性这两个关键的变量提供了支持（Davis et al.，1989），而且科技接受模型更具有简约性的优势（Venkatesh，2000）。不过，科技接受模型没有明显地将任何社群变量包含在模型中，这是其不足之处（Mathieson，1991；Venkatesh，2000）。

（二）科技接受模型与计划行为理论的比较

对比一下科技接受模型和计划行为理论，我们可以发现：尽管科技接受模型和计划行为理论在预料使用者对科技的采用意图方面都非常有效，但科技接受模型在以下方面还是优于计划行为理论：首先，科技接受模型是一个通用性程度比较高的模型（Mathieson et al.，2001），在跨越时间、情景、人口和科技等方面具有稳健性（Davis etal.，1989；Venkatesh，2000），而且其量表在心理测量上是合理的。而计划行为理论需要在每个使用的具体情境中单独地操作（Mathieson et al.，2001），需要对行为信念、规范信念和控制信念进行个性化的量表的开发。其次，科技接受模型通过解释较多的方差而显示出其在实证检验方面的优越性，而且运用起来较为容易（Mathieson，1991）。再次，科技接受模型提供了一种便捷而廉价的渠道来收集有关使用者对于科技感知的信息（Mathieson，1991）。最后，科技接受模型在解释信息系统的采用意图方面也比计划行为理论具有优势（Gentry 和 Calantone，2002；Luarn 和 Lin，2005）。

不过，计划行为理论也有优于科技接受模型之处：首先，计划行为理论将使用者的信念看作是具体的情景因素，这就给计划行为理论在捕捉具体的情景因素变量方面提供了独特优势，而这种优势在科技接受模型中是不存在的（Mathieson et al.，2001）。其次，科技接受模型没有明显地将任何社群变量包含在模型中，而计划行为理论中的社群变量可能会捕捉到对采用意图的解释性方差，而这种方差并非科技接受模型所能够解释的。再次，科技接受模型中的感知易用性没有包含解释自我效能这一变量的项目，而计划行为理论中的感知行为控制却包含了解释自我效能变量的项目。

（三）科技接受模型同创新扩散理论的比较

科技接受模型和创新扩散理论都涉及到个人对于创新特征的感知，这种感知影响接受行为。不过，科技接受模型和创新扩散理论对于感知有不同的概念。科技接受模型包括感知有用性和感知易用性等两项感知影响使用意图或使用行为（Davis，1989），而创新扩散理论认为有相对优势、兼容性、复杂性、可试用性和可观察性等五项创新感知特征影响采用意图（Rogers，1983）。科技接受模型和创新扩散理论都聚焦于将使用作为采用过程的主要结果，创新扩散理论不仅仅限于对诸如初步使用和继续使用的解释（Rogers，1983）。如前所述，科技接受模型是使用者科技接受领域里最为广泛研究的模型，感知有用性和感知易用性两个建构都得到了实证检验而且发现具有一致性。而大多数有关创新扩散理论的研究发现在采用行为的影响因素方面几乎没有建构是一致的（Agarwal 和 Prasad，1998；Taylor 和 Todd，1995a）。

而 Plouffe et al.（2001）的研究发现当用作采用意图的前置因素时，创新扩散理论的建构比科技接受模型解释了更高比例的方差。尽管科技接受模型比创新扩散理论更具有简约性，它使被试者和研究者有相对较低的紧张和疲劳，但是依赖于科技接受模型有时会产生误导。例如，有的可以从先前的研究中得出感知有用性在解释意图方面起关键作用的结论，而有的还可能强调感知易用性的重要性。在创新扩散理论中，虽然相对优势具有重要性，但其它建构被发现具有同样的重要性。研究者评论尽管通过增加大量的变量可以提高模型的预测能力，但科技接受模型的简约性有可能被抵消（Plouffe et al.，2001）。

（四）科技接受模型同科技准备度的比较

科技接受模型和科技准备度都可以用来预测使用者对于高科技产品、信息技术或信息系统的采用。但是科技接受模型主要强调感知有用性和感知易用性这两个基本变量对使用态度或行为意图的影响（Davis et al.，1989；Venkatesh 和 Davis，2000），在使用者对高科技产品、信息技术或信息系统的采用过程中，对采用意图产生影响的不一定仅仅是感知有用性和感知易用性这两种正面的感知，还有可能包括一些负面的感知。而科技准备度就包括对采用意图施加影响的不适应和安全疑虑这样的负面感知（Parasuraman，2000）。

（五）科技接受模型同任务技术匹配模型的比较

科技接受模型和任务技术匹配模型都是预测使用者对信息系统采用的理论。科技接受模型中没有考虑任务特征这一变量对使用的影响，而任务技术匹配模型正好弥补了科技接受模型这一不足。科技接受模型重点强调感知有用性和感知易用性等心理方面的因素（Davis，1989；Davis et al.，1989；Venkatesh 和 Davis，2000），而对技术方面的因素却没有包括进来。

研究发现任务技术匹配模型在预测"工作相关"的任务使用时比科技接受模型更有效，但任务技术匹配度对感知有用性的影响则不明显。（Dishaw 和 Strong，1999）如果将任务技术匹配模型同科技接受模型进行组合，那么组合的模型在预测技术的采用行为时会优于单独的科技接受模型或任务技术匹配模型。（Dishaw 和 Strong，1999）

（六）科技接受模型同社会认知理论的比较

也有学者将社会认知理论扩展到科技接受模型中，以探讨个人对信息系统的采用（Compeau 和 Higgins，1995a；Compeau et al.，1999）。社会认知理论属于社会心理学理论，用途比较广泛，该理论强调自我效能对行为的影响：一个人对于某项行为的自我效能越高，则对于该行为的行动意愿也就越高（Compeau 和 Higgins，1995a；Compeau et al.，1999）。而科技接受模型中却缺少自我效能这一外部变量，因此可以将自我效能引进科技接受模型来预测使用者对信息系统的采用。另外，科技接受模型缺乏社群影响这一变量，而社会认知理论中的环境影响因素就包括了社群影响这一变量。（Wood 和 Bandura，1989）

（七）科技接受模型同电脑自我效能理论的比较

无论是科技接受模型，还是电脑自我效能理论，两者皆是针对信息技术领域中使用者对信息系统的接受进行研究。电脑自我效能理论的基础是社会认知理论（Bandura，1986），该理论认为电脑自我效能是个人采用信息技术的关键因素（Bandura，1986；Locke et al.，1984）。在信息技术接受的文献中，电脑自我效能常被用于扩展的科技接受模型中，被当成感知易用性的前置因素来研究（Fenech，1998；Venkatesh 和 Davis，1996）。科技接受模型中没有将一些情感因素如焦虑和喜爱等包括进来，而电脑自我效能理论却包含这些情感因素（Compeau 和 Higgins，1995b）。电脑自我效能理论还包括社群影响因素如他人鼓励和他人使用等（Compeau 和 Higgins，1995b），而科技接受模型却没有包括社群影响因素。另外，便利条件因素如支持等在科技接受模型中有没有包括进来，而电脑自我效能理论却包含有支持因素（Compeau 和 Higgins，1995b）。

（八）科技接受模型同电脑恐惧症理论的比较

科技接受模型与电脑恐惧症理论都是预测使用者对信息技术采用的理论。科技接受模型是信息技术领域最通用的模型，包括感知有用性和感知易用性两个最基本的认知因素（Davis，1989；Davis et al.，1989；Venkatesh 和 Davis，

2000），但却没有将心理感知方面的负面因素如恐惧等包含在模型中。电脑恐惧症理论主要强调的是使用者如恐惧和焦虑等心理方面的负面因素（Marakas et al.，2000），但却没有包括感知有用性和感知易用性这两个最主要的认知因素。另外，科技接受模型没有将自我效能因素包含进来，而电脑恐惧症理论却包含有这一因素（Thatcher 和 Perrewè，2002）。

（九）科技接受模型同沉浸理论的比较

沉浸理论也是来源于社会心理学理论，可以应用于各种情景当中，解释当人们进入一种沉浸的状态时最容易发生采用或继续采用的意图或行为（Csikszentmihalyi，1975）。沉浸理论主要强调给使用者带来的心理感知如沉浸、焦虑和无聊等（Csikszentmihalyi，1975；Ghani 和 Deshpande，1994）。沉浸理论对于解释使用者为什么采用信息技术或信息系统提供了依据。

科技接受模型用于具体的信息系统情景中，解释使用者对信息技术的采用行为或采用意图（Davis，1989）。影响使用者采用意图或采用行为的两个主要基本变量就是感知有用性和感知易用性（Davis et al.，1989；Venkatesh 和 Davis，2000）。但是在信息系统采用的过程中，影响使用者采用意图或采用行为的变量还应包括令使用者感到愉悦、焦虑或无聊的心理因素，如果将沉浸理论的这些因素引进科技接受模型，那么就会在解释使用者对信息系统的采用时更加精确和完善。

（十）科技接受模型同 Triandis 模型的比较

科技接受模型是信息技术领域最通用的模型，包括感知有用性和感知易用性两个最基本的认知因素（Davis，1989；Davis et al.，1989；Venkatesh 和 Davis，2000），但却没有包括情感因素、社群因素、感知推理和个人习惯等建构。Triandis 模型是预测不同的具体情境中使用者的采用意图或采用行为，包括情感、社群、感知推理、个人习惯和简易程度等影响因为意图和实际行为的因素（Triandis，1980），其中简易程度同科技接受模型中的感知易用性基本上含义相同。不过，Triandis 模型中没有感知有用性这一最基本的预测信息技术接受的变量，其在信息技术领域中的通用性程度也远远没有科技接受模型高。

（十一）科技接受模型同个人电脑使用模型的比较

科技接受模型和个人电脑使用模型都是预测使用者对信息技术采用的模型。科技接受模型包括感知有用性和感知易用性两个最基本的认知因素（Davis，1989；Davis et al.，1989；Venkatesh 和 Davis，2000），但却没有包括情感、社群和便利条件等因素。个人电脑使用模型包括工作匹配性、复杂性、情感、社群和便利条件等影响采用的因素（Thompson et al.，1991），其中工作匹配性和复杂性相对于同科技接受模型中的感知有用性和感知易用性。不过，个人电脑使用模型在信息技术领域中的通用性程度远远没有科技接受模型高。

（十二）科技接受模型同动机模型的比较

科技接受模型和动机模型都包括了这样一个建构：强调使用者在采用技术时的个人收获，即分别为外部动机和感知有用性。实际上，在对科技接受模型和动机模型的初步测试中，所使用的是同样的问项对外部动机和感知有用性这两个建构进行测量（Davis et al.，1989，1992），从这个意义上讲，我们可以将感知有用性等同于外部动机。外在动机是指本质上起辅助作用的行为（Deci和Ryan，1991），使用者之所以想要执行一项活动，就是因为使用者感知到该项活动能够帮助其实现同活动本身相区别的有价值的结果，诸如工作绩效的提高、报酬或提升等（Davis et al.，1992），所以我们也可以将感知易用性看作是一种外部动机。动机模型也包括影响技术采用意图的内部动机，强调拥有愉悦的技术体验的重要性（Davis et al.，1992）。而科技接受模型却没有包含任何内部动机方面的建构（Davis et al.，1989）。

（十三）科技接受模型同基于科技的自助服务传递模型的比较

科技接受模型和基于科技的自助服务传递模型都可以预测使用者对科技产品或服务的采用意图，两个模型都包括了这样一个建构：强调使用者在采用技术时的个人付出努力，即科技接受模型中的感知易用性和基于科技的自助服务传递模型中的易用性。但科技接受模型却没有包含娱乐等内部动机方面的建构（Davis et al.，1989），而基于科技的自助服务传递模型却没有包含感知有用性这一基本的认知方面的因素（Dabholkar，1994）。

二、理论选择：科技接受模型

经过以上各个理论之间的比较研究后，本研究决定吸收科技接受模型作为网络银行接受的基本支撑理论，同时也引进一些其它理论中的成分作为对本研究理论模型的补充。

科技接受模型已经被广泛地引用而且在文献中是预测信息技术采用的支配理论（Davis et al.，1989；Szajna，1996；Venkatesh，2000；Venkatesh和Davis，1996）。科技接受模型是一个通用性程度比较高的模型，在跨越时间、情景、人口和科技等方面具有稳健性（Davis et al.，1989；Venkatesh，2000），而且其量表在心理测量上是合理的。科技接受模型还具有简约性而且有丰富的实证研究来支持（Adams et al.，1992；Agarwal 和 Prasad，1999），许多学者将其看作是预测个人对信息技术接受的有效的模型（Adams et al. 1992；Chin 和 Todd，1995；Doll et al.，1998；Segars 和 Grover，1993）。因此，本研究决定将科技接受模型作为预测网络银行情境中顾客采用意图的基本依据。

不过，科技接受模型也有其不足之处，最为明显的就是没有将感知有用性和感知易用性以外的其它变量如社群影响、便利条件、感知愉悦性、感知风险、信任和自我效能等包含进模型中。（Davis et al.，1989）网络银行是种特殊的信息系统，除受到感知有用性和感知易用性的影响之外，顾客的采用意图还会受到诸多其它因素的影响，而这些影响因素并非以上所比较的任何一种理论所完全包含的。因此，也有必要吸收其它理论中的一些有用因素作为对本研究理论模型的补充。

第四章

研究模型与假设

本章主要是根据第三章所进行的文献回顾提出网络银行接受模型的构建和各个相关变量之间的理论假设关系。首先是对模型中的变量进行解释，然后呈现的是模型中变量之间关系的理论假设。

第一节　模型中的变量解释

图 4.1 所示的是本研究所构建的网络银行接受模型。该模型共包括采用意图、感知有用性、感知易用性、感知愉悦性、感知风险、主观规范、信任、自我效能和便利条件等九个变量。为了弄清每个变量的具体含义，在这一节的内容里，需要对每个变量进行解释。

一、采用意图

意图是指有意识地计划执行既定目标行为的能力。（Harrison et al.，1997）在商务交易环境中，采用意图是指交易双方未来打算从事交换的意图。采用意图来源于理性行为理论（Fishbein 和 Ajzen，1975）并为科技接受模型所证实（Davis，1989；Davis et al.，1989）。如果环境中没有发生其它任何事情而导致变化的话，意图应该是行为最好的预测者。为了研究顾客对网络银行的接受，本研究选择了顾客的采用意图而非实际采用作为因变量，这既有理论方面的原因，也有实践方面的理由。在理论方面，根据（Gattiker，1990）的观点，技术接受被认为是个人的一种同其自愿或打算使用一项特殊的技术相关的心理状态。大量的研究显示了在行为意图和既定的目标行为之间存在强而显著的因果关系（Sheppard et al.，1988；Venkatesh 和 Davis，2000）。因此，将行为意图作为因变量来研究顾客对包括网络银行系统在内的信息技术或系统的接受在理论方面是完全站得住脚的（Chau 和 Hu，

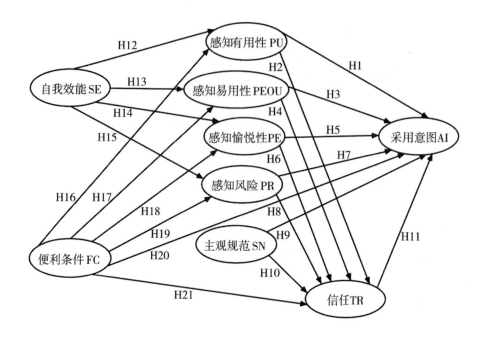

图 4.1　网络银行接受模型

资料来源：本研究整理

2001；Mathieson，1991）。Agarwal 和 Prasad（1999）认为鉴于调研基础上的研究设计，采用意图比实际采用更加合适，因为采用意图同信念同时被测量。在实践方面，网络银行在中国还没有被大部分顾客广泛地完全接受，因为网络银行在中国毕竟还处于萌芽起步阶段。因此，选择采用意图而非实际采用作为因变量更加充分必要，这样可以在网络银行在发展的过程中对网络银行顾客进行研究。在网络银行情境中，本研究将采用意图定义为顾客打算运用网络银行进行自助服务的意图。

二、感知有用性、感知易用性、感知愉悦性和感知风险

（一）感知有用性

感知有用性来源于 Davis（1989）的科技接受模型，是指"一个人对运用

一个特殊的系统会提高他（她）的工作业绩的相信程度"①；或是指采用者主观地认为采用此信息系统会提高其工作业绩（Davis et al, 1989）；或是指"在具体的任务相关的环境中对于由新的信息技术所提供的效用的个人主观评价的测量"②。Venkatesh 和 Davis（2000）将感知有用性这一变量运用到第二代科技接受模型中。而在整合性科技接受模型，Venkatesh et al.（2003）运用了同感知有用性意义相近的绩效期望（Performance Expectancy，PE）这一变量，用以指使用者感觉使用系统可帮助其获得工作绩效的程度。在具体的网络银行情景中，本研究将感知有用性定义为顾客对运用网络银行系统给其带来的效用的主观评价。

（二）感知易用性

感知易用性也来源于 Davis（1989）的科技接受模型，是指"一个人对运用一个特殊的系统会使他（她）节省付出的相信程度"③，是一个"需要学习和使用新信息技术而进行认知努力的指标"④。Venkatesh 和 Davis（2000）将感知易用性这一变量也运用到第二代科技接受模型中。而在整合性科技接受模型，Venkatesh et al.（2003）还运用了同感知易用性意义相近的付出期望（Effort Expectancy，EE）这一变量，用以指使用者对使用系统感觉的容易程度。在具体的网络银行情景中，本研究将感知易用性定义为顾客对运用网络银行系统所能够给其带来的省力程度的主观评价。

（三）感知愉悦性

愉悦性是一种积极的心理状态，指一个人对一个具体情景感到愉快、高兴、欢乐或满意的程度（Menon 和 Kahn，2002）。愉悦性不仅发生在体力活动的过程中而且发生在诸如下棋等脑力活动的追求中（Csikszentmihalyi，1990）；愉悦性不仅在离线环境中起到关键作用（Blakney 和 Sekely，1994；Forman 和 Sriram，1991）而且在在线环境中也处于非常关键的地位（Jarvenpaa 和 Todd，1997a）。顾客通过在线系统进行购买的行为是一种享乐消费（Hedonic Con-

① Davis, F. D., "Perceived usefulness, perceived ease of use, and user acceptance of information technology," *MIS Quarterly*, Vol. 9, 1989, p. 321.

② Gefen, D., Karahanna, E. and Straub, D., "Trust and TAM in online shopping: An integrated model," *MIS Quarterly*, Vol. 27, No. 1, 2003, p. 59.

③ Davis, F. D., "Perceived usefulness, perceived ease of use, and user acceptance of information technology," *MIS Quarterly*, Vol. 9, 1989, p. 321.

④ Gefen, D., Karahanna, E. and Straub, D., "Trust and TAM in online shopping: An integrated model," *MIS Quarterly*, Vol. 27, No. 1, 2003, p. 59.

sumption），享乐消费包括一个情感的体验购买过程，该过程聚焦于购买行为的情感、娱乐和沉浸的各个方面（Hirschman 和 Holbrook，1982）。沉浸是个"最优体验的过程"①。这是指在使用在线服务时那种享受陶醉的过程，这种体验由一个消费过程的内部享受动机、一个时间投入和一种介于由在线购物体验引起的感知能力和挑战之间的平衡所驱使。（Hoffman 和 Novak，1996）而这种所谓最优体验的过程就是指顾客在采用信息技术或系统时的感知愉悦性。

感知愉悦性来源于享乐主义理论，该理论认为愉悦性是任何行动的终极目标，个人行动的目的就是获取愉悦的情感而避免不愉悦或痛苦的情感。消费者研究往往将享乐情感描述为来自消费或使用一项产品或服务的愉悦性，有时这种消费或使用是指在产品或服务体验过程中同多种感官、想象和情绪相关的行为（Babin et al.，1994；Gregory et al.，2002；Hirshman 和 Holbrook，1982；Holbrook 和 Hirshman，1982）。也有学者认为感知愉悦性源于沉浸理论（flow theory），该理论解释了当人们在进行某些日常活动时为何会完全投入到情境当中，而且会过滤掉所有不相关的知觉，进入一种沉浸的状态（Csikszentmihalyi，1975）。随电脑科技的发展，沉浸理论延伸至人机互动上的讨论，Webster et al.（1993）视这种互动具娱乐性（playful）的特征。Ghani 和 Deshpande（1994）以人机互动对工作的影响进行研究，认为活动中被引导出来的心理享受（enjoyment）是沉浸的主要特征。

同被看作外部动机的感知有用性不同，营销学者和信息系统采用研究者认为感知愉悦性是个人情感的内部动机，在消费体验中扮演着重要的角色（Babin et al.，1994；Davis et al.，1992；Holbrook 和 Hirschman，1982）。在信息技术或系统的研究中，感知愉悦性是指个人采用电脑活动过程中自我感知到愉悦的程度（Davis et al.，1992），也可以被定义为在执行一项活动时，除了活动的表现结果外，活动者自身对活动所带来的愉悦和快乐程度的感知（Davis et al.，1989；Venkatesh，2000）。

在网络银行情境中，顾客亦有可能被内部动机所激励。根据先前的研究，当个人行为由兴趣和愉悦等内部动机所推动时，他们就愿意在未来坚持这些行为（Deci 和 Ryan，1985；Deci et al.，1999）。内部动机中的愉悦性最近几年受到了学者们的大量的关注（Koufaris，2002；Li et al.，2005；Venkatesh，2000）。

---

① Hoffman, D. L., and Novak, T. P., "Marketing in hypermedia computer – mediated environments: conceptual foundations," *Journal of Marketing*, Vol60, 1996, p. 57.

在本研究中，顾客对网络银行采用的感知愉悦性被定义为：顾客在采用网络银行的过程中对采用过程给顾客自身所带来的愉悦和快乐程度的感知。

本研究特别将感知愉悦性纳入研究框架的原因是：首先，感知愉悦性对采用意图的影响在网络银行环境中几乎还没有被检验。根据本研究所掌握的资料，感知愉悦性对采用意图的影响在电子商务环境中的即时信息（Li et al.，2005）和网络购物（Koufaris，2002）的研究中已经被探讨，但在网络银行环境中却很少被涉及，尤其是在中国的网络银行环境中更是无人问津。其次，即使有强大的理论作为基础，有关感知愉悦性在系统采用中的角色扮演的早期研究也得出了不一致的结论。Igbaria et al.（1995）发现感知愉悦性对系统的采用行为没有显著的影响，而 Jarvenpaa 和 Todd（1997a）却确实发现了感知愉悦性对系统采用的显著影响。在对互联网采用的内外部动机的实证研究中，Teo et al.（1999）发现感知愉悦性对于采用频率有影响而对于采用差异性却没有显著的影响，所以他们承认有必要对行为中的感知愉悦性的角色扮演进行进一步的检验和研究。

（四）感知风险

感知风险最初的概念是由 Bauer（1960）从心理学延伸出来的，他认为感知风险实际上就是在产品购买过程中，消费者因无法预料其购买结果以及由此导致的后果而产生的一种不确定性的主观感觉。后来，Cox（1967）将这一概念继续运用到营销学领域，他认为感知风险理论研究的基本假设在于消费者的行为是目标导向的，当购买行为的结果不能达到预期的目标并可能产生不利的后果时，也就产生了感知风险。即感知风险是指顾客所采取的购买行动可能会产生无法预期的不愉快的结果。Cunningham（1967）将 Cox 的感知风险定义进行了修改，认为感知风险是消费者在面对购买决策时所产生的对购买行为所导致的不确定性与后果的主观评价。可以看出，无论是 Bauer，还是 Cox 或 Cunningham，他们认为消费者的感知风险都是主观的感受，因为消费者在购买过程中，可能会面临各种风险，这些风险有的会被消费者感知到，有的则不一定被感知到；有的可能被消费者夸大，有的则可能被缩小；消费者只能针对其主观感受到的风险加以反映和处理。因此，消费者在购买产品时所遇到的感知风险是有区别的，即感知到的风险与实际存在的客观风险可能并不一致。

Cunningham（1967）将感知风险分为性能风险和社会心理风险两类，其中性能风险包括经济风险、时间风险和努力风险三种不同的类型，社会心理风险包括心理风险和社会风险两种不同的类型。该学者又进一步将感知风险分为性能、财务、机会或时间、安全、社会和心理损失六个不同的维度。该学者还认为所有这些维度的风险都源于性能风险。大量的消费者行为文献支持这种风险维度的划分用以理解顾客评价和对产品和服务的购买行为。在电子商务环境中，感知风险是指在利用电子手段进行商务交易时，顾客可能面临的交易风险（Park et all.，2004）。Cases（2002）发现在电子商务环境中有产品、远程交易、互联网和网站等四种风险来源，包括性能风险、时间风险、财务风险、传递风险、社会风险、隐私风险、支付风险和来源风险等八个维度。

Bauer（1960）、Webster（1969）和 Ostlund（1974）将感知风险作为另外一种维度引进信息技术接受中。在电子商务环境中，感知风险中最常见的表现形式就是感知安全和感知隐私，因为电子商务中最常见且最容易辨识的采用障碍就是通过网络进行交易时缺少安全和隐私（Bhimani，1996；Cockburn 和 Wilson，1996；Quelch 和 Klein，1996；Rhee 和 Riggins，1997）。这就导致了许多人将网络商务视为要承担风险的。安全是指有关隐私的法律要求和良好惯例的技术保证要被有效地实施。隐私同处理个人的信息有关的法律要求和良好惯例相联系。最近的研究结果表明在线顾客对缺乏安全的感知是电子商务发展的主要障碍之一（Chou et al.，1999；Dong－Her et al.，2004；Furnell 和 Karweni，1999），因为顾客的财务资料或许被截获并被冒用（Jones et al.，2000）。Kolsaker 和 Payne（2002）认为安全反映了对有关所使用的支付方式和资料传输和储存的机制的感知。感知安全性可以被定义为顾客相信其个人信息会按照其信任的期望在交易和储存过程中不被不合适的第三方看到、储存和控制的主观感知（Flavián 和 Guinalíu，2006）。所以，可以看出电子商务环境中所涉及的安全问题主要是网络技术方面的问题。

隐私问题也是感知风险建构中的重要维度之一，它是指个人或组织决定何时、何地、以何种方式以及在何种程度上将有关他们的信息传递给另一方的权利（Mukherjee 和 Nath，2003）。还有的学者将隐私定义为个人对其个人信息被获取和利用进行控制的能力（Galanxhi－Janaqi 和 Fui－Hoon Nah，2004；Westin，1967）。在电子商务中，感知隐私风险被定义为在线业务会滥用个人信息进而侵犯个人隐私的可能性（Nyshadham，2000）。人们对于其隐私的不必要暴露或仅仅被搜集其信息的公司滥用其信息感到忧虑（Kesh et al.，2002；Sathye，1999）。隐私包括对所获信息诸如顾客购买习惯的保密。所以，隐私风险对于电子支付而言也非常突出。

根据以上分析，本研究认为在网络银行情境中，感知风险主要是指在通过网络银行系统进行交易时，顾客所面临的各种资产安全与隐私暴露的不确定性。因为在网络银行环境中，如果顾客提供他们的电子邮件地址（使他们易于受到兜售信息的垃圾邮件和其它烦人之事的伤害）、提供他们进行网络银行交易的个人信息（使他们受到隐私侵害）、提供他们的信用卡或储蓄卡等银行账号（使他们受到银行账户欺诈的伤害）或者完成一项交易（使他们受到服务质量低劣的困惑），那么顾客就有可能使自己的各种资产的安全受到损害和使自己的隐私得以暴露。感知安全性是指在采用网络银行时，顾客相信其个人信息不会被第三方盗取和滥用的主观感知；而感知隐私是顾客对银行保护从电子交易中获得的顾客私人信息不被非授权使用或暴露的能力的感知。

三、主观规范

主观规范来源于理性行为理论，是指"个人对于大多数重要的人认为他应该还是不应该执行相关行为的感知"①。主观规范是行为意图的一个关键决定因素，它之所以同采用意图相联系，是因为人们经常根据他人认为他们应该做什么的感知来行动。主观规范对意图的直接影响基于这样的理论根据：即使人们本身不赞成该行为，他们也会选择去执行重要的参考人士认为应该实施的行为（Fishbein 和 Ajzen，1975）。主观规范包括规范认同和规范顺从（Hsu 和 Lu，2004）。当个人采取对其重要的其他参考人士的意见时就会发生规范认同，这些其他重要参考人士包括朋友、同伙群体、同事和校友等（Ahuja 和 Thatcher，2005；Brown 和 Venkatesh，2005；Cohen 和 Dennis，1993）。当个人根据其他重要参考人士的期望而执行一些活动以加强同这些重要参考人士的关系或避免他们的拒绝和敌意时就会发生规范顺从（Deutsch 和 Gerard，1995）。

Rogers（1983）在其创新扩散理论中也运用了同主观规范相同的概念，他认为使用者在采用创新产品或服务时会倾向于增加同其他参考人士的沟通，同这些参考人士的互动会影响他们对创新技术的采用决策。所以，Rogers（1995）进一步将沟通渠道划分为人际关系的和大众媒体的两种。人际关系渠道包括两个或更多的个人之间面对面的交流，而大众媒体渠道是通过大众媒介如电台、电视、报纸和互联网等传播信息。主观规范也被应用于科技接受模型中，Davis et al.（1989）相信在有些情况下人们也许会采用系统以顺从其他参

---

① Fishbein, M. and Ajzen, I., *Belief, Attitude, Intention, and Behavior: An Introduction to Theory and Research. Reading*, MA: Addison - Wesley, 1975, p. 302.

考人士的意见而非顺从自己的感情和信仰。Venkatesh 和 Davis（2000）将主观规范这一变量引进第二代科技接受模型，用以预测人们对信息系统的采用。Venkatesh et al.（2003）在整合性科技接受模型中引进了同主观规范相近的社群影响（Social Influence）这一变量，用以解释使用者对信息系统或技术的采用行为。

Taylor 和 Todd（1995a）的研究则认为主观规范就是社群影响，并将社群影响定义为他人的意见、上级的影响和同伙的影响。Karahanna et al.（1999）描述了包括信息影响（个人接受信息作为现实的证据）和规范影响（个人顺从于他人的期望）的两种社群影响。Bhattacherjee（2000）将主观规范看作人际和外部两种影响形式，外部影响是指个人在执行行为时考虑的大众媒体报告、专家意见以及其它非个人信息，而人际影响则是指为潜在采用者所知道的朋友、家人、同事、上级和有经验的个人。

在网络银行环境中，本研究将主观规范定义为顾客在采用网络银行系统时，对其重要的其他参考人士或媒体信息的意见的参考或采取。

四、信任

根据牛津英文字典的解释，信任是对于人、事或物的性质或某一个事实的陈述，觉得是可靠的或是值得依赖的。信任这个概念，一直以来都为各个领域的社会学者们所普遍重视，并且成为各领域中的研究主题。

信任被应用于心理学、社会学、管理学等许多学科领域和理论中（Hosmer，1995；Kumar，1996；Rousseau et al.，1998），包括契约关系理论（Macneil，1980）、交互理论（Hakansson，1982）、组织理论（Bradach 和 Eccles，1989）、心理学（Rushton，1980）、社会心理学（Blau，1964）、交易成本经济学（Nooteboom，et al.，1997）、信任理论（Gambetta，1988）、在线交易（Stewart，2003）和最近的网络银行（Alsajjan 和 Dennis，2006；Fock 和 Koh，2006）。同时，信任也被用作进行重大决策时的考虑因素（Luhmann，1979），或是新科技采用的研究（Fukuyama，1995），甚至是网络使用者是否愿意使用网络服务的重要考虑因素（Gefen，2000）。

在商业活动中，信任处于各种关系的核心地位（Morgan 和 Hunt，1994）。当顾客与他的交易对象互动时，由于双方互相独立而且对于对方的行为均无法预测，因此会造成在决策时需要处理的信息过于复杂，进而影响彼此关系的进展。研究结果显示出，信任通过减少监控和法律合同而使人们节省时间和体力

（Fukuyama，1995），也会为可以预料的结果提供措施（Kumar，1996）。有效的信任基础可以帮助顾客在决策的过程中降低决策衡量因素的复杂性。把需要考虑的各种可能结果控制降低在可以接受的范围内，进而可以帮助顾客在决策过程中预测交易对象在进行交易时做出有利于双方的行为（Gefen，2000）。其它的研究则认为，决策者相对于其目标对象而言，必须有某种相对程度的脆弱性（vulnerable），信任机制才会开始运作。即决策的结果对决策者而言，必须是具有不确定性而且是重要的（Doney 和 Cannon，1997；Moorman et al.，1992）。在这种情况下，信任是在某种关系下对风险的接受，没有损失的可能就没有冒险信任的必要。信任在决策者面对风险又没有能力控制他人的相关行为时，更会突显出信任的关键性的角色（Hoffman et al.，1999），其中新的信息系统或技术的采用，尤其是电子商务等交易活动，更是需要信任来帮助电子零售商和在线顾客的关系的发展（Gefen，2000）。由于对通过电子进行交易的销售商从事有害的机会主义行为缺乏证据确凿的保证，也由于环境缺乏管制，信任在电子商务中扮演重要的角色。许多学者均认为信任在电子商务情境中的重要性比在砖墙加水泥的情境中或比其它任何渠道远远要大得多（比如Gefen，2000；Gefen et al.，2003；Harris 和 Good，2004；Jarvenpaa et al.，2000；Reichheld 和 Schefter，2000）。

由于信任被广泛地运用在各种不同的研究领域中，而每个研究领域中皆有其针对的研究范围和研究议题，因此许多不同学科的学者也分别针对其研究议题的需要从不同的维度对信任进行了不同的定义（Bhattacharya et al.，1998）。个性心理学家倾向于将信任看作一个个性特征而社会心理学家倾向于从参与到交易中的对他人的行为期待的观点来解释信任。经济学家和社会学家倾向于聚焦于如何建立机制和如何利用激励来减少有关陌生人之间交易的不确定性，Zucker（1986）以机制为根据对信任进行探讨，认为如果一个人要成功地朝着未来预期去努力行动，就必须有不可或缺的非个人的结构保证使他能够相信可以依赖。营销学中的大量文献也已经从交易过程中信任在伙伴关系之间的角色（Smith 和 Barclay，1997）和文化及其对信任发展的影响（Doney et al.，1998）两个主要方面探讨信任问题。又由于信任拥有复杂的属性，并非单一现象，包含伦理、道德、情感、价值和自然特性，故还没有一个被学术界普遍接受的定义（Rousseau et al.，1998）。市场营销学研究信任集中在关系营销和渠道管理中，从商务观点而言，信任被定义为对所相信的交换伙伴的依赖的意愿（Moorman et al.，1993），对另一方的行为易于受到伤害的意愿（Mayer et al.，

1995）以及对其他人之间合乎伦理和道理的行为的期望（Baba，1999；Hosmer，1995）。Geyskens et al.（1996）提供了一个简明而富有意义的观点，他们将信任描述为一种信念或期望，这种信念或期望认为交易商的承诺值得信赖而且交易商不会利用顾客的脆弱性。Anderson 和 Weitz（1990）指出信任是信任者相信被信任者会满足他的需要。Anderson 和 Narus（1990）将信任定义为对对方会执行导致对本方有利结果的行为而非执行不利的行为的信念，即他们也认为信任是一种信念，即对方会执行有利于己方的行为，而不会做出损害交易伙伴的非预期行为。顾客信任的建立对交易商而言是高度渴望的，因为信任促进了长期的关系（Ganesan，1994）和激励重复的交换和购买（Doney 和 Cannon，1997）。Morgan 和 Hunt（1994）从诚实和可靠角度来理解信任，认为信任是对对方的诚实和可靠性的一种信念。Suh 和 Han（2002）认为信任是对他人的承诺可以被依赖的信念以及在不可预知的环境中对他人将会对委托人表现出一种信誉精神和友好形式的信念。Moorman et al.（1993）以及 McKnight et al.（1998）对信任的定义围绕着同样的概念进行并描述了涉及到一种关系的双方之间的一种状态。其中一方被另一方感知为拥有或控制另一方重视的诸如资源和专门知识等的资产并深信资产的拥有者会继续以互利的方式分享这些资产。这种深信导致了一体化的行为，结果强化并帮助维持了这种关系。这种行为最终通过增强关系承诺（Morgan 和 Hunt，1994）而延长了关系的持续时间（Ganesan，1994）。而 Doney 和 Cannon（1997）将信任定义为决策者对于目标对象可信赖性与仁慈的感知。他们认为信任可分成两大维度，第一个维度是客观地评估目标对象的可信赖性程度，即对目标对象所提供的信息可以依赖的期望。第二个维度是仁慈，亦即目标对象真诚寻求双方合作并考虑对方利益的心态，换句话说，目标对象不会有机会主义的产生（Doney 和 Cannon，1997）。在电子商务的环境中，顾客与电子零售商交易时必须承受比实体世界更高程度的风险，因此顾客必须考虑电子零售商的承诺是否可靠（可信赖性）、电子零售商是否会有机会主义的产生（仁慈）（Doney 和 Cannon，1997）。

不难发现，这些定义有若干个共同之处。第一，信任意味着信任方承担因信任而产生的风险和弱点，确信不会被另一方利用，所以信任是一种非理性行为。第二，信任包含期望、预期和感知，是一种主观判断，授信和获得最终信任行为结果之间存在时空分离，这样信任者就不能确知结果如何，只能凭借各种个人或社会信号机制来预测正面行为结果出现的概率。故信任是主观测度，信任和感知信任可以互换（Morgan 和 Hunt，1994）。第三，授信的行为结果对信任者来说应该是重要的和有价值的，这种价值并不仅仅是经济价值，更多的是情感、认同、美学等价值。如某一事物对个人或组织并不重要，不能为他带来价值并为他所用，那么信任也就没有存在的必要。最后，信任都是正面的而非负面的行为结果的期待。

信任是用以作为人类任何交往或交换的基础的最为普遍接受的变量（Gundlach 和 Murphy，1993）。在许多商务关系中，信任是必不可少的（Dasgupta，1988；Fukuyama，1995；Gambetta，1988；Ganesan，1994；Moorman et al.，1992），尤其是在那些包含风险因素的关系中（如同电子销售商的交往）（Gefen et al.，2003；Reichheld 和 Schefter，2000）。有些研究者已经将信任看作一个意图（Gefen，2000；Hosmer，1995；Mayer et al.，1995；Moorman et al.，1992）。信任意图是个人取决于另一方的意愿，尽管个人不能控制这种意愿（McKnight 和 Chervany，2002）。而大部分研究则已经将信任看作一项信念（Ganesan，1994；Gefen 2000；Gefen 和 Silver，1999；Gefen et al.，2003；Hosmer，1995；Moorman et al.，1992）。在一项在线购物的研究中，Gefen et. al.（2003）将信任作为一种信念整合进科技接受模型，并得出信任同感知易用性一样对意图有重要影响的结论。在网络银行情境中，Suh 和 Hn（2002）发现信任同感知有用性一样对态度产生影响，两者都是预测态度的最强的变量。所以，感知有用性、感知易用性和信任被看作是网络银行接受研究中关键的维度。Gefen 和 Keil（1998）认为一个具有更多的社会维度的科技接受模型要求信任必须作为感知有用性和感知易用性的前置因素而包含进来。

信任也是一个多维度背景变量，是一个由认知和情感因素构成的多维度变量（Johnston 和 Lewin，1996；Mayer et al.，1995；McAllister，1995；McKnight 和 Chervany，2002）。通过对零售买卖关系背景下的信任维度整理的研究发现，正直、仁慈和能力这三个维度都具有很大的稳定性，被广泛应用于信任与消费者购买行为关系研究中（Moorman et al.，1992）。这三个维度的具体涵义如下：（1）正直是指被信任者会怀着善良的意图和信任者签订合同或契约，提供真实信息，行为符合道德。（2）仁慈是被信任者对信任者的付出，超越对自身利益的考虑（Mayer et al.，1995）。仁慈可以减少不确定性和避免机会主义行为产生，包括了企业对消费者的同情心，以及真诚地去化解消费者的担心。（3）能力是指被信任者是否能胜任授信行为的程度，这种感知的来源是基于过去的经验，包括自己体验或是他人转述。而许多研究者已经将信任看作是一套信念概念，将其定义为主要处理一个特殊电子服务销售商的诚实（被委托人的诚实守信）、仁慈（出于委托人的利益被委托人在行动上的关心和动机）、能力（被委托人根据委托人的需要而做事的能力）和可预言性（被委托人行为的一致性）的具体信念的组合（Ganesan, 1994; Gefen 和 Silver, 1999; Jarvenpaa 和 Tractinsky, 1999; McKnight 和 Chervany, 2002）。

信任是用以作为人类任何交往或交换的基础的最为普遍接受的变量。（Gundlach 和 Murphy, 1993）因为所有的商务交易都需要一些信任的成分，尤其对于在不确定性环境中的交易而言更是如此。（Lee, 1998）在许多商务关系中，信任是非常重要的，也是必不可少的（Dasgupta, 1988; Fukuyama, 1995; Gambetta, 1988; Ganesan, 1994; Moorman et al. 1992），尤其是在那些包含风险因素的关系中（如同电子销售商的交往）（Gefen et al., 2003; Reichheld 和 Schefter, 2000）。因为顾客面临着同不利的选择和道德风险相联系的代理成本。当委托人和代理人的目标或要求相冲突时就会产生代理成本，委托人（顾客）要证明代理人（电子商务服务提供者）究竟在做什么是难而昂贵的（Eisenhardt, 1989）。当顾客不能判别不同质量的服务提供者时就会发生不利的选择，结果就会选择错误（Akerlof, 1970; Wilson, 1980）。道德风险产生于缺乏代理人的努力（Eisenhardt, 1989），机会主义代理人就可能决定通过提供比承诺较少的服务而收获更多的利益（Singh 和 Sirdeshmukh, 2000）。而要规避不利的选择也要付出成本。顾客可能会遭受有利于服务提供者的信息不对称，进而会花费精力和时间去搜寻更多的信息而且就竞争性的信息作出评估。不过，即使顾客事先能够解决不利的选择，或许他仍然面临事后的道德风险问题（Kirmani 和 Rao, 2000）。所以，顾客需要感知到服务提供者是值得信赖的，需要感知到服务提供者会信守承诺的信念（Chaudhuri 和 Holbrook, 2001; Doney 和 Cannon, 1997）。

在电子商务环境中，信任可以被视为在线交易中的一个感知信念或个人对对方所期望的相信程度（Jarvenpaa et al., 1999），也是对另一方可以作为依赖而承担一种受托人的责任的信念（Doney 和 Cannon, 1997; Morgan 和 Hunt, 1994），更是指对网站交易商的一些活动的信念，这些活动是网站交易商为了使顾客相信他们而执行的（Doney 和 Cannon, 1997; Gefen, 2002; Pavlou 和 Gefen, 2004）。因为网络环境是非人格的，所以顾客对于网络交易商和网络交易结果经常感到不确定。因而网络交易商必须进行有目的的活动，通过建立对交易商网站和作为交易中介的互联网的信任而帮助顾客克服不确定性（Njite 和 Parsa, 2005）。为了完成购买交易，顾客也必须信任在线业务，否则不可抗拒的社会复杂性会使他们避开购买（Gefen，2000），因为信任减少社会复杂性，所以它也会导致顾客主观地排除电子销售商的不需要的但却可能发生的行为。

信任的建立在提供金融服务方面将扮演重要的角色（Palmer 和 Bejou，1994），信任是指顾客相信银行会对他们表现出一种诚实的品质（Macintosh 和 Lockshin，1997；Tax et al.，1998）。不过，本研究认为，同在电子商务环境中一样，信任问题在网络银行环境中比在离线银行环境中要重要得多（Ratnasingham，1998）。原因是：首先，网络银行交易包含有关顾客的非常敏感的信息（Gefen，2000；Morgan 和 Hunt，1994）。顾客为在网络上提供诸如财务细节之类的敏感信息感到担忧，导致对服务提供者的安全缺陷和不信任（Suh 和 Han，2002），因为这些敏感信息将面对有可能遭到滥用的风险，例如，资料有可能被用来进行营销诱惑或同第三方共享。其次，网络银行网站要求顾客在交易时提供信用卡和储蓄卡等银行账户信息，这样顾客就会可能担忧他们的用户账户遭到欺诈。第三，顾客依赖银行部门来保护其账户安全，他们怀疑银行部门是否有这样的能力。最后，通过网络银行进行的交易会面临不确定性，诸如网络堵塞、服务器超载或服务器失灵等很可能严重损害顾客的体验和兴趣。因此，网络银行顾客会担心银行方面是否有能力向其提供在线交易服务。这些担心和忧虑要求信任必须参与到网络银行环境中去。Gefen 和 Keil（1998）认为一个具有更多的社会维度的科技接受模型要求必须将信任包含进来。在一项在线购物的研究中，Gefen et. al.（2003）得出信任同感知易用性一样在网络购物接受意图中具有重要性的结论。在网络银行情境中，Suh 和 Han（2002）发现信任同感知有用性一样对态度产生影响，两者都是预测态度的最强的变量。所以本研究将感知有用性、感知易用性和信任等因素一样看作是网络银行接受意图中的关键维度。同 Singh 和 Sirdeshmukh（2000）的观点相一致，本研究将信任作为一种认知信念而非情感建构，所以本研究背景中的信任范围是指顾客整体上对网络银行所提供的产品和服务的体验，而非聚焦于具体信任的属性或网络银行的某一方面。将信任概念化为一种信念是同科技接受模型的行为具体特征相一致的（Pavlou 和 Fygenson，2006）。因此，本研究认为在网络银行情境中，信任是顾客对网络银行所有产品和服务的承诺可以被依赖的信念以及在不可预知的环境中对网络银行将会对顾客表现出一种信誉精神和友好形式的信念。

五、自我效能

自我效能来源于社会认知理论，用来理解广泛领域中的人类行为和表现。在社会认知理论（Bandura，1982；Bandura，1997）中，自我效能是一种自我评价形式，这种自我评价形式影响有关采取何种行动、面对障碍时所付出的努力和坚持程度以及对行为的掌握的决策。自我效能被定义为"对一个人在处理预期的局势时究竟能够在多大程度上恰到好处地执行其所需行动过程的判断"①。它是指个人对于组织和执行其所需行动过程进而产生既定的成果或结果的能力和动机的信念。（Bandura，1977）它不仅涉及到个人所具有的能力而且还涉及到对个人究竟用所占有的何种技术去做能做之事的判断，这主要反映了个人对于其执行能力的自信。其核心思想是这种信念是行为的主要基础并在自我激励中起到关键的作用，因为它会影响所承担的行为的决策以及执行行为的努力和坚持程度（Barling 和 Beattie，1983）。Bandura（1986）认为一个人对于某项行为的自我效能越高，则对于该行为的行动意愿也就越高（Compeau 和 Higgins，1995b；Compeau et al.，1999），而具有低自我效能的人比具有高自我效能的人较少可能在未来执行相关行为（Bandura，1982）。自我效能由三个维度组成，即能力的大小（Strength）、信念的强度（Magnitude）和能力普适性（generalizability of ability）。

在信息技术使用行为研究领域内，自我效能可以被看为个人对于其使用一项创新去完成期望行为的能力的自信（Pedersen，2005a）。其中有学者将研究集中在电脑自我效能这一建构上（Compeau and Higgins，1995a，b；Thompson et al.，1991），其中较出名的是对感知的电脑自我效能模型（perceived Computer Self‐Efficacy，CSE）（Compeau 和 Higgins，1995a，b）。电脑自我效能是指个人对通过采用电脑去完成任务的能力的感知（Compeau 和 Higgins，1995b），是指使用者对其运用电脑完成某项工作的能力之信念，主要考查个人认为可以利用某种系统或软件工作或执行特定任务的能力，而且会影响个人对于使用电脑产生的结果预期，对于个人过去行为的不在乎，在乎的是他未来可以执行何种行为（Compeau 和 Higgins，1995a，b）。

自我效能的一个重要的理论属性就是其关注的不是一个人所具有的能力而

---

① Bandura，A.，"Self‐efficacy Mechanism in Human Agency，" *American Psychologist*，Vol. 37，No. 2，1982，p. 122.

是反映出个人凭借其掌握的技能相信其能够做什么。例如，在讨论电脑自我效能时，Compeau 和 Higgins（1995b）将合成技能同个人能够凭借技能完成的行动区别开来，合成技能包括诸如磁盘格式化和电脑启动等，而个人能够凭借技能完成的行动则包括诸如利用软件分析数据等。类似地，在讨论互联网自我效能时，Eastin 和 LaRose（2000）将个人执行互联网有关具体任务的技能同其以更复杂的模式运用技能的能力区别开来，个人执行互联网有关具体任务的技能包括诸如书写 HTML，使用浏览器或文本传输等，以更复杂的模式运用技能的能力则包括诸如发现信息和查找搜寻故障问题等。这样，互联网自我效能就可以同电脑自我效能区别开来，因为个人对其能够成功地执行一套截然不同的行为的信念要求有效地建立、维持和利用互联网以及以上基本的个人电脑技能（Eastin 和 LaRose，2000）。

学者们强调自我效能信念应该同使用者的活动目标性能和其具体的兴趣领域相对应起来。Marakas et al.（1998）将广义的电脑自我效能同具体任务领域的电脑自我效能区别开来。广义的电脑自我效能是指"个人对其跨越多个电脑应用领域的能力的判断……更是一种相关经验生命周期的产品"①，而具体任务领域的自我效能则是指"在广义的电脑领域中，个人对其执行具体电脑相关领域的任务的能力的感知。"② Agarwal et al.（2000）将自我效能运用到具体的电脑软件环境中。他们把广义的电脑自我效能和具体的软件自我效能区别开来，软件自我效能是指"个人对相关具体软件包的自我效能的感知"③。同样地，Hsu 和 Chiu（2004）区别了广义的互联网自我效能和具体的网站自我效能。广义的互联网自我效能是指"个人对其跨越多个互联网应用领域能力的判断"④，而网站自我效能是指"个人对其在广义的互联网电脑领域中使

① Marakas, G. M., Yi, M. Y., and Johnson, R. D., "The multilevel and multifaceted character of computer self – efficacy: toward clarification of the construct and an integrative framework forresearch," *Information Systems Research*, Vol. 9, No. 2, 1998, p. 129.

② Marakas, G. M., Yi, M. Y., and Johnson, R. D., "The multilevel and multifaceted character of computer self – efficacy: toward clarification of the construct and an integrative framework forresearch," *Information Systems Research*, Vol. 9, No. 2, 1998, p. 129.

③ Agarwal, R., Sambamurthy, V., and Stair, R., "The Evolving Relationship between General and Specific Computer Literacy – An Empirical Assessment," *Information Systems Research*, Vol. 11, No. 4, 2000, p. 418.

④ Hsu, M. H., and Chiu, C. M., "Internet self – efficacy and electronic service acceptance," *Decision Support Systems*, Vol. 38, 2004, p. 369.

用具体的互联网应用服务的能力的感知"①。

颇多学者将自我效能加进科技接受模型，将其作为认知信念和情感的前置因素。Davis et al. （1989）创造了科技接受模型并建议在未来的研究中对有些外部因素进行测试以便理解人们为什么接受或拒绝技术。外部变量，诸如使用者特征、组织因素等等，会通过影响信念和情感因素而间接地影响技术的接受（Szajna，1996）。Davis（1989）描述了一套影响感知有用性和感知易用性的外部或前置变量。以后的研究也已经将自我效能作为前置因素扩展进科技接受模型（Compeau 和 Higgins，1995b）并发现该构建是同技术使用相联系的感知认知努力的主要前置因素。这是因为拥有高感知自我效能的个人更可能在采用信息技术时形成积极的感知（Venkatesh 和 Davis，1996；Agarwal et al.，2000）。根据该观点，感知自我效能是信息技术采用中感知有用性和感知易用性的一个重要的前置因素。

因此，在网络银行背景中，本研究也将自我效能引进研究模型，用以探讨对认知因素的影响。在本研究中，自我效能被看作为顾客在运用电脑和互联网在通过网络银行执行交易时对其拥有的相关知识和能力的自信。

六、便利条件

便利条件（Facilitating Conditions）来源于 Triandis 模型中的简易程度这个概念。简易程度指的是实施行为的困难或容易程度，即在实施行为的环境下，是否具有使得行为较容易实施的条件。（Triandis，1980）根据 Triandis（1980）的观点，便利条件是环境中使行为变得容易的客观因素，所以便利条件也可以被看作是有关环境的外部控制（Terry，1993；Triandis，1980）。Thompson et al.（1991）对 Triandis 模型进行了提炼并将之运用到信息系统情境中以预测个人对信息技术的接受，这就是电脑采用模型（Model of PC Utilization）。在该模型中，便利条件被首次正式提及，是指用户认为组织和技术的基础设施为自己使用该信息技术在多大程度上提供了便利，即这些基础设施在何种程度上给用户以软件和硬件的辅助支持以使其完成工作（Thompson et al.，1991），这里的基础设施（Infrastructure）所指比较广泛，包括组织专门为技术使用设立的培训机构、人员、展开的培训活动或可获取的使用手册（纸质、联机）等等任何

---

① Hsu, M. H., and Chiu, C. M., "Internet self – efficacy and electronic service acceptance," *Decision Support Systems*, Vol. 38, 2004, p. 369.

有助于用户熟悉、使用该信息技术的外部条件或活动；而此处的便利条件的软件部分一般包括信息质量和服务质量等，而硬件部分则包括可进入性、便利性和导航等（Alsajjan 和 Dennis，2006）。便利条件在整合的科技接受模型中继续被运用，是指使用者容易进入并利用的组织资源和技术资源等基础设施（Venkatesh et al.，2003），这些基础设施包括电脑软硬件的支持或系统操作上的帮助等等（Venkatesh et al. 2003；Thompson et al. 1991）。另外，在分解式计划行为理论中，Taylor 和 Todd（1995a）也将便利条件分为资源便利条件（Resources Facilitating Conditions）和技术便利条件（Technology Facilitating Conditions），这和 Venkatesh et al.（2003）在整合性科技接受模型中的观点是相互一致的。

在信息系统或技术接受的文献中，还有两个同便利条件的含义相一致的概念经常被运用，一个是源于计划行为理论的感知行为控制（Perceived Behavioral Control），是指用户对使用某一特定系统所受到的内在的（经验、知识等）或外在的（组织内可提供帮助的人、物等资源）约束条件的认知程度（Taylor 和 Todd，1995a）。另一个是源于创新扩散理论的兼容性（Compatibility），是指一项创新在多大程度上被认为是与先前的价值观、需要、经验及工作模式是相一致的。（Moore 和 Benbasat，1991）

在网络银行情境中，本研究将便利条件界定为顾客认为网络银行的组织资源和技术资源等方面的基础设施为自己使用网络银行系统在多大程度上可以给他们提供便利性，即这些基础设施在何种程度上给顾客以软件和硬件的辅助支持以使其完成网络银行交易活动。便利条件的软件辅助支持部分包括信息质量和服务质量等，而硬件辅助支持部分则包括可进入性、便利性和导航等技术支持。

第二节　模型中变量之间关系的理论假设

这一节要对网络银行接受模型中的变量之间的理论假设关系进行界定（图4.1）。本研究认为：顾客对网络银行的采用意图会受到感知有用性、感知易用性、感知愉悦性、便利条件、主观规范和信任的积极影响，但会受到感知风险的消极影响。信任会受到感知有用性、感知易用性、感知愉悦性、主观规范和便利条件的积极影响，但会受到感知风险的消极影响。自我效能对感知有用性、感知易用性和感知愉悦性产生积极影响，但对感知风险产生消极影响。

感知有用性、感知易用性和感知愉悦性会受到便利条件的积极影响，而感知风险却会受到便利条件的消极影响。

一、感知有用性、感知易用性、感知愉悦性和感知风险对采用意图和信任的影响

（一）感知有用性对采用意图的影响

系统使用是信息系统研究中关键的因变量之一。信念是非常重要的（Agarwal 和 Karahanna，2000；Davis，1993；Venkatesh，1999），因为个人对信息系统的信念或感知对采用行为有显著的影响（Agarwal 和 Karahanna，2000）。Davis（1989）认为在科技接受模型中，采用意图受到感知有用性和感知易用性等这两个使用者信念的影响，所以感知有用性和感知易用性等这两个使用者信念是影响信息系统采用的重要因素（Davis et al, 1989）。

在第二代科技接受模型中，Venkatesh 和 Davis（2000）的研究也发现感知有用性是影响采用意图的最强的变量之一。Venkatesh et al.（2003）在整合性科技接受模型中也认为包含感知有用性的绩效期望对采用意图产生积极影响。在分解式计划行为理论中，感知有用性会通过态度对行为意图产生影响（Taylor 和 Todd，1995a）。在创新扩散理论中，相对优势和兼容性相当于科技接受模型中的感知有用性，这两种变量也会对采用或采用意图产生积极影响（Rogers，1983）。在个人电脑使用模型中，工作匹配性相当于科技接受模型中的感知有用性，该变量会对个人电脑的使用产生积极影响（Thompson et al.，1991）。根据动机理论，感知有用性对系统采用的影响可以解释为：当个人感知到系统对于实现有价值的结果有益处时，那么他就倾向于接受这项新信息系统（Igbaria 和 Iivari，1995），所以感知有用性可以被看作是影响采用意图的一种外部动机。

其它先前的研究也已经证明感知有用性对系统采用或采用意图有积极的影响（Adams et al.，1992；Agarwal 和 Karahanna，2000；Gefen et al.，2003；Hong et al.，2002；Jackson et al.，1997；Pedersen，2005a；Straub et al.，1995）。Adams et al.（1992）、Jackson et al.（1997）和 Straub et al.（1995）的研究证明了信息系统中感知有用性对采用意图的积极影响。Agarwal 和 Karahanna（2000）的研究显示感知有用性对电脑的采用意图有积极影响。Gefen et al.（2003）证明了感知有用性对顾客的网上购买意图产生积极影响。Hong et al.（2002）的研究显示在数字图书馆系统中，感知有用性对采用意图产生积极影

响。而 Pedersen（2005a）的研究结果显示感知有用性对顾客采用电子商务的意图产生积极影响。

在网络银行情景中，有学者通过实证检验证实了感知有用性对采用意图有积极影响（Guriting 和 Ndubisi，2006；Ndubisi，2007；Nysveen et al.，2005）。

因此，本研究可以推断在网络银行环境中：

H1：感知有用性对网络银行的采用意图有积极影响。

（二）感知有用性对信任的影响

通过对相关文献的回顾，本研究发现学者们对于感知有用性和信任的关系之研究结论是混合的。互联网情境中信任对感知有用性的影响已经被有些学者所证明（Alsajjan 和 Dennis，2006；Eriksson 和 Kerem，2005；Gefen et al.，2003；Lee et al.，2007；Pavlou，2001；Wu 和 Chen，2005）。Gefen et al.（2003）的研究发现如果顾客一开始就信任他们的电子销售商并认为采用在线服务会给工作绩效或生活方式带来益处，他们会最终相信在线服务是有用的，即信任是感知有用性的前置因素：信任程度越高，网页的感知有用性越高。Lee et al.（2007）证明了在在线环境中，信任是感知有用性的决定因素之一并对感知有用性产生积极影响。Pavlou（2001）也发现在电子商务情境中信任对感知有用性产生积极的影响。Wu 和 Chen（2005）证明了在在线纳税情境中，信任对感知有用性产生积极影响。Alsajjan 和 Dennis（2006）认为在网络银行情境中信任不仅会对态度有积极影响，而且还会对感知有用性产生积极的影响。Eriksson 和 Kerem（2005）的研究也发现在网络银行环境中，信任对感知有用性产生积极影响。

但也有学者持相反的观点，认为感知有用性对信任产生积极的影响。在营销学的文献中，信任同顾客对销售代表的经历是正相关关系的。销售代表的特征诸如专长（Crosby et al.，1990；Doney 和 Cannon，1997）和易亲近的程度（Doney 和 Cannon，1997；Hawes et al.，1989）等同顾客对销售代表的信任有正相关关系，进而积极影响对公司的信任（Doney 和 Cannon，1997）。在电子商务中，销售代表被公司网站所代替。结果，顾客对网站的体验和感知会影响他们对公司性质和其可信赖性的想象（Friedman et al.，2000；Tan 和 Thoen，2000，2001）。尤其是 Tan 和 Thoen（2000，2001）认为，对公司的信任部分地取决于对包括网站在内的公司控制机制的信任。

Corritore et al.（2003）认为网站是信任的对象。根据这一观点，网站可以被看作是一种技术，这种技术调节顾客和在线交易商的关系，就如销售代表调节顾客和离线业务的关系一样（Andaleeb 和 Anwar，1996；Crosby et al.，1990；Doney 和 Cannon，1997）。因此，可以合理地预料顾客访问网站时的体验会影响他们对在线交易商的信任。Koufaris 和 Hampton‐Sosa（2002）证明了在电子商务环境中，感知有用性对信任产生积极影响。

将以上结论借用到网络银行情境中，本研究可以假设：

H2：感知有用性对网络银行中顾客的信任产生积极影响。

（三）感知易用性对采用意图的影响

使用者对于易用性的信念是使用者接受的另外一个重要的决定因素。在科技接受模型中，感知易用性是指个人对采用某个特殊的系统而省力的相信程度（Davis et al，1989），是一个"需要学习和使用新信息技术而进行认知努力的指标"[1]。根据自我效能理论，"系统越容易进行交互，使用者也就越具有效能感"[2]。根据动机理论（Davis et al.，1992），也可以将感知易用性看作是影响采用意图的一种外部动机。

在第二代科技接受模型中，Venkatesh 和 Davis（2000）的研究也发现感知易用性是影响采用意图的最强的变量之一。Venkatesh et al.（2003）在整合性科技接受模型中也认为包含感知易用性的付出期望对采用意图产生积极影响。在分解式计划行为理论中，相当于感知易用性的易用性会通过态度对行为意图产生影响（Taylor 和 Todd，1995a）。在创新扩散理论中，复杂性相当于科技接受模型中的感知易用性，这一变量会对采用或采用意图产生消极影响（Rogers，1983）。在 Triandis 模型中，相当于感知易用性的简易程度会对采用行为产生积极影响（Triandis，1980）。在个人电脑使用模型中，复杂性相当于科技接受模型中的感知易用性，该变量会对个人电脑的使用产生消极影响（Thompson et al.，1991）。

还有些研究也发现感知易用性对系统的采用或采用意图具有显著的积极效应（Chau，1996b；Fusilier 和 Durlabhji，2005；Hendrickson 和 Collins，1996；Igbaria et al.，1997；Karahanna 和 Straub，1999；Wöber 和 Gretzel，2000）。Chau（1996b）证明了电脑辅助软件工程系统中感知易用性对采用意图的积极影响。Fusilier 和 Durlabhji（2005）的研究显示就那些对网络不太具有感知有用性的

---

[1]　Gefen, D. , Karahanna, E. and Straub, D. , "Trust and TAM in online shopping: An integrated model," *MIS Quarterly*, Vol. 27, No. 1, 2003, p. 59.

[2]　Davis, F. D. , Bagozzi, R. P. , and Warshaw, P. R. , "User acceptance of computer technology: a comparison of two theoretical models," *Management Science*, Vol. 35, No. 8, 1989, p. 982.

使用者而言，感知易用性是采用意图的较强的指示器。Hendrickson 和 Collins（1996）的研究表明在数据库的使用中，感知易用性对采用意图具有积极影响。Igbaria et al.（1997）通过运用结构方程模型证明了感知易用性对个人电脑采用意图的积极影响。Karahanna 和 Straub（1999）从感知有用性和感知易用性的心理学起源的角度对顾客的信息技术采用意图进行了研究，发现感知易用性对信息技术的采用意图有积极的影响。Wöber 和 Gretzel（2000）的研究则证明了感知易用性对使用者在营销决策系统中的采用意图有积极影响。还有些学者则证明了在网络银行情景中，感知易用性对采用意图有积极影响（Guriting 和 Ndubisi，2006；Ndubisi，2007；Nysveen et al.，2005）。

鉴于以上研究结论，在网络银行环境中，本研究可以做出以下推论：

H3：感知易用性对网络银行的采用意图有积极影响。

（四）感知易用性对信任的影响

尽管 Eriksson 和 Kerem（2005）的研究发现在网络银行环境中，信任对感知易用性产生积极影响。但是大多数学者的研究结论显示感知易用性对信任产生积极的影响（Alsajjan 和 Dennis，2006；Gefen 和 Straub，2000；Gefen et al.，2003；Koufaris 和 Hampton－Sosa，2002；Koufaris 和 Hampton－Sosa，2004；Tan 和 Thoen，2000－2001）。

Gefen 和 Straub（2000）的研究发现感知易用性对顾客对电子商务的信任有积极影响。Koufaris 和 Hampton－Sosa（2002）认为顾客对网站的感知易操作性对信任会产生积极影响。而在另一项研究中，Koufaris 和 Hampton－Sosa（2004）也证实感知易用性对新顾客对在线公司的信任产生积极影响。Tan 和 Thoen（2000，2001）的研究结论也显示对电子销售商的信任部分地取决于顾客对网站机制的易操作性。而 Gefen et al.（2003）也已经证明电子销售商对顾客关系的投资会增加顾客对电子技术的感知易用性，而感知易用性会增加对电子技术的信任。而 Alsajjan 和 Charles Dennis（2006）则认为在网络银行情景中，感知易用性会对信任产生积极的影响。

因此，本研究认为在网络银行环境中：

H4：感知易用性对网络银行中顾客的信任产生积极影响。

（五）感知愉悦性对采用意图的影响

就对采用意图的影响而言，感知愉悦性不仅在离线环境中起到关键作用（Blakney 和 Sekely，1994；Forman 和 Sriram，1991），而且在在线环境中也很关键（Jarvenpaa 和 Todd，1997a）。根据沉浸理论，信息技术会提供一种脱离现实的机会，使人完全沉浸于一个新的世界中。许多个人使用信息系统除了追求对系统所期望的性能效果之外，主要是为了追求体验系统带来的娱乐和喜悦（Childers et al.，2001）。在网络购买行为中，享乐消费包括一个情感的体验购买过程（Hirschman 和 Holbrook，1982），更是个"最优体验的过程"①，这是指在使用在线服务时那种享受陶醉的过程，而这种过程是由内部享受动机等所驱使（Hoffman 和 Novak，1996）。这种体验会给顾客带来自我肯定，促进顾客的后续采用行为（Csikszentmihalyi 和 Csikszentmihalyi，1988；Csikszentmihalyi 和 LeFevre，1989）。

根据享乐主义理论，有关在线服务的研究已经发现享乐因素的重要性，感知愉悦性对顾客的信息技术采用意图会有影响（Bruner 和 Kumar，2003）。在信息技术或系统环境中，一般存在实用功能和享乐功能两种情况。即使在实用背景中，服务提供商之间的激烈竞争也已经迫使他们向顾客提供网站的享乐功能以作为一种差异化的战略，其结果是顾客不得不开始考虑诸如网络银行等网站方面的实用背景中的享乐功能（Alsajjan 和 Dennis，2006）。Childers et al.（2001）发现愉悦性带来的快感对于网上互动购物的态度有积极的影响。Babin et al.（1994）发现感知愉悦性是购物价值的享乐愿望的象征。Li et al.（2005）发现对采用即时通讯感知到娱乐和享受的顾客更有可能打算继续采用。

Triandis 模型认为情感因素会影响行为意图，正面的情感会给行为意图带来积极的影响（Triandis，1980），因为使用者的正面情感是由其所具有的内部动机所决定的。根据动机理论，Wu 和 Li（2007）将感知愉悦性看作是个人的内部动机，并证明这种内部动机对采用知识项目的行为意图产生积极影响。Moon 和 Kim（2001）也将感知娱乐性（Perceived Playfulness）这个新的构建添加进科技接受模型并将之运用到国际互联网接受的研究中。他们认为影响采用的决定因素包括内部动机因素和外部动机因素，证明了感知愉悦性对国际互联网的采用意图产生积极影响。在网络银行情境中，顾客亦有可能被内部动机所激励。根据先前的研究，当个人行为由兴趣和娱乐等内部动机所推动时，他们就愿意在未来坚持这些行为（Davis et al.，1989；Deci 和 Ryan，1985；Deci et al.，1999；Li et al.，2005；Koufaris，2002；Venkatesh，2000）。

---

① Hoffman, D. L., and Novak, T. P., "Marketing in hypermedia computer – mediated environments: conceptual foundations," *Journal of Marketing*, Vol. 60, 1996, p. 57.

还有许多学者对感知愉悦性同采用意图的关系作了探究，Davis et al.（1992）发现感知愉悦性对文字处理程序的采用意图有显著的影响。Dabholkar（1994）认为娱乐性会通过态度对基于科技的自助服务的采用意图产生影响。Teo et al.（1999）的研究发现感知愉悦性对电脑的采用意图有重大影响。Chesney（2006）证明了感知愉悦性对信息系统中集成电路电脑遥测技术的采用意图有积极影响。Igbaria et al.（1994）证明了感知愉悦性对微型电脑的采用意图有积极影响。有研究认为感知愉悦性直接影响在线顾客的行为意图（Dick 和 Basu，1994；Prichard 和 Howard，1999）。在基于在线顾客行为的整合理论框架的研究中，Koufaris（2002）发现感知愉悦性在预测顾客在线购物的购买意图方面起到重要的作用。Heijden（2003）发现感知愉悦性与网站的在线采用意图之间存在着正相关关系。Heijden（2004）还证明了感知愉悦性对信息系统的采用意图有积极影响。还有学者证明了感知愉悦性对互联网服务的采用或采用意图具有积极影响（Cheong 和 Park，2005；Bouwman et al.，2007；Leung 和 Wei，2000；Nysveen et al.，2005a；Pedersen，2005a，b）。尤其是 Nysveen et al.（2005a）证明了在网络银行情景中，感知愉悦性对采用意图有积极影响。

基于以上研究结论，本研究认为感知愉悦性是进行网络银行顾客行为研究时的一个重要的建构。因此可以推断：

H5：感知愉悦性对网络银行中顾客的采用意图有积极影响。

（六）感知愉悦性对信任的影响

也有学者探究感知愉悦性和信任之间的关系（Gefen et al.，2003；Heijden，2003；Koufaris et al.，2001；Koufaris 和 Hampton‑Sosa，2002）。Koufaris 和 Hampton‑Sosa（2002）认为顾客在通过网站进行在线购物时，感知愉悦性会通过感知有用性和感知易用性对信任产生积极的影响。Heijden（2003）在对荷兰的网站采用案例实证研究中发现感知愉悦性和感知易用性几乎和感知有用性同样对态度产生影响。Koufaris et al.（2001）通过实证研究发现购物愉悦性将对新网络购物者返回网站产生积极的影响。由于信任同采用在线商店的购物意图相关（Gefen et al.，2003），所以学者们认为感知愉悦性对信任产生影响是合理的。

将以上结论借用到网络银行，本研究做出以下推断：

H6：感知愉悦性对网络银行中顾客的信任产生积极影响。

（七）感知风险对采用意图的影响

风险理论认为感知风险会对执行风险行为的意图产生消极影响（Keil et al.，2000；Sitkin 和 Pablo，1992）。Wong 和 Chang（2005）认为感知风险通常来自一种不确定性，这种不确定性是顾客不能预期其购买决策的后果时所面对的。根据电脑恐惧症理论和科技准备度理论，一旦顾客感知到不确定性的存在，就会存在安全疑虑（Maurer 和 Simonson，1984；Parasuraman，2000）。在网络购物环境中，这种不确定性涉及到服务价值、网络技术的不可预料性（这会减少顾客对交易过程的感知控制）和在线交易的非人性化特征，所以就会驱使顾客持有同购买过程相联系的风险信念（Pavlou，2001）。顾客的购买或采用行为受到其对风险的容忍度内的感知风险的影响（Bhatnagar et al.，2000；Chan 和 Lu，2004；Lim，2003）。必须强调的是使用者仅仅受到感知风险的影响，而无论这种风险存在与否。而顾客为了采用交换系统需要接受一些风险，因为交易不一定如预料的那样发生。Sitkin 和 Weingart（1995）的研究显示决策者倾向于在感知风险低时作更多具有风险的决策。在一项在线购物的研究中，Bhatnagar et al.（2000）发现惠顾互联网的顾客是那些对网络购物的感知风险相对较低的人，或者这些顾客发现通过互联网渠道购物的相对优势比较高。

在商务领域中，感知风险已经被广泛地研究以了解顾客的行为意图和实际行为。感知风险已经在广泛的文献中以各种方式被概念化。有学者将风险作为一种维度引进信息技术接受中，验证了感知风险对科技接受的影响（Bauer，1960；Kim 和 Prabhakar，2002；Ostlund，1974；Webster，1969）。Cooper（1997）认为风险程度是创新产品和服务采用的重要影响因素。还有研究已经证实感知风险是影响网络购物的一个重要因素（Doolin et al.，2005；Jarvenpaa 和 Todd，1997；Stewart，1999）。实证研究表明感知风险是使用网络进行电子交易的普遍关心的问题（Cheung 和 Liao，2003；Hansen，2001；Lunt，1996）。在网络环境中，感知风险是指个人相信网站用来安全地传递敏感信息的程度（Salisbury et al.，2001），所以顾客期望一项承诺无风险的服务。Dutta 和 McCrohan（2002）认为在网络经济中对感知安全程度期望较高的个人对采用服务的态度更佳。Kimery 和 McCord（2002）证明了在电子商务环境中，顾客的感知风险对购买意图产生消极影响。Breward（2007）认为在电子商务环境中，感知风险对采用意图产生消极影响。Jarvenpaa et al.（2000）和 Pavlou（2003）发现 B2C 环境中的感知风险会对通过网站交易商进行的交易意图产生消极影响。Nicolaou

和 McKnight（2006）证明了在电子数据交换环境中，感知风险对采用意图具有消极影响。Drennan et al.（2006）也证明了顾客的感知风险对在线订购和购买行为有消极影响。

随着通过互联网提供的产品和服务的数量的快速增长，顾客越来越关注安全和隐私问题。最近的研究结果表明人们对于其隐私的不必要暴露或仅仅被搜集其信息的公司滥用其信息感到忧虑（Kesh et al.，2002；Sathye，1999）。一般而言，许多顾客不愿意通过电话或互联网提供诸如信用卡等隐私信息（Hoffman 和 Novak，1998）。电子商务中最常见且最容易辨识的采用障碍就是通过网络进行交易缺少安全和隐私（Bhimani，1996；Cockburn 和 Wilson，1996；Quelch 和 Klein，1996；Rhee 和 Riggins，1997）。顾客基本上不愿意接受他们不能完全控制其行为的东西。顾客想掌握其行为并想知道他们自己和其他人的行为原因和后果（Baronas 和 Louis，1988）。在交易过程中，顾客最担心的是丢失信用卡数据和接收不到合适的产品而非交易的金钱数额（Bhatnagar et al.，2000）。顾客想控制被搜集的数据种类、记录时间程度、过程和目的（Kobsa，2001；Kobsa，2002）。不经顾客知晓就搜集和记录使用者资料令使用者很担忧（DePallo，2000）。互联网以新而极端的方式威胁着使用者的信息隐私，所以不一定可靠（Ndubisi，2007）。这就导致了许多人将网络商务视为要承担风险的。许多研究已经证明对安全的强烈的疑虑是不愿意采用商务网络渠道的常见影响因素之一（Black et al.，2001；Rotchanakitumunai 和 Speece，2003；Udo，2001；White 和 Nteli，2004）。Sheng et al.（2006）则证明了在无所不在的电子商务环境中（U-Commerce），隐私担忧会对采用意图产生消极影响。

在网络银行情境中，顾客会感到不确定性，因为在此情况下会涉及到隐私资料和交易，所以这就要求银行采取严密的安全措施来保护网络银行的运营。安全和隐私的威胁也已经使许多顾客决定退出各种网络银行的参与形式（Hoffman et al.，1999），这些形式包括如果使用者完全采用网络银行的话向网站提供以银行交易为目的的个人敏感信息和隐私资料。缺乏安全可靠性已经很明显地表现在人们这样的一种担忧：他们担心网络银行系统（和/或侵犯系统的黑客）会将其个人信息或资金在未经其知晓或同意的情况下转移给第三方。尽管在虚拟世界之外也存在这种担心，但鉴于网络的特殊特征，这个问题在虚拟世界中更为突出（Hoffman et al.，1999）。因此，对泄露个人信息的感知恐惧、使用者的不安全感和系统的非兼容性给网络银行提出了独特的挑战。对缺少安全的恐惧是已经被许多研究所证明的影响网络银行业务增长和发展的因素之一（Ndubisi，2007）。许多对银行业的研究已经注意到了安全和隐私对顾客采用网络银行的重要性（Black et al.，2002；Giglio，2002；Hamlet 和 Strube，2000；Howcroft et al.，2002；Polatoglu 和 Ekin，2001；Roboff 和 Charles，1998；Sathye，1999；Tan 和 Teo，2000）。在澳大利亚，隐私和安全被发现是网络银行采用的重要障碍（Sathye，1999）。Roboff 和 Charles（1998）发现经常依赖网络银行的顾客更加关注和保护他们的隐私问题。Dauda et al.（2007）认为对隐私的担忧对网络银行的采用有消极影响。

因此，可以推断许多网络银行顾客相信通过网络进行的金融交易是要承担风险的。在网络银行服务中，感知风险也许同金融产品本身以及电子供应渠道相关。因此，在检验顾客的采用行为时，必须将这种属性放在重要的位置进行考虑（Harrison，2000）。顾客担忧的是网络、相关基础设施以及顾客与银行员工空间和时间上的相互分离。顾客对于在多大程度上网络银行系统会保证其进行交易而不会有任何的安全破坏的感知是影响网络银行采用的一个重要因素（Wang et al.，2003）。其结果是在网络银行情景中，感知风险会对采用意图产生消极影响：只有那些对网络银行的感知风险较低的顾客才有打算采用网络银行；而个人的感知风险越高，他就越不可能有采用网络银行的意图。有学者发现感知风险是影响使用者采用网络银行的主要因素之一（Cheng et al.，2006；Jih et al.，2002；Laforet 和 Li，2005；Polatoglu 和 Ekin，2001；Sathye，1999；Tan 和 Teo，2000）。Jih et al.（2002）研究并检验了感知风险对客户网络银行采用意向的影响，发现感知风险和采用意向具有显著相关性。Laforet 和 Li（2005）对中国的网络银行顾客进行了研究，发现影响顾客采用网络银行的主要障碍之一就是感知风险。Cheng et al.（2006）研究了香港顾客对网络银行的感知和采用情况，他们将感知网络安全作为增加的构建引进科技接受模型，实证研究结果显示这一新增变量同其它变量一样在解释顾客采用网络银行的意图方面具有很高的鲁棒性。Chan 和 Lu（2004）还认为在网络银行服务中，感知风险对潜在顾客采用的阻碍作用要大于对既有顾客采用的阻碍作用。Wong 和 Chang（2005）认为有较多经验的网络用户比有较少经验的网络用户更有可能将自己卷入到网络银行服务中，因为采用是受到感知风险和对互联网技术的熟悉度的影响的。Rotchanakitumunai 和 Speece（2003）就证明了泰国非网络银行顾客对通过网络进行的金融交易的风险担忧程度较高而且会偏向于直接从银行接受服务。在一项对芬兰网络银行采用的实证研究中，Mattila et al.（2003）发现65

岁以上的顾客更加担心网络银行服务中的风险，所以，他们是网络银行服务的后期采用者。Kim 和 Prabhakar（2004）认为承担风险的意愿和感知风险之间的平衡影响对网络银行的采用。倘若承担风险的意愿超过了感知风险水平，那么顾客一般会采用网络银行服务。Tan 和 Teo（2000）证明了在网络银行环境中，感知风险对采用意图有消极的影响。Lee et al.（2007）也证明了在网络银行情景中，感知风险对网络银行的采用行为产生消极的影响。而 Ndubisi（2007）则证明了在网络银行环境中，感知风险的反面即感知可靠性对网络银行的采用意图有积极的影响。

鉴于以上结论，本研究完全有理由做出以下假设：

H7：感知风险对网络银行中顾客的采用意图产生消极影响。

（八）感知风险对信任的影响

究竟是信任会对感知风险产生影响还是感知风险会对信任产生影响，有学者认为二者之间的关系还不清楚（Mayer et al.，1995）。有研究者发现感知风险会受到对交易伙伴信任的影响（Jarvenpaa 和 Todd，1997；Nooteboom et al.，1997）。Jarvenpaa 和 Todd（1997）证明在网络购物中信任是减少顾客感知风险的机制。Yousafzai et al.（2003）对网络银行的研究表明信任会降低感知风险而且会激励顾客对网络银行服务的采用。Suh 和 Han（2002）的研究也发现信任会对感知风险产生消极影响。Jarvenpaa et al.（2000）的研究发现信任对网上商店的感知风险有影响。Pavlou（2003）发现电子商务环境中信任对感知风险的影响。Pavlou 和 Gefen（2004）发现在网上拍卖领域信任对感知风险的影响。还有其它学者认为信任会降低感知风险（Bakos 和 Brynjolfsson，1993；Bensaou，1997）进而增加关系中的风险的承担（Mayer et al.，1995）。另外，研究发现信任减少感知不确定性（Bensaou 和 Venkatraman，1995；Gulati 和 Gargiulo，1999；Morgan 和 Hunt，1994），这里的感知不确定性和感知风险是一回事。Nicolaou 和 McKnight（2006）也证明了在电子数据交换环境中，信任对感知风险具有消极影响。

但大部分学者却持相反的观点：感知风险会对信任产生消极影响。根据本研究有关信任的文献探讨发现，信任反映了风险的存在，信任显示顾客对风险承担的意愿（Mayer et al.，1995），Williamson（1993）视信任为接受风险的决策，这两者可视为同一件事，也就是表示对风险承担的意愿即为信任意图。在网络购买环境中，感知风险对信任的消极影响已经被学者们所证实（Heijden et al.，2003；Kimery 和 McCord，2002；Lee et al.，2007；Nooteboom et al.，

1997；Swaminathan et al. ，1999）。Heijden et al. （2003）认为感知风险的减少的确能够增加在线购买的信任和态度，进而增加购买者的在线购买意图。Kimery 和 McCord （2002）的研究发现在电子零售环境中感知风险对信任具有消极影响。Lee et al. （2007）证明了在网络银行情景中，感知风险对信任产生消极的影响。Nooteboom et al. （1997）发现较高的感知风险降低对伙伴的信任程度。Swaminathan et al. （1999）则证明了在电子交换环境中感知风险对信任的消极作用。在对韩国顾客采用移动银行的研究中，Warrington et al. （2000）认为使用者在提供在线敏感信息时对存在的安全程度非常担忧，只有在他们对网络交易具有一定程度的信任时才会执行交易。Ratnasingham （2004）认为在网站服务环境中，可靠性和安全对信任具有积极影响。Wakefield 和 Whitten（2006）的研究结论显示顾客的购买感知风险对电子零售商的信任产生消极影响。而 Yousafzai et al. （2003）则认为在网络银行情境中，感知安全性会对信任产生积极影响，而感知隐私性也会对信任产生积极影响。Breward （2007）认为在电子商务环境中，感知风险对信任产生消极影响，而感知隐私和感知安全则对信任产生积极影响。Forsythe 和 Shi （2003）发现顾客对网络购物感知风险的高低影响他们对网络购物的信任程度。Williamson （1993）以经济学的观点对信任的前置因素进行研究，他认为个人基于理性成本和利益进行信任选择，证明感知风险对信任具有消极的影响。Roboff 和 Charles （1998）发现尽管顾客对银行的信任非常强，但他们对科技的信任是非常弱的（Howcroft et al. ，2002）。Fock 和 Koh （2006）也认为并验证了在网络银行情景中，感知隐私和感知安全对信任产生积极影响。Mayer et al. （1995）还认为信任程度是同情景中的感知风险相关的。如果信任程度超过感知风险的界限，那么信任者就会从事信任行为。如果感知风险程度大于信任程度，那么信任者就不会从事信任行为。

鉴于以上分析，本研究认为在网络银行情境中：

H8：感知风险对网络银行中顾客的信任产生消极影响。

二、主观规范对采用意图和信任的影响

（一）主观规范对采用意图的影响

有关主观规范对采用意图的影响也已经被许多研究所证实（如 Tornatsky 和 Klein，1982；Venkatesh 和 Davis，2000）。早期的研究证明主观规范对一个人

的行为有影响（Pavri，1988；Thompson et al.，1991；Triandis，1980）。在理性行为理论中，主观规范是行为意图的一个关键决定因素。主观规范同采用意图相联系，因为人们经常根据他人认为他们应该做什么的感知来行动。主观规范对意图的直接影响基于这样的理论根据：即使人们本身不赞成该行为，他们也会选择去执行重要的参考人认为应该实施的行为（Fishbein 和 Ajzen，1975）。理性行为理论认为主观规范影响行为意图，这在最近的在线消费者行为研究中被证实。Goodhue 和 Thompson（1995）在任务技术匹配模型中认为社会规范会积极地影响行为意图，而社会认知理论中的环境因素就包括主观规范，会对人们的行为意图产生积极影响（Wood 和 Bandura，1989）。在电脑自我效能模型中，他人鼓励和他人使用这两个与主观规范意义相近的变量也会对使用行为间接地产生积极影响（Compeau 和 Higgins，1995a，b）。在 Triandis 模型中，社群影响会对行为意图具有积极的效应（Triandis，1980）。在个人电脑使用模型中，社群因素会对个人电脑使用产生积极影响（Thompson et al.，1991）。Njite 和 Parsa（2005）认为主观规范对在线购买意图有影响。Hsu 和 Lu（2004）证明了主观规范对在线游戏采用的显著影响。在一项采用前后的信念和态度的检验中，Karahanna et al.（1999）发现主观规范对于潜在采用者的影响比对使用者的影响强烈。

在科技接受模型中，Davis et al.（1989）相信在有些情况下人们也许会采用系统以顺从他人的意见而非顺从自己的感情和信仰。还有许多研究将主观规范整合进科技接受模型（Lucas 和 Spitler，1999；Malhotra 和 Galletta，1999；Mathieson，1991；Taylor 和 Todd，1995a，b；Venkatesh 和 Morris，2000）。在一次田野研究中，Lucas 和 Spitler（1999）发现主观规范对于信息技术的采用意图和实际采用的影响非常显著。Thompson et al.（1991）也进行了一项目标群为知识型员工的田野研究，以期望主观规范在实际现场比在实验室更可能影响使用者，结果发现主观规范对电脑采用有显著的影响。在一项就有经验和无经验的用户群中主观规范对行为意图影响的研究中，Taylor 和 Todd（1995b）发现主观规范对于行为意图的相对影响在两组之间没有明显的区别。Venkatesh 和 Davis（2000）认为主观规范通过依从性过程而发生并对使用行为有直接影响。当个人感知到一位重要的参考对象认为他应该执行一项具体的行为而且该参考对象具有奖惩权力时，主观规范对采用行为的影响就会发生（French 和 Raven，1959；Kleman，1958）。对于缺乏信息技术使用经验的早期采用者而言，研究发现主观规范是至关重要的（Hartwick 和 Barki，1994；Taylor 和 Todd，

1995a）。就顾客导向的服务而言，个人周围与顾客有关的群体会影响顾客的采用行为。Chua（1980）认为采用者的朋友，家庭以及同事或同伙是可能影响采用行为的群体。尽管没有根据预测这些群体中的每一个人会怎样影响信息系统的采用意图，但仍然可以预料这些群体会作为一个整体显著地影响信息系统的采用意图。

根据创新扩散理论（Rogers，1983），使用者会倾向于增加同其他参考群体的沟通，这也可以作为对信息技术采用的解释。这些增加的同社会网络的互动会影响他们的采用决策。Rogers（1995）认为人际关系和大众媒体这两种社群影响或主观规范会影响人们对新技术的采用意图。Karahanna et al.（1999）也认为包括信息影响和规范影响的社群影响或主观规范会影响人们对信息技术的采用意图。Bhattacherjee（2000）认为包括人际和外部两种形式的主观规范会影响人们的采用意图。而 Hsu 和 Chiu（2004）进一步证明了包括人际和外部两种形式的主观规范对电子服务的采用有积极影响。Wu 和 Li（2007）证明了主观规范对采用知识项目的行为意图有积极影响。Limayem et al.（2004）也证明了使用者在采用电脑辅助系统工程时，主观规范和采用程度之间存在正相关关系。

基于先前的理性行为理论、科技接受模型和创新扩散理论等领域的实证结论，本研究认为在具体的网络银行情境中，主观规范会对网络银行的采用意图产生积极影响。这已经被有些学者所证实（Dauda et al.，2007；Nysveen et al.，2005；Tan 和 Teo，2000）。

因此，本研究可以做出以下假设：

H9：主观规范对网络银行中顾客的采用意图产生积极影响。

（二）主观规范对信任的影响

本研究认为，既然主观规范对顾客的采用意图或实际采用产生积极影响，那么这就意味着顾客对信息系统或信息技术产生了信任。因为对信息系统或信息技术不信任的顾客是不会采用或打算采用该系统或技术的。这说明主观规范会对信任产生积极影响。已经有学者证明了主观规范与信任之间的关系。Doney et al.（1998）在构建国家文化和信任发展的模型时，辨认出了主观规范对信任的积极影响。Jeffries（2002）的研究则证实了主观规范对于初始信任的开发具有积极影响。而 Hwang（2005）的研究发现主观规范会影响在线信任。在线购物目前对许多人还是很陌生，有许多顾客可能都还没有采用过网络购物，在对在线购物不是十分熟悉的情况下，可能会产生不安全感，并征询对其重要参考人士的意见，这样主观规范应会影响顾客对于网络购物的信任。

将以上结论借用到网络银行，则可以推断：

H10：主观规范对网络银行中顾客的信任产生积极影响。

三、信任对采用意图的影响

所有的商务交易都需要一些信任的成分，而其对于在不确定性环境中的交易而言更是如此（Lee，1998）。顾客信任的建立对交易商而言是高度渴望的，因为信任促进了长期的关系（Ganesan，1994）和激励重复的交互和购买（Doney 和 Cannon，1997）。信任最终通过增强关系承诺（Morgan 和 Hunt，1994）而延长了信任者对被信任者的依赖关系的持续时间（Ganesan，1994）。根据一些学者（Grazioli 和 Jarvenpaa，2000；Kramer，1999；Mayer et al.，1995）的观点，信任在涉及到不确定性的商务关系和交易中起到至关重要的作用，尤其是在新技术接受中（Fukuyama，1995；Gulati，1995；Moorman et al.，1992）。实际上，信任可以消除不需要的未来结果而保持对有利结果的相对可靠的期望，所以信任会提高行为意图（Gefen，2000；Luhmann，1979）。尤其是在实际采用发生之前，信任会对行为意图起到强烈的决定影响（McKnight et al.，1998）。先前的研究都认为信任影响顾客的购买意图（Breward，2007；Gefen，2000；Gefen，2002；Gefen et al.，2003；Jarvenpaa et al，2000；Nicolaou 和 McKnight，2006；Pavlou 和 Gefen，2004；Wu 和 Chen，2005）。

在电子商务研究中信任是指对网站交易商为了使顾客相信他们而执行一些活动的信念（Doney 和 Cannon，1997；Gefen，2002；Pavlou 和 Gefen，2004）。研究者认为信任是电子商务的基础（Fukuyama，1995；Keen，1999；Morgan 和 Hunt，1994；Williamson，1985），而且是网络交易商成功的最重要的因素（Kimery 和 McCord，2002；McKnight et al.，2002a），所以信任在电子商务环境中具有重要的地位。为了完成购买交易，顾客必须信任在线业务，否则不可抗拒的社会复杂性会使他们避开购买（Gefen，2000）。Gefen（2000）还认为对电子商务销售商的信任会增加顾客采用销售商网址的意图。当顾客开始信任其电子交易商并认为采用在线服务对工作绩效或生活方式有益处的时候，他们就会相信在线服务是有用的，而这种信任最终会影响采用意图（Gefen et al.，2003）。Doney 和 Cannon（1997）的研究显示顾客的信任同顾客对电子销售商的未来采用意图相关。Pavlou（2001）也发现在电子商务环境中信任对感知有用性有积极的影响。在线上税收行为意图的研究中，信任对顾客采用线上税收服务的行为意图有直接影响（Wu 和 Chen，2005）。Ratnasingham（2004）认为在网站服务环境中，信任对顾客的采用程度具有积极影响。Yu et al.（2005）的研究也发现信任不仅对在线顾客的态度有积极的影响，而且对在线顾客的采用意图也产生积极的影响。Grazioli 和 Javenpaa（2000）发现在网络购物环境中顾客的态度由信任决定，由于态度决定意图，所以意图最终由信任所决定。Rotchanakitumnuai 和 Speece（2004）证明了在网站系统中信任是在线顾客不愿意采用网站作为商业目的的一个主要因素。Wakefield 和 Whitten（2006）的研究结论显示顾客对电子零售商的信任对购买意图产生积极影响。Nicolaou 和 McKnight（2006）也证明了在电子数据交换环境中，信任对采用意图具有积极影响。Breward（2007）则认为在电子商务环境中，不信任对采用意图产生消极影响。

由于先前电子商务的研究显示，对在线零售商网站的高度信任会导致高度的在线购买意图，而对在线零售商网站的低度信任会降低顾客的在线购买意愿（Breward，2007；Gefen，2000，Gefen，2002；Jarvenpaa 和 Tractinsky，1999；McKnight 和 Chervany，2002；Nicolaou 和 McKnight，2006；Pavlou，2003；Pavlou 和 Gefen，2004；Wu 和 Chen，2005；Yoon，2002），所以本研究认为这种关系会继续存在于网络银行情境中，原因如下：

首先，在充满担心、风险和不确定性的网络环境中，信任已经被看作是顾客与服务提供者关系的一个重要的使能因素（Gefen et al.，2003；Hoffman et al.，1999；Mayer et al.，1995）。顾客采用网络银行的原因之一就是拥有对网络银行的信任。所以，顾客对网络银行的信任可以减少他们对这一新型服务渠道的不确定性的感知而且会使他们在同网站互动时感到舒适，进而使顾客更加有可能产生通过网络银行进行交易的意图。其次，对网络银行的信任会导致顾客相信网络银行有能力执行期望的活动诸如提供高质量的在线服务等。所以，顾客更有可能被吸引去采用被信任的网络银行。而顾客也会出于安全和隐私的考虑或许对网络银行的采用意图持有保留态度（Wang et al.，2003）。通过排除采用意图的可能不需要的结果，信任会增加网络银行的采用意图。第三，信任网络银行的顾客会认为网络银行提供的在线信息是可靠的。这样，顾客通过网络银行获取信息进而进行交易的可能性就比较高。最后，信任网络银行的顾客会感知到网络银行服务提供者不可能从事诸如滥用其个人信息等机会主义活动（Gefen et al.，2003）。其结果是，顾客会对网络银行的采用行为更加积极。最近有学者证明了信任会对网络银行的采用意图或实际采用产生积极影响

（Dauda et al.，2007；Fock 和 Koh，2006；Lee et al.，2007）。而 Benamati et al.（2006）的研究则发现在网络银行情景中信任对采用意图产生积极影响，而不信任对采用意图产生消极影响。

另外，在关系营销中，与信任紧密相关的概念是承诺，而业务关系中伙伴的承诺会产生有价值的结果。Morgan 和 Hunt（1994）发现信任对关系承诺具有积极影响而对离开关系的倾向具有消极影响。因为信任评价交换提供者的竞争力、仁慈和诚实，所以信任会对交换的继续采用产生影响。这样，伙伴就会寻求开发和维系承诺作为一种关系属性（Boyle，1997；Rowden，2000；Wang et al.，2003；Wong 和 Sohal，2002）。如果忽视或缺少承诺，就会导致关系的迅速结束（Wetzels et al.，2000）。在一项 ERP 的研究中，Gefen（2004）也发现信任对关系承诺价值的感知具有影响。因此，承诺和信任直接导致合作行为，这也有助于导致网络银行的采用行为。

鉴于以上分析，本研究认为：

H11：信任对网络银行中顾客的采用意图产生积极影响。

四、自我效能对感知有用性、感知易用性、感知愉悦性和感知风险的影响

（一）自我效能对感知有用性的影响

Davis（1989）描述了一套影响感知有用性和感知易用性的外部或前置变量。以后的研究已经将自我效能作为前置因素扩展进科技接受模型（Compeau 和 Higgins，1995b）并发现该构建是同技术使用相联系的感知认知努力的主要前置因素。这是因为拥有高感知自我效能的个人更可能在采用信息技术时形成积极的感知（Agarwal et al.，2000；Venkatesh 和 Davis，1996）。根据该观点，感知自我效能是信息技术采用中感知有用性和感知易用性的一个重要的前置因素。

在网上购物环境中，自我效能是很重要的一个变量。个体对掌握或采用信息系统的能力越自信，他们对该消息系统所产生的利益感知也就越大。Compeau 和 Higgin（1995b）以及 Compeau et al.（1999）发现自我效能影响结果预期。这些结果预期同感知有用性相似（Bostrom et al.，1990；Davis，1989），主要来源于同执行具体任务相关的积极的利益结果。Lee et al.（2003）研究了使用者对移动设备的采用，发现自我效能显著地决定感知有用性。

其它先前的研究也表明自我效能对于涉及到电脑采用和使用的决策（Davis et al, 1989；Hill et al.，1987；Igbaria 和 Iivari，1995）以及感知有用性有积极的影响（Chan 和 Lu，2004；Guriting 和 Ndubisi，2006；Lopez 和 Manson，1997；Wang et al.，2003）。Hill et al.（1986）通过对大量的先进的高科技产品的研究发现自我效能对采用意图的影响。Joo et al.（2000）发现互联网自我效能能够预测学生在互联网上搜寻任务的表现。Eastin 和 LaRose（2000）的研究显示互联网自我效能同数字鸿沟环境中互联网的使用之间存在正相关关系。Eastin（2002）的研究发现自我效能是互联网采用过程中的一个新变量，自我效能对在线购物有积极影响。Thompson et al.（2002）的研究发现具体任务领域的互联网自我效能对在线搜寻表现有积极影响。另外一项对电脑自我效能的研究也指出，在具体的软件自我效能和软件使用之间存在正相关关系（Agarwal et al.，2000）。电子服务采用和具体网站的自我效能之间也存在正相关关系（Hsu 和 Chiu，2004）。Igbaria 和 Iivari（1995）认为电脑自我效能影响个人的电脑焦虑，进而影响感知有用性和感知易用性。

在网络银行背景中，自我效能被看作为个人在运用电脑和互联网在网上执行交易时对其拥有的相关知识和能力的自信。有研究表明自我效能对于网络银行的采用或采用意图以及感知有用性有积极的影响。Luarn 和 Lin（2005）发现自我效能对于移动网络银行的采用意图产生显著的积极影响。还有研究发现自我效能直接影响感知有用性、感知易用性和感知可靠性（Chan 和 Lu，2004；Wang et al.，2003）。Dauda et al.（2007）认为自我效能对网络银行的采用有积极影响。有的研究证明了在网络银行环境中，自我效能对采用意图有积极的影响（Nysveen et al.，2005；Tan 和 Teo，2000）。而 Guriting 和 Ndubisi（2006）的研究则证实了在网络银行环境中自我效能对感知有用性的积极影响。

根据以上结论，本研究做出以下假设：

H12：自我效能对网络银行中顾客的感知有用性产生积极影响。

（二）自我效能对感知易用性的影响

尽管在管理信息系统背景中已经作了许多有关自我效能影响的研究，相对而言，有关个体顾客环境中自我效能的研究还几乎不多见。有研究证明在个体顾客环境中自我效能对信息技术接受或采纳的决定起到关键的作用（Dabholkar 和 Bagozzi，2002；Gist et al.，1989；Hill et al.，1987；Pedersen，2005a）。Venkatesh（2000）将电脑自我效能列为显著影响使用者接受的变量之一。在信息技术采用环境中，自我效能可以被看为个人对于其使用一项创新去完成期望行为的能力的自信（Pedersen，2005a）。自我效能在高科技采用中扮演着很强的角色，因为拥有较高自我效能的顾客对于其使用科技的能力具有更多的自信。

信息系统的复杂性长期以来一直被认为是影响采用的因素之一（Rogers，1995）。对于潜在的采用者而言，感知易用性是重要的，它反映了采用者对学会如何使用系统的自我效能的感知（Davis et al.，1989）。鉴于感知易用性与省力或费力相关，个人在通过采用信息系统而获取更多的自信和知识的情况下一般会感知到信息技术的易用性。Venkatesh 和 Davis（1996）已经证明电脑自我效能是感知易用性的前置因素，Venkatesh 和 Davis（1996）解释道：如果使用者对于信息系统缺乏经验，那么他们对相关电脑能力和知识的自信可以被指望为充当他们判断一项新系统使用难易的基础。该观点已经被其他学者所证实（Agarwal et al.，2000；Chan 和 Lu，2004；Chau 和 Lai，2003；Compeau 和 Higgins，1995b；Hill et al.，1986；Hong et al.，2002；Hsu 和 Chiu，2004；Igbaria 和 Iivari，1995；Venkatesh，2000；Wang et al.，2003）。Agaral et al.（2000）的研究发现自我效能是信息技术采用中感知易用性的关键前置因素。Compeau 和 Higgins（1995b）证明了电脑自我效能对信息系统感知易用性的积极影响。Hong et al.（2002）证明了在数字图书馆环境中自我效能对感知易用性的积极影响。Hsu 和 Chiu（2004）的研究发现在电子服务环境中互联网自我效能对感知易用性有影响。Igbaria 和 Iivari（1995）认为电脑自我效能影响个人的电脑焦虑，进而影响感知有用性和感知易用性。Venkatesh（2000）发现个体的自我效能是具体系统感知易用性的最强的决定因素。而另外一些学者的研究则发现在网络银行环境中，自我效能对感知易用性也会产生积极影响（Chan 和 Lu，2004；Chau 和 Lai，2003；Guriting 和 Ndubisi，2006；Wang et al.，2003）。

因此，根据以上结论，本研究可以做出以下推论：

H13：自我效能对网络银行中顾客的感知易用性产生积极影响。

（三）自我效能对感知愉悦性的影响

自我效能对个人的情感反应也会产生极大的影响，因为个人都会倾向于喜欢和享受他们感到能够执行的行为而不喜欢他们感到不舒适或不能成功地驾驭的行为（Igbaria 和 Iivari，1995）。通过直接体验获取的熟练技巧是对执行任务信心的一个强有力的来源，这种信心能够抵消一个不舒服或不成功任务的负面情感。研究发现有关电脑技术的自我效能对感知愉悦性具有显著的积极影响，即具有高自我效能的个人在采用信息技术时能够体验到更多的娱乐和享受（Compeau 和 Higgins，1995b；Compeau et al.，1999）。Hill et al.（1986）的研究也发现对电脑技能和互联网知识拥有自信的个人更倾向于采用信息系统，因为在使用信息系统过程中这些个人会感到舒适。

自我效能长期以来就被看作是感知愉悦性的一个重要的前置因素（Csik-szentmihalyi，1975；Webster 和 Martocchio，1992）。这还可以用沉浸理论来解释，该理论认为技能会导致个人从事能够带来更多享受的活动（Csikszentmihalyi，1990；Hofhan 和 Novak，1996）。在管理信息系统中，Webster 和 Mastocchio（1992）认为自我效能对娱乐体验有强烈的影响。在消费者行为研究中，Dabholkar 和 Bagozzi（2002）证明了顾客在采用基于科技的自助服务时，自我效能对感知愉悦性具有积极的影响。

将以上结论借用到网络银行环境中，本研究可以得出以下假设：

H14：自我效能对网络银行中顾客的感知愉悦性产生积极影响。

（四）自我效能对感知风险的影响

在一般的行为接受的研究中，自我效能已经被证明同感知风险有负相关关系（Bandura，1992）。在电子商务交易环境中，Kim（2005）证明了自我效能对感知风险具有消极作用。在对个人健康信息采用的研究中，自我效能和感知风险也被证明具有反向关系（Rimal，2001）。在具体的网络银行情境中，有关自我效能对感知风险的影响到目前为止还没有学者涉及。既然在本研究模型中感知风险和感知有用性以及感知易用性等一样是认知因素中的一个变量，那么根据 Davis（1989）、Compeau 和 Higgins（1995）、Venkatesh 和 Davis（1996）和 Agarwal et al.（2000）的包括自我效能在内的外部变量影响感知有用性和感知易用性等认知因素的观点，自我效能也会对感知风险产生影响。在信息技术接受领域中，由于学者们证实了自我效能对采用意图或实际采用的积极影响（如 Compeau 和 Higgins，1995b；Compeau et al.，1999；Davis et al，1989；Dauda et al.，2007；Eastin，2002；Eastin 和 LaRose，2000；Hill et al.，1987；Igbaria 和 Iivari，1995；Joo et al.，2000；Nysveen et al.，2005；Tan 和 Teo，2000；Thompson et al.，2002）以及感知风险对采用意图或实际采用的消极影响（如 Bhatnagar et al.，2000；Breward，2007；Doolin et al.，2005；Drennan et al.，2006；Jarvenpaa et al.，2000；Kimery 和 McCord，2002；Laforet 和 Li，2005；Ndubisi，2007；Nicolaou 和 McKnight，2006；Pavlou，2003；Sheng et al.，2006；Tan 和 Teo，2000；Udo，2001；Warrington et al.，2000），所以本研究在此完全有理由推断自我效能对感知风险会产生消极影响。具有低自我效能的人比具有高自我效能的人较少可能在未来执行相关行为（Bandura，1982），就是因为低自我效能的人比具有高自我效能的人感到相关行为中有更多的风险。而对于那些高自我效能的人而言，自我效能会抵消一个不舒服或不成功任务的负面情感（Igbaria 和 Iivari，1995）。Igbaria 和 Iivari（1995）还认为电脑自我效能影响个人的电脑焦虑，这就是说拥有高自我效能的人会减少其个人的电脑焦虑，而拥有低自我效能的人却会增加其个人的电脑焦虑，原因就在于对电脑系统的感知风险不同。Marakas et al.（2000）的研究也发现个人的自我效能越高，电脑恐惧症程度越低。而沉浸理论认为挑战（challenge）与技巧（skill）是影响沉浸的主要因素：若挑战太高，使用者对环境会缺少控制能力，而产生焦虑或挫折感；反之，挑战太低，使用者会觉得无聊而失去兴趣（Csikszentmihalyi，1975）。

基于以上推理和分析，本研究认为在网络银行情境中：

H15：自我效能对网络银行中顾客的感知风险产生消极影响。

五、便利条件对感知有用性、感知易用性、感知愉悦性和感知风险的影响

（一）便利条件对感知有用性的影响

有学者已经提出并证明了便利条件对感知有用性的积极影响。Moore 和 Benbasat（1991）认为创新扩散理论中的兼容性就是便利条件，指出一项创新在一定程度上应该与先前的价值观、需要、经验及工作模式是相一致，即该项创新的兼容性应该给使用者的感知有用性提供一定程度上的便利条件。Venkatesh et al.（2003）认为便利条件是指"个人相信一个组织及其存在的技术基础设施对系统的采用所支持的程度"①。根据 Venkatesh et al.（2003）的观点，既然便利条件在一定程度上支持对系统的采用，那么这说明便利条件对系统的采用是有用的。在个人电脑使用模型中，便利条件是指给个人以软件和硬件的辅助支持以使其完成工作（Thompson et al.，1991），这表明了便利条件对个人完成工作的有用性。Lohse 和 Spiller（1998）认为可导航性可以帮助发现合适的产品或服务并同竞争者的提供物区别开来，一个有用的导航结构会增加信息的有用性。

在电子商务环境中，Liu 和 Arnett（2000）发现信息质量给顾客增加了价值，结果就会产生系统的感知有用性。在网络银行情境中，顾客也会利用各家

---

① Venkatesh, V., Morris, M. G., Davis, G. B., and Davis, F. D., "User acceptance of information technology: Toward a unified view," *MIS Quarterly*, Vol. 27, No. 3, 2003, p. 447.

银行的网站进行自我教育和搜寻信息，希望能够快速、容易和廉价地通过这些网站获取所需的有用信息，而信息质量对于顾客在网络银行交易中的感知有用性是至关重要的。Alsajjan 和 Dennis（2006）认为在网络银行情境中信息质量会对感知有用性产生影响。而 Sukkar 和 Hasan（2005）则认为在网络银行情景中，便利条件中的技术支持对感知有用性和感知易用性有积极的影响。

通过以上的分析和学者的结论，本研究认为：

H16：便利条件对网络银行中顾客的感知有用性产生积极影响。

（二）便利条件对感知易用性的影响

早期的研究也发现便利条件对于感知易用性的积极影响。Thompson et al.（1991）认为便利条件是指在多大程度上用户认为组织或技术的基础设施为自己使用该信息技术提供了便利。Venkatesh et al.（2003）认为便利条件是指使用者容易进入并利用技术资源和基础设施。Karahanna 和 Straub（1999）的研究也发现可进入性对于感知易用性的显著的积极影响。

在网络银行环境中，顾客会利用银行网站进行自我服务，希望能够容易地通过银行网站获取帮助。顾客喜欢易于驾驭而获取完整而精确的信息和改善其决策过程的银行网站。而所有网络银行交易的执行可以通过基于电脑设施的屏幕上进行，这对于非专家型的电脑用户而言，使用起来相当容易。在这种情况下，可以认为信息的清晰且富有逻辑的呈现、简化而直观的搜寻和导航程序以及使用服务的指导说明提供会对顾客的感知易用性产生积极影响。网络银行的界面应该设计成顾客通常情况下使用时不感到困难和恐惧的方式。Gefen et al.（2003）认为可导航性会使使用者对网站具有感知易用性。Alsajjan 和 Dennis（2006）也认为网络银行环境中的可导航性会对感知易用性产生影响。而 Chau 和 Lai（2003）证明了在网络银行情景中可进入性对感知易用性产生积极影响。Liao 和 wong（2007）证明了在网络银行环境中，信息的清楚呈现、直观搜索和导航以及支持帮助和指导等对感知易用性有积极的影响。Sukkar 和 Hasan（2005）认为在网络银行情景中，便利条件中的技术支持对感知有用性和感知易用性具有积极的影响。

鉴于以上原因，本研究可以做出以下假设：

H17：便利条件对于网络银行中顾客的感知易用性产生积极影响。

（三）便利条件对感知愉悦性的影响

到目前为止，有关便利条件对感知愉悦性的影响还没有学者进行研究。如同前文的论述一样，在本研究模型中，感知愉悦性同感知有用性和感知易用性一样被看作为认知因素中的一个变量。由于在科技接受模型中存在对认知因素施加影响的外部影响因素（Agarwal et al.，2000；Compeau 和 Higgins，1995b；Davis，1989；Venkatesh 和 Davis，1996），所以本研究认为便利条件这一外部因素也会对感知愉悦性这一认知因素产生影响。鉴于学者们证实了便利条件对采用意图或实际采用的积极影响（如 Culnan，1984；Dauda et al.，2007；Gerard 和 Cunningham，2003；Goh，1995；Jiang et al.，2000；Limayem et al.，2004；Liu 和 Arnett，2000；Pikkarainen et al.，2004；Robey，1979；Taylor 和 Todd，1995a，b；Thompson et al.，1991；Thompson et al.，1994；Triandis，1980；Venkatesh，2000；Venkatesh et al.，2003）以及感知愉悦性对采用意图或实际采用的积极影响（如 Bouwman et al.，2007；Cheong 和 Park，2005；Chesney，2006；Davis et al.，1992；Heijden，2004；Jarvenpaa 和 Todd，1997a；Koufaris，2002；Leung 和 Wei，2000；Li et al.，2005；Moon 和 Kim，2001；Nysveen et al.，2005a；Pedersen，2005a，b；Teo et al.，1999），故本研究在此也会由此推断便利条件会对感知愉悦性产生积极影响。另外，沉浸理论认为在人机互动的在线环境中互动带来的愉悦性和心理享受会促使使用者更加倾向于采用在线系统（Ghani 和 Deshpande，1994；Webster et al.，1993），而这种愉悦性和心理享受实际上则是在线系统的便利条件给使用者带来的一种主观感知。

因此，根据以上推理和分析，本研究认为在网络银行情境中：

H18：便利条件对网络银行中顾客的感知愉悦性产生积极影响。

（四）便利条件对感知风险的影响

正如前文所言，在本研究模型中，感知风险同感知有用性和感知易用性一样被看作为认知因素中的一个变量。由于在科技接受模型中存在对认知因素施加影响的外部影响因素（Agarwal et al.，2000；Compeau 和 Higgins，1995b；Davis，1989；Venkatesh 和 Davis，1996），所以本研究认为便利条件这一外部因素也会对感知风险这一认知因素产生影响。鉴于学者们证实了便利条件对采用意图或实际采用的积极影响（如 Culnan，1984；Dauda et al.，2007；Gerard 和 Cunningham，2003；Goh，1995；Jiang et al.，2000；Limayem et al.，2004；Liu 和 Arnett，2000；Pikkarainen et al.，2004；Robey，1979；Taylor 和 Todd，1995；Thompson et al.，1991；Thompson et al.，1994；Triandis，1980；Venkatesh，2000；Venkatesh et al.，2003）以及感知风险对采用意图或实际采用的消极影响（如 Bhatnagar et al.，2000；Breward，2007；Doolin et al.，2005；Drennan et al.，2006；Jarvenpaa et al.，2000；Kimery 和 McCord，2002；Laforet 和 Li，2005；

Ndubisi, 2007；Nicolaou 和 McKnight, 2006；Pavlou, 2003；Sheng et al. , 2006；Tan 和 Teo, 2000；Udo, 2001；Warrington et al. , 2000），因此本研究也会有理由推断便利条件会对感知风险产生消极影响。另外，沉浸理论认为挑战太高会使使用者对环境缺少控制能力，进而产生焦虑或挫折感（Csikszentmihalyi, 1975），而这种所谓的挑战太高在一定程度上则很可能是指顾客感知到太高风险的存在。这就要求服务提供者要给顾客创造恰到好处的便利条件，从而使顾客不会有感知风险的存在。

有关便利条件对感知风险的影响已经有学者开始探讨（Liao 和 Wong, 2007；Ndubisi, 2007；Nicolaou 和 McKnight, 2006；Sitkin 和 Pablo, 1992）。Liao 和 Wong（2007）证明在网络银行情境中对非授权进入的限制、对顾客隐私信息的保护和严格的安全控制对感知安全有积极影响。而网络银行系统经常失灵和服务器故障也会增加顾客对网络银行信息系统的感知风险。（Ndubisi, 2007）Sitkin 和 Pablo（1992）的研究则发现：由于有共享信息价值的存在，信息质量会有助于降低交换结果的不确定性进而降低感知风险。因为高质量的信息会以控制的方式提供所进行和所交换之物，所以信息质量会减少交换之中的感知风险。（Sitkin 和 Pablo, 1992）Nicolaou 和 McKnight（2006）也证明了在电子数据交换环境中，感知信息质量对感知风险具有消极影响。

将以上分析和学者们的结论借用到网络银行环境中，可以做出以下假设：

H19：便利条件对网络银行中顾客的感知风险产生消极影响。

六、便利条件对采用意图和信任的影响

（一）便利条件对采用意图的影响

由于具有完成某项行动的意图的个人可能会因受到其所处环境的阻碍而未能实现其预想的行为，所以便利条件在解释人类行为意图方面是重要的。这说明了便利条件可以被看作是有关环境的外部控制。（Terry, 1993；Triandis, 1980）如果受到环境中的客观条件阻碍或者便利条件使行为变得困难的话，那么行为是不可能发生的。（Triandis, 1980；Thompson et al. , 1994）Schultz 和 Slevin（1975）将支持/阻碍看作是影响采用的一个因素。Robey（1979）发现在支持/阻碍和系统采用之间存在正相关关系。根据 Triandis（1980）的观点，便利条件是环境中使行为变得容易的客观因素，简易程度会对实际行为产生影响。在整合性科技接受模型中，便利条件对系统使用者的采用行为产生积极影

响（Venkatesh et al.，2003）。在计划行为理论中，感知行为控制对系统使用者的采用意图会产生积极影响（Ajzen，1991）。Taylor 和 Todd（1995a）又开发了分解式计划行为理论，将对行为意图产生积极影响的感知行为控制进一步分解为资源便利条件和技术便利条件等因素。Moore 和 Benbasat（1991）则认为创新中的兼容性会对采用意图或采用行为产生积极影响。在个人电脑采用模型中，便利条件也会对个人电脑的使用产生影响（Thompson et al.，1991）。

还有许多学者通过实证研究证明了便利条件对信息技术或信息系统的采用行为或采用意图的积极影响（Culnan，1984；Culnan，1985；Dennis 和 Papamatthaiou，2003；Jiang et al.，2000；Limayem et al.，2004；Liu 和 Arnett，2000；Taylor 和 Todd，1995a；Thompson et al.，1994；Venkatesh，2000）。Culnan（1984，1985）的研究显示可进入性会对系统的采用行为或采用意图产生积极影响，是使信息系统接受和使用变得便利的基本条件。Dennis 和 Papamatthaiou（2003）对网络购物动机的研究发现便利性同在线购物者的意图显著的正相关。Jiang et al.（2000）证明了在电子商务中便利条件对使用者采用意图的积极影响。Limayem et al.（2004）证明了使用者在采用电脑辅助系统工程时，便利条件和采用程度之间存在正相关关系。Liu 和 Arnett（2000）的研究发现在电子商务环境中行为意图的前置因素之一就是便利条件中的信息质量。Taylor 和 Todd（1995a）的研究证明了便利条件对信息系统的采用意图产生积极影响。Thompson et al.（1994）证明了便利条件会对个人电脑的采用产生积极影响。Venkatesh（2000）的研究显示便利条件对科技系统的接受产生积极影响。

早期的研究还证明了可进入性对于信息资源选择或拒绝的影响（Culnan，1983；Gerstberger 和 Allen，1968；Kerr 和 Hiltz，1982；O'Reilly，1982；Rosenberg，1967）。对于潜在的信息采用者而言，有研究证明信息可进入性比信息质量对信息使用的影响更强烈（Gerstberger 和 Allen，1968；Hardy，1982；O'Reilly，1982）。这种强烈的影响可以归因于对信息检索前后检索信息的价值的不确定性。（Rice 和 Shook，1988）由于心理测量量表所造成的缺陷以及系统接受的受访者所缺少的多样性，Davis et al.（1989）发现可进入性对于行为意图或行为并没有明显的影响。但是当系统所接受的使用者是多样性的情况下，可进入性对于系统的采用则会有显著的影响（Davis et al.，1989）。

通过提供无需排队或其它拥挤的每周 7 天全天 24 小时的银行服务和时间的节省，网络银行向顾客提供了便利性。Goh（1995）认为，由于所支持的技术基础设施可以容易且轻易地获取，网络商务的应用诸如网络银行服务也会变得更加可行。结果，可以预料网络用户更加倾向于采用网络银行。许多其它的研究已经证明了网络银行情景中，便利条件对采用意图或实际采用有积极影响（Dauda et al. , 2007；Gerard 和 Cunningham，2003；Nysveen et al. , 2005；Pikkarainen et al. , 2004；Polatoglu 和 Ekin, 2001；Tan 和 Teo，2000）。

根据以上分析，本研究可以做出以下假设：

H20：便利条件对网络银行中顾客的采用意图产生积极影响。

（二）便利条件对信任的影响

信任是非常重要的，因为顾客面临着同不利的选择和道德风险相联系的代理成本。当顾客和电子商务服务提供者的目标或要求相冲突时就会产生代理成本，顾客要证明电子商务服务提供者究竟在做什么是非常困难和非常昂贵的（Eisenhardt, 1989）。当顾客不能判别不同质量的服务提供者时就会发生不利的选择，结果就会选择错误（Akerlof, 1970；Wilson，1980）。

所以顾客必须规避那些不利的选择，而要规避不利的选择也要付出成本。顾客可能会由于有利于服务提供者的信息不对称，进而会花费精力和时间去搜寻更多的信息而且就竞争性的信息做出评估。不过，即使顾客事先能够解决不利的选择，或许他仍然面临事后的道德风险问题（Kirmani 和 Rao, 2000）。道德风险产生于缺乏电子商务服务提供者的努力（Eisenhardt, 1989），具有机会主义的电子商务服务提供者就可能决定通过提供比承诺较少的服务而收获更多的利益（Singh 和 Sirdeshmukh, 2000）。所以，顾客需要感知到服务提供者是值得信赖的，需要感知到服务提供者会信守承诺的信念（Chaudhuri 和 Holbrook, 2001；Doney 和 Cannon，1997）。

顾客可以评估一些有关服务提供者的外显的和隐含的线索，进而逐渐地建立信任（Doney 和 Cannon, 1997）。在这些线索中，对服务质量的感知代表对直接体验的评估（Singh 和 Sirdeshmukh, 2000）。如果是有利的感知，那么不利的选择和道德风险问题就会较少，而顾客就会对服务提供者产生更多的信心，结果会提高顾客对服务提供者的信任。

Zucker（1986）以机制为根据对信任的前置因素进行探讨，该学者证明机制特征中的结构保证可以作为一种便利条件，对信任产生积极影响。在电子商务环境中，便利条件也会对信任产生积极影响（Alsajjan 和 Dennis, 2006；Bart et al. , 2005；Koufaris 和 Hampton - Sosa, 2004；Nicolaou 和 McKnight, 2006；Ratnasingham, 2004）。同传统的离线信任不同，电子商务中信任的对象是网站和互联网（Bart et al., 2005；McKnight et al., 1998）。离线信任基于顾客同实体商店的互动而发展，而在线信任通过顾客同网络交易商网站的互动而产生（Jarvenpaa et al., 2000）。更具体而言，诸如电子商务商的服务质量和信息质量等便利条件会对电子商务网站的信任感知产生影响（Bart et al., 2005；Koufaris 和 Hampton – Sosa, 2004）。Alsajjan 和 Dennis（2006）认为在网络银行情景中服务质量会对信任产生积极影响。Chiou 和 Droge（2006）也证明了服务质量同信任之间存在正相关关系。

Fung 和 Lee（1999）和 Keen et al.（2000）认为信息质量是在线互动中一个重要的信任建立机制。由于信息质量包括诸如精确、真实和可靠等积极的信息特征，所以它会影响对服务提供者的信任。信息质量也包含了对需求具有及时性和反应性的积极因素（Goodhue, 1995）。反应性与慈爱有关（McKnight et al., 2002a），因为反应性意味着服务提供者很关心提供有用的信息（Gefen 和 Govindaraiulu, 2000）。信息质量意味着精确的、可靠的、正确的和详尽的信息（Goodhue, 1995），这说明信息质量具有竞争力。所以信息质量会对信任产生积极影响。Nicolaou 和 McKnight（2006）也证明了在电子数据交换环境中，信息质量对信任会产生积极的影响。

通过以上分析和结论，本研究可以做出以下假设：

H21：便利条件对网络银行中顾客的信任产生积极影响。

第五章

研究设计：方法与数据

本章对研究模型和研究假设内所隐含的关系进行研究设计。一项研究究竟采用何种研究设计最为适合，这取决于该研究所涉及的研究目的和研究问题。本研究聚焦于对所构建的网络银行接受模型进行检验，旨在辨识顾客采用网络银行的影响因素。本研究认为运用实地拦截方法和网络调查方法的一项截面研究设计是收集数据和解决本研究所提出的问题的最有效的方法。在一项截面研究中，为了获取"对正在进行的局势的快照（snapshot of an ongoing situation）"①，需要对选自被研究母体的样本进行研究（Hussey 和 Hussey，1997）。截面研究具有成本低、时间和资源要求低以及伦理上安全的优势（Hussey 和 Hussey，1997）。本研究运用实地拦截调查方法是因为本研究的调查对象是银行顾客，而这些银行顾客通常情况下都会到银行交易大厅或超级购物中心进行交易。本研究之所以又同时采用网络调查方法，因为当研究的目标主题是互联网用户的时候，互联网是最合适的媒体（Tan 和 Teo，2000）。

以下各节内容是该项研究中研究设计的具体体现。第一部分是抽样设计，介绍研究母体和分析单位以及抽样过程。第二部分是问卷设计，介绍问卷设计过程、预调查、问卷的风格和特色以及问卷的问项。第三部分是变量测量，详细地对变量测量项目和测量量表进行了介绍。第四部分是正式的数据收集，详细地介绍了样本数据获取的过程和途径。第五部分是统计方法，介绍本研究将要采取何种统计方法对数据进行处理。

---

① Hussey, J. , and Hussey, R. , *Business research: A practical guide for undergraduate and postgraduate student.* New York: Palgrave, 1997, p. 148.

第一节　抽样设计

抽样调查在营销研究已经非常普遍。所谓抽样就是选择观察对象的过程（艾尔·巴比，2005）。在本节内容中，首先界定的是本文的研究母体和分析单位，接下来介绍的是本研究所进行的抽样过程。

一、研究母体和分析单位

抽样的基本观念是：对目标研究母体（Target Study Population）进行界定，并对母体中的一些个体进行挑选，从而使研究者能够得出有关整个母体的结论。目标研究母体指的是从中选抽出样本的全体要素总和，就是我们必须从中得到的群体（艾尔·巴比，2005）。本研究中的母体乃指国内网络银行顾客，皆为本研究之研究对象。与目标研究母体紧密相关的是分析单位（Analysis Unit）。所谓分析单位是指研究者试图观察、描述和解释的人或事物，一般情况下分析单位是个体、小群体或是其它社会现象等（艾尔·巴比，2005）。在本研究中，每个网络银行顾客都是一个分析单位。不过，本研究不可能对中国网络银行所有的个体顾客进行调查和研究。但是，本研究可以从整个中国网络银行顾客母体中抽取样本，进而从样本中收集资料。在实际操作过程中，本研究很难保证定义所要求的每一个顾客都具有可能被抽到的同等机会。所以本研究在实际操作过程中将样本范围锁定在一些大城市的网络银行顾客。

二、抽样过程

在纳雷希·K·马尔霍特拉（2002）观点的基础上，我们将本研究的抽样过程分为四个阶段，如图 5.1 所示。

首先是界定目标研究母体，本研究的目标研究母体是国内网络银行顾客；其次是确定抽样框架，抽样框架罗列了所有的合格的母体中的个体构成，通过这些个体可以获取样本。本研究中的资料通过对深圳、广州、苏州、上海和杭州等五个城市的部分网络银行顾客实地调查以及对覆盖更多城市（包括以上五个城市）的部分网络银行顾客的网络调查而获取。第三是选择抽样方法，确定是使用概率抽样方法还是使用非概率抽样方法。由于本研究所研究的对象是在银行开设有账户的网络银行顾客，所以本研究会采用概率抽样中的简单随

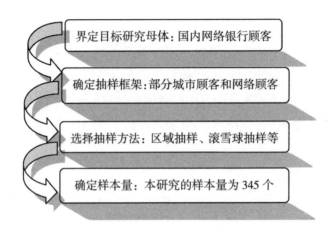

图 5.1　本研究的抽样过程

资料来源：纳雷希·K·马尔霍特拉（2002）

机抽样方法和区域抽样方法。然而在实际的市场调研过程中，究竟有多少网络银行顾客对于研究者而言是不可能确切知道的，所以本研究也会同时采用非概率抽样中的便利抽样方法、目标式（判断式）抽样方法和滚雪球（偶遇）抽样方法。第四是确定样本量，在营销研究中，对解决某个问题进行的研究所需要的最小样本量一般是 200 个，典型的范围处于 300～500 个之间（纳雷希·K·马尔霍特拉，2002）。本研究所要解决的是顾客采用网络银行的影响因素问题，样本量为 345 个，所以所选取的样本量应该具有一定的典型性和代表性。

第二节　问卷设计

问卷在营销研究中的多种观察方式中都会用到。问卷的建构对于研究者而言是一项重要的实践技巧（艾尔·巴比，2005）。本节首先呈现的是本研究的问卷设计过程，其次对所设计的问卷进行预测试，接下来是展现本研究中问卷的风格和特色，最后介绍的是本研究中问卷的问项。

一、问卷设计过程

为使问卷符合研究目的和保证问卷内容的有效性，本次研究所用问卷从构思、设计到最后发放经历了以下九个阶段（图 5.2）。

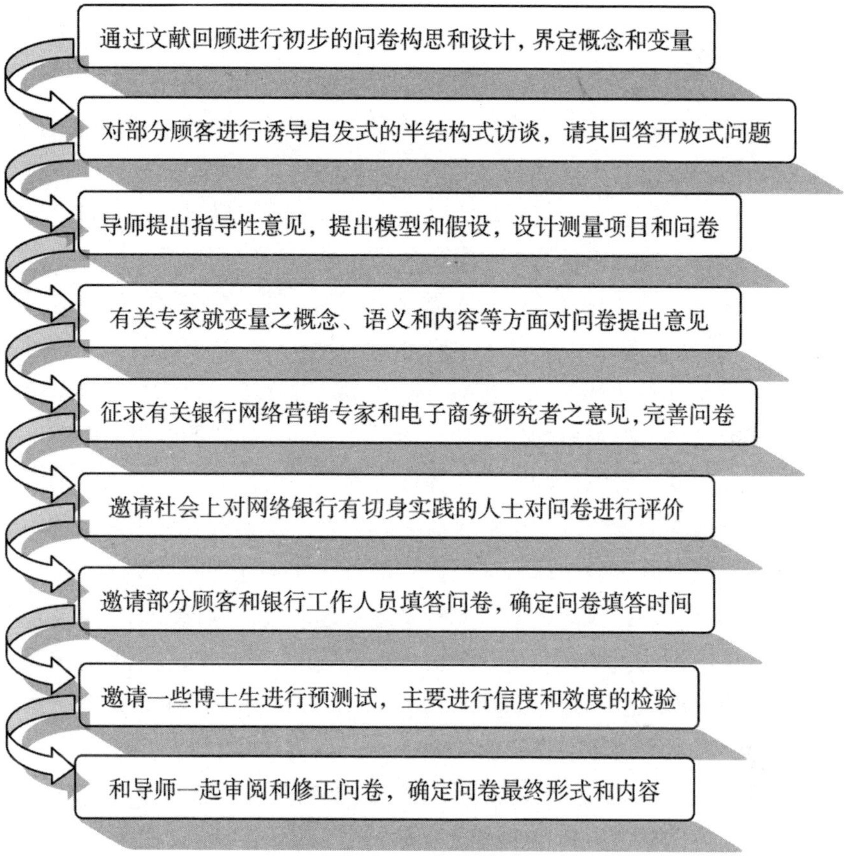

通过文献回顾进行初步的问卷构思和设计，界定概念和变量

对部分顾客进行诱导启发式的半结构式访谈，请其回答开放式问题

导师提出指导性意见，提出模型和假设，设计测量项目和问卷

有关专家就变量之概念、语义和内容等方面对问卷提出意见

征求有关银行网络营销专家和电子商务研究者之意见，完善问卷

邀请社会上对网络银行有切身实践的人士对问卷进行评价

邀请部分顾客和银行工作人员填答问卷，确定问卷填答时间

邀请一些博士生进行预测试，主要进行信度和效度的检验

和导师一起审阅和修正问卷，确定问卷最终形式和内容

图 5.2　本研究的问卷设计过程

资料来源：本研究整理

　　本研究先通过对先前学者的文献回顾进行初步的问卷构思和设计。本研究通过查阅大量有关的文献了解到了网络银行采用的各种情况，对与本研究有关的不同文献给予分类整理，根据所阅读的文献所产生的概念和变量的解释对本研究中有关的各个概念和变量进行了统一而清晰的界定，并寻找出了本研究中各类概念和变量之间的关系。从而构思和设计了本研究的初步问卷。

　　接着，我们对深圳市的部分顾客进行了大量接触和交流，并对它们进行了诱导启发式的半结构式访谈。半结构式访谈强调一种非确定性开放方法，这样可以获取新的信息。遵照半结构式访谈的原则，我们在探索中鼓励应答者给予具体的回答，这样就能够比较深入地了解问题而不受规定的限制，从而使被访者有较大的自由回答本研究所提出的问题。同时，本研究也可获得更为广泛的和意料之外的信息。本研究以开放的头脑接受访谈中出现的各种概念和可变因素，也许这些概念和可变因素与本研究在访谈刚开始时的预测很不相同。我们就同调查目的有关的一些关键性要点形成问题，即时对被访问者进行发问。

我们请被访者回答了一些开放式问题，因为通过开放式问题或访谈提纲的形式来收集资料，所收集的资料较为全面，可以客观、准确地反映被研究者的情感、思想、行为等方面的问题，是一种较好的、有时甚至是唯一可以应用的收集资料的方法。如"你什么时间开始了解到网络银行的?"、"你愿意采用网络银行吗?"和"你为什么愿意（不愿意）采用网络银行?"等，从而对网络银行的顾客群所具有的特征有了较为全面和清晰的认识，对它们在网络银行采用中的影响因素也了解得更加深入和全面。在此期间，我们特别对顾客采用网络银行的认知因素、影响认知因素的顾客方面的因素以及银行方面的因素、顾客的主观心理活动因素、环境中的客观影响因素、影响顾客采用意图的内部动机和外部动机以及顾客的个体特征等内容进行了非常详细的调查。

在访谈的过程中，我们就本研究特别感兴趣而且被调查者也希望进行交流的问题进行了特别的关注。在访谈中被访者提出的一些新问题也引起了我们的注意："我觉得网络银行之所以重要，是因为它可以避免我在银行大厅浪费过多的等待时间，从而可以节省我的时间成本、体力成本和精力成本!"一位被访者如是说。"通过网络银行交易会使我无法看到现金在银行前台工作人员和我之间的流动，这样的话我总是感觉不安全! 万一出了问题，银行会不会耍赖呀? ……"这是另一位被访者的心里话。

总之，在顾客采用或打算采用网络银行的过程中，我们首先对顾客采用网络银行的顾客和银行双方面的因素和顾客的个体特征等问题有了比较丰富的感性或经验材料的积累。由于调查范围主要集中在深圳等经济较为发达的城市，无论从信息技术基础设施上而言，或是从金融业的发达程度和银行业的密集程度上而言，或是从人均工资水平来讲，可以说深圳市比全国其它任何地方都具备了开展网络银行服务的条件。另一方面，由于调查对象既包括银行方面（服务提供者）也包括顾客方面（服务需求者），为我们从银行和顾客双方的视角比较客观全面地了解顾客采用网络银行的各种影响因素提供了支持和依据。因此，这一阶段的工作为本研究更符合现实情况打下了基础，也为进一步完善和丰富问卷设计、问卷发放地点和答卷顾客个体特征等方面的问题提供了一个初步蓝图。

在上述调研基础上，本研究的指导教师就问卷应着重解决的问题、包含的内容、注意事项等提出了极富建设性和指导性的意见。在综合考虑信息技术接受方面的理论、社会心理学方面理论和网络银行采用方面的理论尤其是科技接受模型的有关研究文献的情况下，本研究针对特定的研究对象筛选出顾客采用网络银行的影响因素，构建了网络银行接受模型及其相关的理论假设，据此进一步设计了变量测量项目和问卷。

随后，笔者将问卷送交有关服务营销学方面的专家（本研究的指导教师）和电子商务方面的专家（外校的电子商务博士生导师）进行评阅，专家们就概念、语义和内容等方面对问卷提出了非常详细而具体的完善意见，从而在很大程度上避免了在填答问卷的过程中可能产生的误解和歧义。

有关深圳市一些商业银行的网络银行营销专家和一些电子商务研究人员对问卷初稿进行了讨论并提出了许多令笔者豁然开朗的意见和建议。在此基础上，本研究对问卷内容作了适当的调整。并对银行部门相关的专业人士进行访谈，以征求他们的意见对问卷进行进一步的完善。

通过上述过程进行问卷的构思、设计、修改工作后，我们又邀请了社会上对网络银行服务有广泛了解和深刻认识的人士对问卷进行了评价，这些人士包括深圳华为技术有限公司的网络技术工程师、慧聪电子商务网深圳公司的营销工程师和技术支持工程师、中国移动深圳公司的网络营销工程师、汇丰银行北京公司商业银行部的人士和中国建设银行深圳分行的营销人士。他们身临第一线的独特见解使问卷更加切合实用性。

我们还对深圳市银行界的一些工作人员进行了半结构式访谈并请这些银行界的人士回答了一些开放式的问题，如"你认为影响顾客采用网络银行的主要因素是什么？"、"顾客在银行大厅排队等候服务时最大的抱怨是什么？"和"顾客对网络银行的安全保证感到放心和信任吗？"等，然后请这些银行界的人士填答了问卷。这些银行界的人士在填答问卷后，从网络银行服务提供者和顾客的双重角度对问卷提出了中肯的建设性的修改意见。在这些银行界人士意见的基础上，我们在不改变原有含义的前提下将相关问题尽量描述得更加通俗易懂，进而使问卷的内容更加富有科学性、实践性、普遍性、便利性和可行性。

经过如此反复修正和完善的问卷极大地为顾客填答问卷提供了便利，从而加快和缩短了顾客填答问卷之过程。从后来对深圳市福田区的一些顾客和南山区的一些银行工作人员的答卷情况来看，顾客方面填写问卷的时间平均大约为

25 分钟，而银行方面的工作人员填答问卷的时间平均大约是 22 分钟。从完成时间上看，顾客方面和银行方面没有太大之差别，这充分说明问卷具有一定程度上的代表性。

接下来是对问卷进行的预调查，通过对南开大学商学院 28 名博士生的预测试，本研究又对问卷问项进行了相应的修正和对变量测量进行了信度和效度检验。详细的过程见下一节内容。

最后，根据前面环节的各种反馈意见和建议，本研究的指导教师和研究者本人一起就问卷的内容做了审阅和修正。本研究的问卷是在银行、企业和学校等有关专家的意见指导下，经过反复多次的修改和完善后而完成的，整个过程严谨而科学，所以问卷中的变量测量应该具有较高的表面效度和内容效度。具体的问卷见附录 A。

二、预测试

（一）问卷问项的修正

不管研究者在设计调查问卷上有多么仔细和认真，但是存在的错误还是难以避免的，而避免错误最好的办法就是对问卷进行预测试（艾尔·巴比，2005）。有些问题常常令研究者本人看起来很好，但实际上却可能是令被调查者难以回答的。所以让那些与问题相关的他人完成问卷往往都比研究者本人通过阅读来查找和发现问卷中的缺陷和错误更有效（艾尔·巴比，2005）。这就是说，为了保证测量量表同具体的情景尽量的一致，有必要对问卷进行预测试。

表 5.1　预测试后问卷问项的修正

变量	修正前问项的描述	修正后问项的处理
感知易用性	我在使用网络银行过程中感到不困难 我会花很多时间学习如何使用网络银行	我在使用网络银行过程中感到得心应手 删除
感知愉悦性	当使用网络银行时，我意识不到时间的流逝 当使用网络银行时，我经常忘记我必须要做的工作	删除 删除

续表

变量	修正前问项的描述	修正后问项的处理
感知风险	使用网络银行时我担心银行不对我的个人信息保密 网络银行没有工作人员帮助，我感到没有分支网点安全	使用网络银行时我担心银行泄露我的个人隐私 网络银行缺乏人际互动，我感到没有分支网点安全
主观规范	社会上大部分人对网络银行的使用迫使我不得不使用它	社会上大部分人都使用网络银行，这对我影响很大
自我效能	尽管以前未使用过网络银行，但我觉得我可能具备运用它的能力	尽管以前未使用过网络银行，但我很自信能够运用它
信任	我对网络银行的信任程度比对银行分支网点的信任程度高	删除
便利条件	24 小时服务使我对网络银行产生依赖感	24 小时便利的解决方案使我信任网络银行
采用意图	我会将网络银行网站收藏起来以备以后使用	我会将网络银行添加到我的最爱链接或收藏夹

资料来源：本研究整理

13 名南开大学商学院的博士生受到邀请进行了问卷的预测试。问卷和说明信一起通过电子邮件分发给了每个参与者。每个参与者都被要求尽量按照规定的时间来填答问卷并被要求找出问卷中存在的问题。

通过这次预测试，本研究得到了被调查者对问卷提出的宝贵的建议。本研究根据被调查者的建议对 11 个问项的措辞或内容进行了修正（表 5.1），从而有助于形成了目前最终的问卷（见附录 A）。

（二）变量测量的预测试

本研究还对问卷中的每个变量的测量进行了预测试，旨在评估测量的心理测量属性。包括上述 13 名在内的 28 名南开大学商学院的博士生受到了邀请参加了本研究组织的这次预测试活动。预测试中的被试者描述性统计如表 5.2 和表 5.3 所示。

表5.2 预测试中被试者的特征信息（一）

被试者特征		人数	比例
性别	男	17	61%
	女	11	39%
年龄	26~35 岁	15	54%
	36~45 岁	13	46%
职业	专职博士生	18	64%
	在职博士生	10	36%
月收入	≤2000 元	14	50%
	2001~3500 元	11	39%
	3501~5000 元	3	11%
婚姻状况	已婚	19	68%
	单身	9	32%
使用电脑时间	6~10 年	28	100%
使用互联网时间	3~5 年	8	29%
	6~10 年	20	71%
使用网络银行时间	1~2 年	16	57%
	3~5 年	12	43%
是多少家银行的顾客	3	13	46%
	4	10	36%
	5	5	18%
月均采用网络 银行次数	1~3	6	21%
	4~6	8	29%
	7~9	14	50%
网络银行是否为开设 银行新账户的必须条件	是	11	39%
	否	17	61%

n = 28

资料来源：本研究整理

表 5.3　预测试中被试者的特征信息（二）

被试者特征			人数	比例
曾经或打算通过网络银行办理的交易服务	存款余额查询	是	28	100%
		否	0	0
	信用卡支付	是	4	14%
		否	24	86%
	证券交易	是	8	29%
		否	20	71%
了解网络银行的途径	银行宣传手册/广告	是	12	43%
		否	16	57%
	互联网	是	25	89%
		否	3	11%
经常采用或打算采用的网络银行	交通银行	是	22	79%
		否	6	21%
	工商银行	是	13	46%
		否	15	54%
	建设银行	是	20	71%
		否	8	29%
	招商银行	是	6	21%
		否	22	79%

n = 28

资料来源：本研究整理

　　在这次预测试活动中，61% 的被试者是男性而 39% 的被试者为女性；26～35 岁的占 54%，而 36～45 岁的占 46%；专职博士生和在职博士生的比例分别为 64% 和 36%；月收入在 2000 元以下的为 50%，2000 到 3500 元之间的为 39%，剩下的 11% 为 3500 元到 5000 元之间；已婚的为 68%，单身的占 32%；100% 的 28 名被试者使用电脑的时间为 6 到 10 年；就使用互联网的时间而言，有 29% 的被试者为 3 到 5 年，71% 的被试者为 6 到 10 年；57% 的被试者使用网络银行的时间为 1 到 2 年，43% 的被试者使用网络银行的时间为 3 到 5 年；46% 的被试者在 3 家银行开有账户，36% 的被试者在 4 家银行开有账户，而 18% 的被试者是 5 家银行的顾客；21% 的被试者平均每月有 1 到 3 次采用网络银行，29% 的被试者平均每月有 4 到 6 次采用网络银行，而 50% 的被试者平均每月有 7 到 9 次采用网络银行；39% 的被试者认为网络银行不是在银行开设新账户的必须条件，而 61% 的被试者则持相反的观点；所有的被试者采用网络银行是为了进行存款余额查询，14% 的被试者采用网络银行是为了进行信用卡的支付，而 29% 的被试者选择网络银行是为了进行证券交易；就了解网络银行的途径而言，43% 的被试者是通过银行宣传手册或广告进行的，而 89% 的被试者则通过互联网获取；经常采用或打算采用交通银行、工商银行、建设银行和招商银行的网络银行的被试者分别为 79%、46%、71% 和 21%。

通过运行 Spss15.0 软件，本研究运用主成分分析法分析，采用 Cronbach's a 的值来检验和评估预测试中各个变量测量的信度。Cronbach's a 的系数大于 0.70 则被认为是可以接受的（刘易思·艾肯，2006）。从表 5.4 可以看出，除了主观规范的 Cronbach a 的系数是 0.67 接近于 0.70 之外，其余所有预测试变量测量的 Cronbach's a 的系数都在 0.70 以上，说明本次预测试中各个变量测量具有较高的信度。

表 5.4 预测试中变量测量的单维性、信度和效度

变量	Cronbach's a	特征值
感知有用性	.89	2.24
感知易用性	.91	3.15
感知愉悦性	.90	1.14
感知风险	.97	3.35
主观规范	.67	1.03
自我效能	.75	1.18
便利条件	.81	1.47
信任	.97	3.22
采用意图	.95	2.28

资料来源：本研究整理

通过运行 Spss15.0 软件，本研究运用主成分因子分析来评价预测试中各个变量测量的单维性和效度。要证明每个变量具有单维性和效度，每个变量测量的单个特征值必须大于 1（刘易思·艾肯，2006）。预测试的分析显示所有的变量测量的单个特征值都大于 1，这显示所有的变量都具有较高程度的单维

性和很好的效度（表5.4）。

通过预测试的信度和收敛效度的评价来看，除了主观规范的 Cronbach's a 的系数是0.67，即略小于专家们的建议值0.70之外（刘易思·艾肯，2006），其余所有的指标都反映具有很好的效果。但是 Cronbach's a 的系数0.67已经非常接近于0.70，一般认为还是可以被接受的，尤其是在预测试中（刘易思·艾肯，2006）。所以，这就证明了预测试中所有变量的测量都具有很高的单维性、信度和收敛效度。由于预测试中的样本量非常小，所以本研究不能够通过分析结构方程模型的 Amos7.0 软件对变量的单维性、信度和效度进行评估。在最终的正式数据分析中，预测试中的所有问卷都没有被采用。

三、问卷的风格和特色

问卷的右上角都有编号，以便回收后根据有效问卷的情况填写序号，从而有利于后续的统计分析工作。正式问卷内容之前是个简短的说明信（Covering Letter），介绍了本研究所要进行的研究目的、对被调查者的益处以及保密声明，这样更加有利于被调查者对问卷的积极填答（Dillman，1978）。问卷的开头对网络银行给出了通俗易懂的定义，以使被调查者尤其是对网络银行还不太熟悉的被调查者对网络银行有个初步的大体的认识。在问卷的每一部分问题之前都有答卷说明，用以指导被调查者恰当地回答问题。因为要想获得适当的回答，清楚的问卷说明是相当重要的（艾尔·巴比，2005）。问卷的底色是浅黄色的，这样的问卷更显得引人注目、独具特色和具有专业水准（Dillman，1978）。问卷的背景是"网络银行伴你行"这七个字，这七个字的颜色为绿色，表示网络银行要走进人们的日常工作和生活，走的是可持续性的和谐发展的道路。问卷采用21.0厘米×29.7厘米的 A4 纸张，问卷的页边距都比较大：上下各3.8厘米，左右各3.2厘米，以使问卷显得美观而不拥挤。所有的问题项总共不超过3页，措辞非常严谨、清晰和通俗化，而且问题都很简短，回答起来仅仅是打个"√"或画个"○"那样简单方便。艾尔·巴比（2005）认为研究者要尽量避免问卷中出现长而复杂的问题，要尽量提供清楚的、短小的和不会引起误解的问题。

四、问卷的问项

整个问卷问题的设置共包括两部分：第一部分的背景信息和第二部分的问

卷内容。第一部分要求被调查者就其背景信息进行回答，大部分是选答题的形式，所以填答起来简单而快捷，但包含的信息量却非常丰富。这一部分的目的主要有三个：一是试图发现采用网络银行的顾客的个体特征情况，如年龄、职业、收入和教育等；二是了解一下目前在中国大陆顾客对网络银行的采用或打算采用的情况；三是试图发现顾客在采用或打算采用网络银行服务中可能期望的新的服务形式或内容，这样可以为未来进一步的研究提供较为新颖的感性和经验资料，进而为今后银行和相关的信息产业部门做出与网络银行服务相关的决策和制定与网络银行采用相关的政策提供依据和参考。需要说明的是，问卷的第一部分即背景信息部分只是对收集到的样本特征进行一些基本描述，并不影响本研究中模型和假设的检验。根据本研究接触到的文献，发现有学者就这些背景信息与信息系统、电子商务或网络银行采用之间的关系进行过论述、验证和解释（如 Akinci et al.，2004；Mattila et al.，2003；Sathye，1999）。鉴于这些背景信息的复杂性和考虑到模型的简约性，本研究没有将这些背景信息作为专门的变量列入研究模型和理论假设中，但这并不妨碍本研究模型的构建和各种理论假设关系的验证。

第二部分才是问卷的主题内容，包含的是对各个变量问项的测量。这一部分均采用里克特七分量表，要求被调查者从"非常不同意"到"非常同意"给出自己的答案。这一部分的目的主要是为检验顾客对网络银行的采用意图的影响因素提供数据依据，这部分对本研究的模型和假设的验证起到关键性的作用。由于结构方程模型要求每个潜在变量的问项至少在 3 个以上，而且越多越好（侯杰泰等，2005），所以本研究中的所有潜在变量的问项设计都在至少 4 个以上（见附录 A）。

第三节　变量测量

本研究旨在探讨顾客采用网络银行时的各种直接和间接影响因素，研究模型中的变量的测量大部分都源于证明有充分效度的先前的研究，在本研究中将这些变量稍作修改以适应网络银行环境之要求。个别变量的测量由本研究根据先前的文献和理论界以及实业界专家的建议开发而来。不过，测量的心理测量属性需要通过预测试在目标环境中进一步的评估。基于预测试的结果，有必要对最后的测量问项进行修正。同 Churchill（1979）的建议相一致，本研究中的每个变量都采用了多重测量问项（表 5.5）。

表 5.5　变量及其测量依据

变量	本研究中的定义	测量问项依据
采用意图	顾客打算运用网络银行进行自我服务的意图	Agarwal 和 Karahanna（2000）、Chau 和 Hu（2001）、Davis（1989）、Lederer et al.（2000）、Luarn 和 Lin（2005）、Malhotra 和 Galletta（1999）、Mathieson（1991）、Moon 和 Kim（2001）、Pavlou（2003）、Plouffe et al.（2001）、Tan 和 Teo（2000）、Venkatesh 和 Davis（2000）以及 Wang et al.（2003）
感知有用性	顾客对运用网络银行系统所给其带来的效用的主观评价	Agarwal 和 Prasad（1997）、Davis（1989）、Davis et al.（1989）、Gefen et al.（2003）、Lederer et al.（2000）、Luarn 和 Lin（2005）、Moore 和 Benbasat（1991）、Tan 和 Teo（2000）、Venkatesh 和 Davis（2000）、Venkatesh et al.（2003）以及 Wang et al.（2003）
感知易用性	顾客对运用网络银行系统所能够给其带来的省力程度的主观评价	Agarwal 和 Prasad（1997）、Davis（1989）、Davis et al.（1989）、Gefen et al.（2003）、Lederer et al.（2000）、Luarn 和 Lin（2005）、Moore 和 Benbasat（1991）、Tan 和 Teo（2000）、Venkatesh 和 Davis（2000）、Venkatesh et al.（2003）以及 Wang et al.（2003）
感知愉悦性	顾客在采用网络银行的过程中对采用过程给顾客自身所带来的愉悦和快乐程度的感知	Babin et al.（1994）、Davis et al.（1992）、Glynn 和 Webster（1992）、Jarvenpaa 和 Todd（1997a）、Koufaris（2002）、Li et al.（2005）以及 Moon 和 Kim（2001）
感知风险	在通过网络银行系统进行交易时，顾客所面临的各种资产安全与隐私暴露的不确定性	Bhimani（1996）、Burgess（2003）、Cases（2002）、Cockburn 和 Wilson（1996）、Featherman 和 Pavlou（2003）、Jarvenpaa 和 Todd（1997）、Kimery 和 McCord（2002）、Lim（2003）、Moore 和 Benbasat（1991）、Rhee 和 Riggins（1997）、Simpson 和 Lakner（1993）以及 Tan 和 Teo（2000）

续表

变量	本研究中的定义	测量问项依据
主观规范	顾客在采用网络银行系统时，对其重要的其他参考人士或媒体信息的意见的参考或采取	Ahuja 和 Thatcher（2005）、Brown 和 Venkatesh（2005）、Cohen 和 Dennis（1993）、Davis et al.（1989）、Deutsch 和 Gerard（1995）、Fishbein 和 Ajzen（1975）、Fishbein et al.（1980）、Hsu 和 Lu（2004）、Taylor 和 Todd（1995a，b）、Venkatesh 和 Davis（2000）以及 Venkatesh et al.（2003）
信任	顾客对网络银行所有产品和服务的承诺可以被依赖的信念以及在不可预知的环境中对网络银行将会对顾客表现出一种信誉精神和友好形式的信念	Cummings 和 Bromiley（1996）、Doney 和 Cannon（1997）、Ganesan（1994）、Gefen（2000）、Gefen et. al.（2003）、Hosmer（1995）、Kimery 和 McCord（2002）、McKnight 和 Chervany（2002）、Moorman et al.（1992）、Morgan 和 Hunt（1994）、Njite 和 Parsa（2005）、Pavlou（2003）、Pavlou 和 Fygenson（2006）、Pavlou 和 Gefen（2004）、Ratnasingham（1998）、Reichheld 和 Schefter（2000）、Schneider（1998）、Singh 和 Sirdeshmukh（2000）、Suh 和 Hn（2002）以及 Yu et al.（2005）
自我效能	顾客在运用电脑和互联网在通过网络银行执行交易时对其拥有的相关知识和能力的自信	Agarwal et al.（2000）、Compeau et al.（1999）、Compeau 和 Higgins（1995b）、Eastin 和 LaRose（2000）、Thompson et al.（1991）、Hsu 和 Chiu（2004）、Luarn 和 Lin（2005）、Pedersen（2005a）、Tan 和 Teo（2000）、Venkatesh（2000）、Venkatesh 和 Davis（1996）、Venkatesh et al.（2003）以及 Wang et al.（2003）
便利条件	基础设施在何种程度上给顾客以软件和硬件的辅助支持以使其完成网络银行交易活动	Agarwal 和 Prasad（1997）、Alsajjan 和 Dennis（2006）、Chiou 和 Droge（2006）、Culnan（1984）、Jun 和 Cai（2001）、Moore 和 Benbasat（1991）、Tan 和 Teo（2000）、Taylor 和 Todd（1995a）、Thompson et al.（1991）以及 Venkatesh et al.（2003）

资料来源：本研究根据相关文献整理

一、采用意图

在网络银行情境中，本研究将采用意图定义为顾客打算运用网络银行进行自我服务的意图。根据 Agarwal 和 Karahanna（2000）、Chau 和 Hu（2001）、Davis（1989）、Lederer et al.（2000）、Luarn 和 Lin（2005）、Malhotra 和 Galletta（1999）、Mathieson（1991）、Moon 和 Kim（2001）、Pavlou（2003）、Plouffe et al.（2001）、Tan 和 Teo（2000）、Venkatesh 和 Davis（2000）以及 Wang et al.（2003）的定义和测量，本研究设置了一个包含 6 个问项的里克特七分量表，从"非常不同意"到"非常同意"（见附录 A），用以测量顾客对网络银行的采用意图。

二、感知有用性、感知易用性、感知愉悦性和感知风险

（一）感知有用性

在网络银行情景中，本研究将感知有用性定义为顾客对运用网络银行系统所给其带来的效用的主观评价。本研究根据 Agarwal 和 Prasad（1997）、Davis（1989）、Davis et al.（1989）、Gefen et al.（2003）、Lederer et al.（2000）、Luarn 和 Lin（2005）、Moore 和 Benbasat（1991）、Tan 和 Teo（2000）、Venkatesh 和 Davis（2000）、Venkatesh et al.（2003）以及 Wang et al.（2003）的定义和测量，设置了一个包含 5 个问项的里克特七分量表，从"非常不同意"到"非常同意"（见附录 A），用以测量顾客对网络银行有用性的感知。

（二）感知易用性

在网络银行情景中，本研究将感知易用性定义为顾客对运用网络银行系统所能够给其带来的省力程度的主观评价。本研究设置了一个包含 6 个问项的里克特七分量表，从"非常不同意"到"非常同意"（见附录 A），用以测量顾客对网络银行易用性的感知。量表主要是根据 Agarwal 和 Prasad（1997）、Davis（1989）、Davis et al.（1989）、Gefen et al.（2003）、Lederer et al.（2000）、Luarn 和 Lin（2005）、Moore 和 Benbasat（1991）、Tan 和 Teo（2000）、Venkatesh 和 Davis（2000）、Venkatesh et al.（2003）以及 Wang et al.（2003）的定义和测量。

（三）感知愉悦性

在网络银行情境中，本研究将感知愉悦性被定义为顾客在采用网络银行的

过程中对采用过程给顾客自身所带来的愉悦和快乐程度的感知。在 Babin et al. （1994）、Davis et al. （1992）、Glynn 和 Webster （1992）、Jarvenpaa 和 Todd （1997a）、Koufaris （2002）、Li et al. （2005）以及 Moon 和 Kim （2001）的定义和测量的基础上，本研究开发了一个包含 7 个问项的里克特七分量表，从"非常不同意"到"非常同意"（见附录 A），用以测量在网络银行情境中，顾客在采用过程中对愉悦和快乐程度的感知。

（四）感知风险

在网络银行情境中，感知风险主要是指在通过网络银行系统进行交易时，顾客所面临的各种资产安全与隐私暴露的不确定性。根据 Bhimani （1996）、Burgess （2003）、Cases （2002）、Cockburn 和 Wilson （1996）、Featherman 和 Pavlou （2003）、Jarvenpaa 和 Todd （1997）、Kimery 和 McCord （2002）、Lim （2003）、Moore 和 Benbasat （1991）、Rhee 和 Riggins （1997）、Simpson 和 Lakner （1993）以及 Tan 和 Teo （2000）的定义和测量，本研究设置了一个包含 6 个问项的里克特七分量表，从"非常不同意"到"非常同意"（见附录 A），用以测量网络银行采用过程中顾客对各种风险的感知。

三、主观规范

在网络银行环境中，本研究将主观规范定义为顾客在采用网络银行系统时，对其重要的其他参考人士或媒体信息的意见的参考或采取。本研究设置了一个包含 4 个问项的里克特七分量表，从"非常不同意"到"非常同意"（见附录 A），用以测量网络银行采用过程中顾客对其重要的其他参考人士或媒体信息的意见的参考或采取程度。量表的主要依据是 Ahuja 和 Thatcher （2005）、Brown 和 Venkatesh （2005）、Cohen 和 Dennis （1993）、Davis et al. （1989）、Deutsch 和 Gerard （1995）、Fishbein 和 Ajzen （1975）、Fishbein et al. （1980）、Hsu 和 Lu （2004）、Taylor 和 Todd （1995a, b）、Venkatesh 和 Davis （2000）以及 Venkatesh et al. （2003）的定义和测量。

四、信任

本研究认为在网络银行情境中，信任是顾客对网络银行所有产品和服务的承诺可以被依赖的信念以及在不可预知的环境中对网络银行将会对顾客表现出一种信誉精神和友好形式的信念。根据 Cummings 和 Bromiley （1996）、Doney

和 Cannon（1997）、Ganesan（1994）、Gefen（2000）、Gefen et. al.（2003）、Hosmer（1995）、Kimery 和 McCord（2002）、McKnight 和 Chervany（2002）、Moorman et al.（1992）、Morgan 和 Hunt（1994）、Njite 和 Parsa（2005）、Pavlou（2003）、Pavlou 和 Fygenson（2006）、Pavlou 和 Gefen（2004）、Ratnasingham（1998）、Reichheld 和 Schefter（2000）、Schneider（1998）、Singh 和 Sirdeshmukh（2000）、Suh 和 Han（2002）以及 Yu et al.（2005）的定义和测量，本研究开发了一个包含 5 个问项的里克特七分量表，从"非常不同意"到"非常同意"（见附录 A），用以测量顾客对网络银行采用的信任程度。

五、自我效能

在网络银行背景中，本研究将自我效能看作为顾客在运用电脑和互联网在通过网络银行执行交易时对其拥有的相关知识和能力的自信。在 Agarwal et al.（2000）、Compeau et al.（1999）、Compeau 和 Higgins（1995b）、Eastin 和 LaRose（2000）、Thompson et al.（1991）、Hsu 和 Chiu（2004）、Luarn 和 Lin（2005）、Pedersen（2005a）、Tan 和 Teo（2000）、Venkatesh（2000）、Venkatesh 和 Davis（1996）、Venkatesh et al.（2003）以及 Wang et al.（2003）的定义和测量的基础上，本研究设置了一个包含 6 个问项的里克特七分量表，从"非常不同意"到"非常同意"（见附录 A），用以测量顾客在通过网络银行执行交易时对其拥有的相关知识和能力的自信程度。

六、便利条件

在网络银行情境中，本研究将便利条件界定为顾客认为网络银行的组织资源和技术资源等方面的基础设施为自己使用网络银行系统在多大程度上可以给他们提供便利性，即这些基础设施在何种程度上给顾客以软件和硬件的辅助支持以使其完成网络银行交易活动。根据 Agarwal 和 Prasad（1997）、Alsajjan 和 Dennis（2006）、Chiou 和 Droge（2006）、Culnan（1984）、Jun 和 Cai（2001）、Moore 和 Benbasat（1991）、Tan 和 Teo（2000）、Taylor 和 Todd（1995a）、Thompson et al.（1991）以及 Venkatesh et al.（2003）的定义和测量，本研究设置了一个包含 9 个问项的里克特七分量表，从"非常不同意"到"非常同意"（见附录 A），用以测量顾客认为网络银行的组织资源和技术资源等方面的基础设施在多大程度上可以给他们带来使用时的便利性。

第四节　正式的数据收集与样本特征

本研究的分析单位是网络银行的个体顾客，所以收集的数据应该反映每个顾客的个体特征。由于在筛选变量时本研究考虑的是对顾客在网络银行中的采用意图的影响变量，而且填答问卷的都是顾客本人，再加上几乎所有的变量测量指标是依据顾客个人的主观感知赋值的，所以这样的数据表达恰好反映和表达了顾客个人之倾向，进而能够反映出顾客对网络银行的采用意图。

本研究旨在分析影响顾客采用网络银行的因素，所以本研究把样本范围锁定在既开有银行账户同时又通过所开账户银行的网站进行自我服务即开有网络银行账户的顾客群体。本研究采用实地拦截和网络收集两种方法收集数据。无论是实地拦截进行的问卷调查还是网络收集进行的问卷调查均对被调查者采用了无记名的方式进行，因为无记名调查可以使被调查者消除其身份被泄露的担忧（Watt，1997）。

实地拦截调查具有易于操作、成本低、回收问卷效率高和可以同被调查者面对面交流的好处（Newman 和 McNeil，1998；阿尔文·C·伯恩斯和罗纳德·F·布什，2000；纳雷希·K·马尔霍特拉，2002），所以本研究将其作为主要的调查工具之一。实地数据收集于 2007 年 7 月 8 日至 9 月 7 日在深圳、广州、上海、苏州和杭州五市展开，调查地点主要集中在银行营业大厅和超级购物中心（见附录 B）。实地调查之所以选择在深圳、广州、上海、苏州和杭州等五个城市，原因就是这五个城市的金融业和网络基础设施相对于中国大陆其它城市而言最为发达，而且这些城市处于中国大陆改革开放的最前沿阵地，无论是政府、企业、银行还是民众对于网络银行这样的新生事物接受观念都比较新潮和前卫，而且也都具有较强的接受能力。在分别来自深圳市和苏州市的两家企业的赞助下，我们成功地在长江三角洲的苏州、上海、和杭州以及珠江三角洲的深圳和广州等五个都市的一些银行大厅和超级购物中心实施了拦截问卷调查。在进行拦截问卷调查的过程中，银行分支网点营业大厅的大部分被调查者都愿意协助填写问卷，因为他们对其在营业大厅长时间的排队等候情况非常不满意。"与其排队等候，还不如趁此时间帮助你们填写份问卷呢！"有被调查者如此说。还有的在银行营业大厅的被调查者听了我们的讲解后很快就填写了问卷并推荐其他顾客填答问卷。他们赞叹道："网络银行，……总比像我们这样在营业大厅漫长的等待好。"超级购物中心的被调查者也非常配合我们的工作。尽管并非每个填写问卷的被调查者都接受了我们提供的现金奖励，但我们还是对被调查者进行了每填写一份问卷就奖励五元人民币的激励措施，因为现金利益的确能够提高实地调查问卷的回收率（Porter，2004）。

网络调查也是本研究采用的主要调查工具这一（见附录B）。网络调查同传统的调查方法如邮寄调查相比具有成本较低、回收率高和回收速度较快的优势，因为无论被调查者身处何方何地，网络调查都可以对大量的被调查者提供即时的通道（Llieva et al.，2002）。网络调查可以以无记名的方式来完成（Grossnickle 和 Raskin，2001），因为无记名调查可以使被调查者消除其身份被泄露的担忧（Watt，1997）。另外，经常采用网络工具的人士大都对网络银行这样的银行新型服务营销渠道更加容易接受。网络收集活动于2007年7月11日至12月10日开展，主要通过电子邮件以及 MSN、QQ、ICQ、Skype 和雅虎通等聊天工具以滚雪球的方式进行。通过网络调查涉及到的城市除了上述实地调查的五个都市外，还有天津、北京、武汉、南京、西安、无锡、沈阳、大连、厦门、东莞、佛山和长沙等12个城市，这些城市的金融业、信息基础设施、GDP 总值和人均收入等相对也比较发达，所以也具备网络银行普及的基本条件。

在实地现场共发放问卷300份，其中深圳100份，剩余4个城市各50份。结果回收问卷共计238份，其中深圳86份，广州36份，苏州40份，上海34份，杭州42份。问卷回收率为79%。因实地现场发放问卷时出现一次多人的现象，所以在回收过程中难免出现问卷不能百分之百回收的情况。艾尔·巴比（2005）认为问卷回收率至少要有50%才是足够的；要至少达到60%才算是好的；而达到70%就表示非常好。纳雷希·K·马尔霍特拉（2002）也认为问卷回收率处于60% ~80%之间最为合理。根据艾尔·巴比（2005）和纳雷希·K·马尔霍特拉（2002）的标准，本研究的实地拦截问卷回收率应该是非常好的。后经一致性检验，剔除掉3份填答不完整或随意填答的无效问卷，保留有效问卷235份，回收问卷有效率是78%。在通过网络陆续发放和回收问卷前后大约五个月的时间内，共发放问卷78份，回收问卷116份。问卷回收率为149%。通过网络调查的形式之所以发生回收的问卷比发放的问卷多出38份的情况，原因就是通过网络可以以滚雪球的方式进行问卷的发放和回收。由于问卷的发放和回收最后的统计以本研究为起始点，发生问卷回收率和回收问卷有效率大于100%的情况并非怪事。这也再次证明了网络调查同传统的调查方法相比具有回收率高的优势（Llieva et al.，2002）。在通过网络回收的116份问卷中，经过一致性检验，剔除掉填答不完整或随意填答的无效问卷 6 份，保留有效问卷 110 份，回收问卷有效率是 141%。通过实地调查和网络调查总共发放问卷 378 份，回收问卷共计 354 份，问卷回收率为 94%，共计保留有效问卷 345 份，回收问卷有效率为 91%（表 5.6）。在回收的有效问卷中，所有问卷的部分包括第一部分的背景信息和第二部分的问卷内容都填写完整。

表 5.6　问卷回收概况表

发放问卷	回收问卷	有效问卷	回收率	有效回收率
378	354	345	94%	91%

资料来源：本研究整理

第五节　统计方法

本研究的理论假设成立与否之验证需要通过正式的问卷调查后的统计分析结果来检验。鉴于研究模型的复杂性，本研究运用结构方程模型（SEM）方法来检验模型的有效性（陈顺宇，2007；侯杰泰等，2005；黄芳铭，2005）。结构方程模型允许研究者将模型结构作为一个整体来检验，因为可以同时分析因变量和自变量之间的关系。每个理论建构都被问卷中一套多重显性的问项所替代。本研究运用 SPSS 15.0 与 SEM 中的 Amos 7.0 软件包对 345 分有效的问卷资料进行统计分析，以验证本研究变量间所建立之假设是否成立，并进一步说明各项研究变量之间的关系，以了解顾客对于网络银行的采用意图。具体采用的各个有关分析方法如下：

一、描述性统计分析

通过运用 SPSS 15.0 软件，本研究根据问卷回收资料，以百分比等进行单一变量的描述性统计，分析样本之人口统计基本分布情形，旨在了解样本的基本信息特征。这些信息特征包括年龄、性别、职业、月收入、教育背景、婚姻状况、使用电脑时间、使用互联网世界、使用网络银行时间、在多少家银行开设有账户、月均采用网络银行次数、是否认为网络银行是在银行开设新账户的必须条件、通过网络银行进行的服务类型、了解网络银行的途径以及打算或曾经采用的网络银行等内容。

二、结构方程模型

本研究将运用结构方程模型（SEM）来检验理论建构之间的关系。结构方程模型是一种基于变量的协方差矩阵来分析变量之间关系的统计方法（侯杰泰等，2005），这种统计方法将验证性方法即假设的检验方法运用到涉及一些现象的结构性模型的多变量分析中。结构方程模型这一概念并非指一个单一的统计技术，而是指相关程序的一个合成，多元回归、因子分析和路径分析等方法都只是结构方程模型中的一种特例。

结构方程模型比传统的统计技术具有不可比拟的优势。首先结构方程模型能够检验具有多重指标的建构之间的关系；其次结构方程模型能够检验潜在建构属性的测量；最后结构方程模型还能够同时检验测量模型和路径模型。

在结构方程模型中，研究的兴趣通常聚焦于潜在建构而非用于测量潜在建构的显性变量。潜在建构是指那些不能准确、直接地测量的变量，而显性变量是指那些可以直接被测量的变量。传统的统计方法不能妥善地处理这些潜在变量之间的关系，而结构方程模型则可以分析这些潜在变量之间的复杂关系，能够同时处理潜在变量及其指标。许多流行的传统方法尽管容许因变量含有测量误差，但需要假定自变量是不存在误差的。结构方程模型利用联立方程组求解，但它没有很严格的假设限制条件，同时允许自变量和因变量存在测量误差，所以只有结构方程模型既能够使研究者在分析中处理因变量和自变量的测量误差，又可分析潜在变量之间的结构关系。

结构方程模型主要是一种验证性（confirmatory）技术，而不是一种探索性（exploratory）技术。即研究者更可能运用结构方程模型来决定某个模型是否有效，而不是运用结构方程模型来发现一个合适的模型，尽管结构方程模型分析经常包含一些探索性的成分。一个结构方程模型就意味着一个测量协方差矩阵的结构。一旦估计出模型的参数，所产生的协方差矩阵模型就可以同一个实证的或基于数据的协方差矩阵进行比较。如果被比较的两个模型相互一致，那么这个结构方程模型就可以被认为是对于测量关系的一个可靠的解释。

结构方程模型之所以比传统的统计技术受到欢迎，至少有三方面的原因。首先，在行为科学领域，研究者经常对于那些不能被直接地观察到的潜在建构的研究感兴趣。而结构方程模型则可以对潜在变量进行合理的测量。其次，结构方程模型是容许更大弹性的测量模型。研究者主要对问题的预测感兴趣，而随着对于复杂现象理解的加深，预测模型会变得越发复杂。结构方程模型技术容许对包括深奥思想模式的复杂路径模型进行更加具体的检验。所以说结构方程模型技术比基于多重回归的传统的统计技术更富有灵活性。最后，或许更加重要的是结构方程模型提供了一种独特的分析，即能够同时考虑测量和预测的问题。就典型的潜在变量而言，结构方程模型提供了一种灵活而有力的方法，能够同时评估测量质量和检验建构之间的预测关系。就能够同时进行验证性因子分析和路径分析而言，结构方程模型允许研究者就他们感兴趣的现象不断地设计精确的问题。这样的分析为估计潜在建构之间的预测性关系提供了巨大的优势，而这些潜在建构之间的预测性关系是不受测量误差的影响的。

三、Amos

用来分析结构方程模型的电脑软件很多，这些软件都是非常重要的统计工具，而且各有特点。常见的软件有 Amos、CALIS、Lisrel、EQS、SAS、LIS-COMP、RAMONA、Streams、TETRED、Mx、Mplus 和 SEPATH 等，其中最为流行的是 Amos、Lisrel、EQS 和 Mplus。

尽管研究者目前有较多的软件可以选择用以操作结构方程模型，但是相对而言，Amos 仍是最受欢迎的软件之一。Amos 在分析结构方程模型时以图形界面见长，能够提供相当友善的图形接口，以图形来直接建立和分析结构方程模型，模型中的显性变量、潜在变量和误差项都以不同的图形表示，非常有利于实际上的操作（陈顺宇，2007）。在数据要求上，Amos 可以直接使用原始数据，即它可以读取 SPSS 的数据文件，两者可以相整合，这是比 Lisrel 更加方便之处。所以本研究采用 Amos 软件进行模型之验证。

Amos 的操作方法包括开启数据文件、绘制结构方程模型、输入变量名称、建立因果关系图、设定输出结果与执行计算以及显示 SEM 运算结果等六个步骤。Amos 最明显的特征就是以图形来直接建立和分析结构方程模型，通过路径图（path diagram）将模型描述出来。路径图有助于研究者将其对于变量之间的关系得以清晰地表达。通过路径图进行分析的主要目的是为了验证：变量之间是否存在因果关系？变量间直接因果关系与透过中介变量的间接因果关系大小如何？

在运用 Amos 软件对所建构的模型和理论假设进行统计检验时，需要分别对测量模型（Measurement Model）的单维性、信度和效度以及整体模型（Overall Model）的拟合度与结构模型（Structural Model）的假设关系进行检验。

四、测量模型的单维性、信度和效度之检验

测量模型是以验证性因子分析将显性变量链接到潜在变量，探讨显性变量与潜在变量之间的因子分析模型是否成立，提供有关显性指标的效度和信度信息，属于心理测量学（Physicmetrics）的领域。在建立结构方程模型时，测量模型的界定是必不可少的。对测量模型的评估可以通过对单维性（Unidimensionality）、信度（Reliability）和效度（Validity）的检验而进行。

单维性是进行信度和效度分析的必要前提。如果一个变量构成的问项代表的是同一个根本属性，即如果一个测量变量仅受到一个潜在变量的影响，那么这个变量就是单维性的。在验证性因子分析中，界定一个确定每个变量及其构成的问项之间的关系的测量模型就是对单维性的检验。要证明单维性之存在，每个潜在变量问项的因子载荷值至少达到 0.35 才能被接受，达到 0.50 表示更重要，而在 0.70 以上则非常重要。（Kline，2005）测量模型同数据很好的拟合也表明了假设中的所有的问项都显著地载荷于同一个潜在变量。测量模型的拟合度由拟合优度指数（goodness of fit index，GFI）显示，一般认为 GFI 值在 0.90 以上就表示具有单维性（Kline，2005）。

仅仅单维性还不足以保证量表的有用，因为即使是一个具有非常单维性的量表也可能主要是由测量误差导致的合成分数所构成。因此，有必要在具有单维性的基础上对量表的信度进行检验。信度是指测量方法的质量，即指使用相同研究技术重复测量同一个对象时得到相同研究结果的可能性（艾尔·巴比，2005）。在操作上，信度被定义为量表的内部一致性，用来评估问项一致性的程度。本研究采用 Cronbach's α 系数和 SMC（Squared Multiple Correlations，复相关系数平方）值来检验测量模型中变量的信度。Cronbach's α 系数值愈大则表示信度愈高，一般的推荐值在 0.70 以上（Kline，2005），所以本研究中测量模型的 Cronbach's α 的系数值至少达到 0.7 才能够被接受；SMC 值一般认为在 0.50 以上就具有很好的信度，所以本研究也采用这一推荐值（Kline，2005）。

效度是指实证测量在多大程度上准确地反映了需要测量概念的真实含义。尽管研究者永远也找不到最有效的测量，但是在表面效度、内容效度和建构效度等都得到满足的情况下，就可以认同测量的效度（艾尔·巴比，2005）。本研究在问卷设计过程中，针对每一个变量的操作化，均引自过去研究文献中具有良好效度与信度的量表。然后在问卷测量问项上根据具体的网络银行情境加以修改。在问卷设计的过程中，本研究得到了导师、其他相关学者、银行专业

人士和部分网络银行顾客的指导、帮助和支持。为了确保被试者能了解问卷的题目，本研究通过南开大学商学院 28 名博士生进行了预测试，被试者提供了文字措辞修改以及将若干有问题的问项删除之建议，避免语意不清以及重复和相悖问项之情形。本研究的问卷设计过程是非常严谨和科学的，所以具有一定的表面效度和内容效度。而建构效度则为效度分类中最为重要的指标，通过运用验证性因子分析检验变量内以及变量之间的因子载荷，可检测出量表之收敛效度（Convergent Validity）与判别效度（Discriminant Validity），进而判别量表是否具有建构效度（Kline，2005）。收敛效度是指测量的不同指标指向相同的变量的程度。在测量相同的或相近的变量时，如果两个有效的测量问项具有高度的相关性，那么就可以证明收敛效度的存在。通过非范拟合指数（Non - Normed Fit Index，NNFI）也可以判断收敛效度，非范拟合指数在 0.90 以上则表示收敛效度高（Kline，2005）。判别效度是指不同变量的测量相互区别的程度。通过因子载荷可以证明判别效度之存在，通常认为每个问项的因子载荷值在 0.35 以上具有重要性，在 0.50 以上更重要，而在 0.70 以上则非常重要（Kline，2005）。

五、整体模型拟合度的检验

结构方程模型是一个包含验证性因子分析和经济计量模型的协方差结构，目的在于分析由显性指标测量的潜在变量之间的假设关系。本研究通过运用一些整体的拟合测量指数来对所构建的理论模型的整体拟合程度进行评估。要检验模型与数据是否拟合，需要比较再生协方差矩阵和样本协方差矩阵的差异，这两个矩阵的整体差异可以拟合指数来表示（侯杰泰等，2005）。研究者可以通过拟合指数来评估整体模型的拟合程度，拟合度指数可以被分为绝对指数（absolute index）、相对指数（relative index）和简约指数（parsimony index）三类。研究文献中先后出现了四十多种拟合指数以评价和选择模型，但是要在研究中列出所有这些指标是不合乎现实的。根据陈顺宇（2007）、侯杰泰等（2005）和黄芳铭（2005）的观点，本研究采用了卡方与自由度的比值（CMIN/DF）、拟合优度指数（Goodness of Fit Index，GFI）、调整的拟合优度指数（Adjust Goodness of Fit Index，AGFI）、比较拟合指数（Comparative Fit Index，CFI）、赋范拟合指数（Normed Fit Index，NFI）、增值拟合指数（Incremental Fit Index，IFI）、残差均方根（（Root Means square Residual，RMR）和近似误差均方根（Root Mean Square Error of Approximation，RMSEA）等八个指标。

卡方与自由度的比值（CMIN/DF）的推荐值一般在 2.0 到 5.0 之间，对于该指标的报告比单独的卡方值（CMIN）的报告要受欢迎（侯杰泰等，2005）。不过当样本容量比较大时，该指标对于评价单个模型意义不是太大（侯杰泰等，2005）。

拟合优度指数（Goodness of Fit Index，GFI）的范围大小介于 0 与 1.0 之间。0 代表差劲的拟合，1.0 表示完美的拟合。GFI 相当于类似回归中的 R^2，也就是说，从 GFI 值可以看出理论模型的方差与协方差能够解释观察资料的方差与协方差的程度（陈顺宇，2007；黄芳铭，2005）。因此，该指标可以显示整体拟合的程度，通常学者的推荐值在 0.90 以上就表示良好的拟合（陈顺宇，2007；黄芳铭，2005）。

调整的拟合优度指数（Adjust Goodness of Fit Index，AGFI）的范围大小也介于 0 与 1.0 之间。0 代表差劲的拟合，1.0 表示完美的拟合。对于 AGFI 而言，其目的在于利用自由度和变量个数之比率来调整 GFI，通常学者的推荐值在 0.90 以上就表示良好的拟合（陈顺宇，2007；黄芳铭，2005）。

比较拟合指数（Comparative Fit Index，CFI）旨在试图克服 NFI 在基准模型（base – line model）上所产生的缺失（陈顺宇，2007；黄芳铭，2005）。CFI 的值也介于 0 与 1.0 之间，值越大表示模型拟合越好，要判断模型是否可以接受时，CFI 的值通常需要等于或大于 0.90（陈顺宇，2007；黄芳铭，2005）。

赋范拟合指数（Normed Fit Index，NFI）的目的在于将理论模型同基准模型相比较，测量其拟合改进之程度（陈顺宇，2007；黄芳铭，2005）。NFI 值愈接近 1.0，表示理论模型对基准模型的改进愈大（陈顺宇，2007；黄芳铭，2005）。NFI 值接近 0 时表示理论模型和基准模型相比没有好到哪里去（陈顺宇，2007；黄芳铭，2005）。接受理论模型的一般共同的推荐值是等于或大于 0.90（陈顺宇，2007；黄芳铭，2005）。

增值拟合指数（Incremental Fit Index，IFI）是对 NFI 的修正，以试图降低 NFI 对样本大小之依赖。IFI 是以母体为基础的、惩罚复杂模型的、样本独立的、以相对于基准模型来评估拟合的指标（陈顺宇，2007；黄芳铭，2005）。IFI 的值介于 0 与 1.0 之间，值愈大表示模型拟合越好，要判断模型是否可以接受时，IFI 值通常需要在 0.90 以上（陈顺宇，2007；黄芳铭，2005）。

残差均方根（（Root Means square Residual，RMR）是拟合残差方差与协方差的平均值之比的平方根。研究者可以依据其所设定的研究目标通过 RMR 值来比较理论模型与基准模型的优劣，RMR 值的一般推荐为 0 到 1.0 之间，越小表示模型被接受的程度越高（陈顺宇，2007；黄芳铭，2005）。

近似误差均方根（Root Mean Square Error of Approximation，RMSEA）是近年来相当受到重视的一个模型拟合指标，研究显示 RMSEA 已经成为进行拟合度评估时表现得比许多其它指标都要好的指标（陈顺宇，2007；黄芳铭，2005）。RMSEA 为一种不需要基准模型的绝对性指标，这种测量乃是基于一种母体的近似误差的概念。RMSEA 诉求这样一个问题：若模型是可用的，用未知但最佳选择的参数值，则模型对于母体的协方差矩阵拟合到何种程度。实际上，从来没有任何模型可以和母体完全的拟合，那么最有希望的一个模型是接近于现实（reality）的那一个。因此，RMSEA 是一种评估接近拟合（close fit）的指标。RMSEA 比较偏好简单的模型，它对复杂的模型会给予惩罚，所以也可以用来同竞争模型作比较。通常对于 RMSEA 的推荐值为在 0.10 以下表示好的拟合，在 0.05 以下表示非常好的拟合（陈顺宇，2007，侯杰泰等，2005）。

六、结构模型假设关系之检验

结构模型是经由结构方程模型去确认潜在变量之间的关系是否成立，属于计量经济学（Econometrics）的领域。通过对由假设模型包含的再生协方差矩阵与由输入的实证数据产生的样本协方差矩阵的比较，研究者可以完成验证性因子分析的确认，进而对结构模型进行评价。结构模型和假设关系可以通过对路径系数的检验而得到验证。通过估计出的各个潜在变量之间的因果关系之路径系数则可以测量出模型潜在变量之间关系的大小和方向，从而对理论构建中的各个假设关系是被支持还是被拒绝进行检验。结构方程模型中研究假设的检验需要的样本量一般应至少在 150 到 200 左右，大于 200 而小于 500 为较佳（陈顺宇，2007；黄芳铭，2005）。本研究运用 Amos7.0 中的路径分析和各种独立参数值之检验，对第三章中提出的 21 个假设关系进行了检验。

第六章

资料分析

这一章对所搜集的样本数据进行分析。首先是通过运行 Spss15.0 软件对样本特征信息进行描述性统计分析，然后是通过运行 Amos7.0 软件对研究模型和理论假设进行检验。

第一节　样本特征信息描述性统计分析

本研究共有有效问卷 345 份，通过运行 spss15.0，有效问卷样本特征信息如表 6.1 和表 6.2 所示。

表 6.1　样本特征信息（一）

特征指标		人数	比例
性别	男	196	56.8%
	女	149	43.2%
年龄	18～25 岁	45	13.0%
	26～35 岁	236	68.4%
	36～45 岁	54	15.7%
	46～55 岁	9	2.6%
	≥55 岁	1	0.3%
职业	大学生	54	15.7%
	公司白领	142	41.2%
	公务员	24	7.0%
	医疗、教育或科研	85	24.6%
	其它	40	11.6%

续表

特征指标		人数	比例
月收入	≤2000 元	99	28.7%
	2001~3500 元	106	30.7%
	3501~5000 元	63	18.3%
	5001~7000 元	37	10.7%
	≥7001 元	40	11.6%
教育背景	≤中学	7	2.0%
	大中专	30	8.7%
	大学本科	205	59.4%
	研究生	103	29.9%
婚姻状况	已婚	171	49.6%
	单身	174	50.4%
使用电脑时间	从不使用	0	0
	<1 年	0	0
	1~2 年	12	3.5%
	3~5 年	88	25.5%
	6~10 年	166	48.1%
	>10 年	79	22.9%
使用互联网时间	从不使用	0	0
	<1 年	0	0
	1~2 年	12	3.5%
	3~5 年	109	31.6%
	6~10 年	191	55.4%
	>10 年	33	9.6
使用网络银行时间	从不使用	45	13%
	<1 年	87	25.2%
	1~2 年	126	36.5%
	3~5 年	55	15.9%
	>5 年	32	9.3%

续表

特征指标		人数	比例
是多少家银行的顾客	1	63	18.3%
	2	54	15.7%
	3	75	21.7%
	4	104	30.1%
	5	33	9.6%
	6	13	3.8%
	7	53	15.4%
月均采用网络银行次数	<1	141	40.9%
	1~3	93	27%
	4~6	45	13%
	7~9	13	3.8%
	>10	53	15.4%
网络银行是否为开设银行新账户的必须条件	是	120	34.8%
	否	225	65.2%

n=345

资料来源：本研究整理

表 6.2　样本特征信息（二）

特征指标			人数	比例
曾经或打算通过网络银行办理的交易服务	存款余额查询	是	226	77.1%
		否	79	22.9%
	存款账户转账	是	175	50.7%
		否	170	49.3%
	外币买卖	是	19	5.5%
		否	326	94.5%
	信用卡支付	是	156	45.2%
		否	189	54.8%

续表

特征指标			人数	比例
曾经或打算通过网络银行办理的交易服务	证券交易	是	107	31%
		否	238	69%
	基金买卖	是	78	22.6%
		否	267	77.4%
	黄金或白银买卖	是	16	4.6%
		否	329	95.4%
	煤气费、通信费、个人保险、所得税、车险或养路费等的缴纳	是	92	26.7%
		否	253	73.3%
	个人资料变更	是	62	18%
		否	283	82%
	交易细目查询	是	172	49.9%
		否	173	50.1%
	金融产品信息查询	是	63	18.3%
		否	282	81.7%
	其它	是	9	2.6%
		否	336	97.4%
了解网络银行的途径	银行宣传手册/广告	是	149	43.2%
		否	196	56.8%
	书籍	是	29	8.4%
		否	316	91.6%
	互联网	是	186	53.9%
		否	159	46.1%
	报纸杂志	是	34	9.9%
		否	311	90.1%
	电视电台	是	12	3.5%
		否	333	96.5%

续表

特征指标			人数	比例
了解网络银行的途径	口头传播	是	96	27.8%
		否	249	72.2%
	其它	是	29	8.4%
		否	316	91.6%
经常采用或打算采用的网络银行	工商银行	是	132	38.3%
		否	213	61.7%
	中国银行	是	57	16.5%
		否	288	83.5%
	建设银行	是	142	41.2%
		否	203	58.8%
	农业银行	是	19	5.5%
		否	326	94.5%
	交通银行	是	47	13.6%
		否	298	86.4%
	招商银行	是	138	40%
		否	207	60%
	民生银行	是	13	3.8%
		否	332	96.2%
	光大银行	是	6	1.7%
		否	339	98.3%
	中信实业银行	是	14	4.1%
		否	331	95.9%
	兴业银行	是	30	8.7%
		否	315	91.3%
	上海浦东发展银行	是	35	10.1%
		否	310	89.9%

续表

特征指标			人数	比例
经常采用或打算采用的网络银行	广东发展银行	是	5	1.4%
		否	340	98.6%
	深圳发展银行	是	5	1.4%
		否	340	98.6%
	渣打银行	是	6	1.7%
		否	339	98.3%
	汇丰银行	是	36	10.4%
		否	309	89.6%
	荷兰银行	是	6	1.7%
		否	339	98.3%
	花旗银行	是	9	2.6%
		否	336	97.4%
	东亚银行	是	34	9.9%
		否	311	90.1%
	其它	是	5	1.4%
		否	340	98.6%

n = 345

资料来源：本研究整理

　　问卷涉及到顾客的性别、年龄、职业、月收入、教育背景、婚姻状况、使用电脑时间、使用互联网时间、使用网络银行时间、是多少家银行的顾客、月均采用网络银行次数、网络银行是否为开设银行新账户的必须条件、曾经或打算通过网络银行办理的交易服务、了解网络银行的途径和经常采用或打算采用的网络银行等特征信息（见表6.1和表6.2）。具体统计描述如下：

一、性别、年龄、职业、月收入、教育背景和婚姻状况

（一）性别

　　男性为196位，占56.8%；女性为149位，占43.2%。可以看出，采用网络银行的男性要高于女性。这和 Akinci et al.（2004）以及 Laforet 和 Li

（2005）的研究基本一致。

（二）年龄

18～25岁的为45人，占13.0%；26～35岁的为236人，占68.4%；36～45岁的为54人，占15.7%；46～55岁的为9人，占2.6%；55岁以上的仅为1人，仅占0.3%。可以看出，采用网络银行的大多数为18到35岁之间的年轻人。这和 Laforet 和 Li（2005）以及 Sohail 和 Shanmugham（2003）的研究相悖，但与 Akinci et al.（2004）、Howcroft et al.（2002）、Mattila et al.（2003）、Mavri 和 Ioannou（2006）以及 Sathye（1999）的观点是一致的。

（三）职业

大学生为54人，占15.7%；公司白领为142人，占41.2%；公务员为24人，占7.0%；医疗、教育或科研为85人，占24.6%；其它为40人，占11.6%。可以看出，公司白领是网络银行的主要采用者，其次是医疗、教育和科研行业的工作者以及大学生。

（四）月收入

月收入在2000元以下的为99人，占28.7%；2001～3500元的为106人，占30.7%；3501～5000元的为63人，占18.3%；5001～7000元的为37人，占10.7%；7000元以上的为40人，占11.6%。可以观察到，月收入在2000元以上的网络银行采用者超过了70%，这说明月收入对网络银行采用的影响是比较明显的。这与 Karjaluoto et al.（2002）以及 Sohail 和 Shanmugham（2003）的观点是一致的。

（五）教育背景

中学学历以下的为7人，占2.0%；拥有大中专学历的为30人，占8.7%；拥有大学本科学历的为205人，占59.4%；拥有研究生学历的为103人，占29.9%。可以看出，大学本科和研究生学历的被调查者占了近70%，这说明学历越高就越容易采用网络银行。这同 Karjaluoto et al.（2002）以及 Kim et al.（2005）的研究结论相一致，但却与 Laforet 和 Li（2005）的研究发现相反。

（六）婚姻状况

已婚的为171人，占49.6%；单身的为174人，占50.4%。可以观察到，已婚和单身在数量上几乎没有什么区别，各占约50%。这说明婚姻状况对网络银行的采用几乎没有影响。

二、使用电脑、互联网和网络银行的时间

（一）使用电脑时间

在被调查者中，没有人从不使用电脑和使用电脑时间在 1 年以下；使用电脑时间在 1~2 年的为 12 人，占 3.5%；3~5 年的为 88 人，占 25.5%；6~10 年的为 166 人，占 48.1%；10 年以上的为 79 人，占 22.9%。可以看出，所有的被调查者都有使用电脑的经验，绝大多数被调查者使用电脑的时间都在 3 年以上，其中使用时间在 6 年以上的占了 71%。这就证明了 Karjaluoto et al. (2002) 的研究结论，即顾客对于网络银行的采用会受到以往电脑经验的影响。

（二）使用互联网时间

在被调查者中，没有人从不使用互联网和使用互联网时间在 1 年以下；使用互联网时间在 1~2 年的为 12 人，占 3.5%；3~5 年的为 109 人，占 31.6%；6~10 年的为 191 人，占 55.4%；10 年以上的为 33 人，占 9.6%。可以观察到，所有的被调查者都有过使用互联网的经验，绝大多数的被调查者使用互联网的时间为 3 到 10 年之间，约占总被调查者的 87%。因此可以判断网络银行的采用与互联网使用经验有一定的关系，这与 Karjaluoto et al. (2002) 的研究结论是一致的。

（三）使用网络银行时间

从不使用网络银行的为 45 人，占 13%；使用网络银行时间不到 1 年的为 87 人，占 25.2%；1~2 年的为 126 人，占 36.5%；3~5 年的为 55 人，占 15.9%；超过 5 年的为 32 人，占 9.3%。可以看出，大部分被调查者都有过使用网络银行经验，约占 87%。因此可以判断网络银行的采用与网络银行使用经验有一定的关系，这与 Karjaluoto et al. （2002） 的研究结论相吻合。

三、拥有的开户行数和月均采用网络银行次数

（一）是多少家银行的顾客

在 1 家银行开设有账户的有 63 人，占 18.3%；在 2 家银行开设有账户的有 54 人，占 15.7%；在 3 家银行开设有账户的有 75 人，占 21.7%；在 4 家银行开设有账户的有 104 人，占 30.1%；在 5 家银行开设有账户的有 33 人，占 9.6%；在 6 家银行开设有账户的有 13 人，占 3.8%；在 7 家银行开设有账

户的有 53 人，占 15.4%。可以看出，被调查者大多数都在 2 到 4 家银行之间开有账户，约占被调查者总数的 67.5%。

（二）月均采用网络银行次数

平均每月采用网络银行不到 1 次的为 141 人，占 40.9%；1~3 次的为 93 人，占 27%；4~6 次的为 45 人，占 13%；7~9 次的为 13 人，占 3.8%；大于 10 次的为 53 人，占 15.4%。可以发现，绝对多数的被调查者平均每月采用网络银行的次数仅仅为 3 次以下，占 67.9%。

四、网络银行是否为开设银行新账户的必须条件

认为网络银行是开设银行新账户的必须条件的为 120 人，占 34.8%；但是绝大多数被调查者认为网络银行不是在银行开设新账户的必须条件，有 225 人，占 65.2%。

五、曾经或打算通过网络银行办理的交易服务

绝大多数被调查者采用网络银行是要进行存款余额查询，有 226 人，占 77.1%；还有相当部分被调查者采用网络银行是为了存款账户转账，有 175 人，占 50.7%；采用网络银行进行外币买卖的仅为 19 人，占 5.5%；通过网络银行进行信用卡支付的为 156 人，占 45.2%；运用网络银行进行证券交易的有 107 人，占 31%；通过网络银行进行基金买卖的有 78 人，占 22.6%；采用网络银行进行黄金或白银买卖的为 16 人，占 4.6%；通过网络银行缴纳煤气费、通信费、个人保险、所得税、车险或养路费的有 92 人，占 26.7%；在网络银行上进行个人资料变更的有 62 人，占 18%；有将近一半的被调查者采用网络银行是要进行交易细目查询，有 172 人，占 49.9%；通过网络银行进行金融产品信息查询的有 63 人，占 18.3%；还有为数不多的被调查者选择网络银行是要进行其它的交易，有 9 人，仅仅占 2.6%。可以看出，顾客选择网络银行大多是为了进行存款余额查询、交易细目查询和信用卡支付。

六、了解网络银行的途径以及经常采用或打算采用的网络银行

（一）了解网络银行的途径

在被调查者中，通过银行宣传手册/广告了解到网络银行的有 149 人，占 43.2%；通过书籍了解到网络银行的为 29 人，占 8.4%；通过互联网了解到

网络银行的有 186 人，占 53.9%；通过报纸杂志知晓网络银行的有 34 人，占 9.9%；通过电视电台认识网络银行的有 12 人，占 3.5%；通过口头传播了解到网络银行的有 96 人，占 27.8%；还有 29 人通过其它途径了解到网络银行，占 8.4%。可以看出，互联网和银行宣传手册/广告是顾客了解网络银行的主要途径。

（二）经常采用或打算采用的网络银行

在被调查者中，采用工商银行的有 132 人，占 38.3%；采用中国银行的有 57 人，占 16.5%；采用建设银行的有 142 人，占 41.2%；采用农业银行的有 19 人，占 5.5%；采用交通银行的有 47 人，占 13.6%；采用招商银行的有 138 人，占 40%；采用民生银行的有 13 人，占 3.8%；采用光大银行的有 6 人，占 1.7%；采用中信实业银行的有 14 人，占 4.1%；采用兴业银行的有 30 人，占 8.7%；采用上海浦东发展银行的有 35 人，占 10.1%；采用广东发展银行的有 5 人，占 1.4%；采用深圳发展银行的有 5 人，占 1.4%；采用渣打银行的有 6 人，占 1.7%；采用汇丰银行的有 36 人，占 10.4%；采用荷兰银行的有 6 人，占 1.7%；采用花旗银行的有 9 人，占 2.6%；采用东亚银行的有 34 人，占 9.9%；还有 5 人选择了其它网络银行，占 1.4%。可以观察到，相当多的被调查者经常采用或打算采用建设银行、招商银行和工商银行的网络银行。

第二节　模型检验

研究模型的检验包括两个部分：测量模型的测定和结构模型的测定。在测量模型的测定中，测量的心理测量属性通过单维性、信度和效度的检验而被评估。在结构模型的检验中，通过路径分析和各种独立参数值之检验，对本研究所提出的 21 个假设关系进行了检验。

一、测量模型的检验

测量模型界定了显性变量和潜在变量之间的关系，本研究运用 Amos7.0 和 Spss15.0 通过对各个潜在变量进行验证性因子分析以及单维性、信度和效度分析来对测量模型进行检验。在本研究中，9 个潜在变量的测量模型被评估。测量模型包括描述 9 个潜在变量的 54 个问项，即感知有用性（PU）的 5

个问项、感知易用性（PEOU）的 6 个问项、感知愉悦性（PE）的 7 个问项、感知风险（PR）的 6 个问项、主观规范（SN）的 4 个问项、自我效能（SE）的 6 个问项、便利条件（FC）的 9 个问项、信任（TR）的 5 个问项和采用意图（AI）的 6 个问项。结构方程模型一般要求至少有 3 个问项才能适合进行一个潜在变量因子的换算，问项尽量越多越好（侯杰泰等，2005）。可以看出，在本研究中每个潜在变量拥有的问项都在 4 个以上，足以进行潜在变量因子之合适的运算。如果实证数据同假设模型相一致，那么测量模型就可以得到检验。

在本研究中，单维性通过完全标准化的因子载荷和拟合优度指数（goodness of fit index，GFI）来验证，信度通过 Cronbach's α 系数和 SMC（Squared Multiple Correlations，复相关系数平方）值来检验，效度通过完全标准化的因子载荷以及测量模型的所有拟合指数来检验。

（一）感知有用性模型

该模型包括一个潜在变量和五个显性变量，如图 6.1 所示：

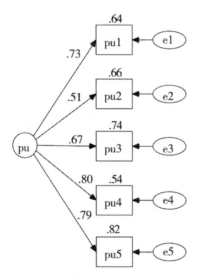

图 6.1 感知有用性测量模型
拟合度指数：

GFI = .996, AGFI = .988, RMR = .012, RMSEA = .000, CFI = 1.000

资料来源：本研究整理

Cronbach's a 系数最低接受标准值为 0.70，超过 0.80 就通常被认为良好（Hair et al.，1998）。该潜在变量的 Cronbach's α 系数值为 0.87，表示其内部一致性信度很高。全标准化因子载荷通常的推荐值为 0.50，最低接受值为 0.35，大于 0.70 就被视为良好（Kline，2005）。从图 6.1 可以看出，该潜在变量的因子载荷在 0.51 到 0.80 之间，表明测量足够成为该潜在变量的指标（表 6.3）。

表 6.3　潜在变量感知有用性的因子载荷

pu1	<--------------------	pu	.733
pu2	<--------------------	pu	.507
pu3	<--------------------	pu	.666
pu4	<--------------------	pu	.799
pu5	<--------------------	pu	.787

资料来源：本研究整理

SMC 值一般认为在 0.50 以上就具有很好的信度（Kline，2005）。从图 6.1 还可以看出，感知有用性各个问项的 SMC 值在 0.54 到 0.82 之间，满足了至少在 0.50 的推荐值的要求（表 6.4）。

表 6.4　感知有用性问项的 SMC 值

pu5	.819
pu4	.538
pu3	.744
pu2	.657
pu1	.637

资料来源：本研究整理

在结构方程中，GFI、AGFI 和 CFI 的值分别在 0.90 以上表示很好的拟合；RMR 的值在 0 与 1 之间，当然越小越好；RMSEA 的值在 0.10 以下表示好的拟合，在 0.05 以下则表示非常好的拟合。可以看出，该变量的整个拟合指数都在接受的推荐值之上（GFI = .996，AGFI = .988，RMR = .012，RMSEA = .000，CFI = 1.00），说明该变量模型同数据具有很好的吻合性（表 6.5）。因此，从以上整个分析可以看出，感知有用性测量模型具有很好的单维性、信度和效度。

表 6.5　感知有用性测量模型拟合指标

拟合指数	研究结果
GFI	.996
AGFI	.988
RMR	.012
RMSEA	.000
CFI	1.00

资料来源：本研究整理

（二）感知易用性模型

该模型包括一个潜在变量和六个显性变量，如图 6.2 所示：

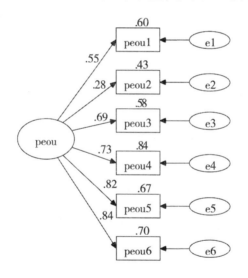

图 6.2　修正前的感知易用性测量模型

拟合度指数：

GFI = .922, AGFI = .896, RMR = .104, RMSEA = .081, CFI = .905

资料来源：本研究整理

尽管 Cronbach's α 系数（0.89）满足了在 0.70 以上推荐值得标准，GFI（0.92）、AGFI（0.90）和 CFI（.91）的值都达到了推荐值 0.90 以上的拟合标准，RMR（0.10）的值也比较小，符合推荐值的拟合要求，RMSEA（0.08）的值也小于 0.10 的好的拟合标准。但是，可以看到，显性变量 peou2 的因子载荷为 0.28，还达不到 0.35 的最低标准；显性变量 peou2 的复相关系数平方值为 0.43，也达不到 0.50 的标准值。所以，下一步的分析中将 peou2 从感知易用性这一潜在变量中删除。这样，修正后的感知易用性共有 peou1、peou3、peou4、peou5 和 peou6 五个问项。图 6.3 所示的是修正后的感知易用性测量模型。

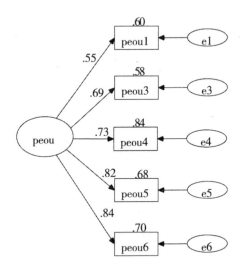

图 6.3 修正后的感知易用性测量模型

拟合度指数：

GFI = .929，AGFI = .908，RMR = .037，RMSEA = .006，CFI = .918

资料来源：本研究整理

修正后的感知易用性这一建构的 Cronbach's α 系数值为 0.91，表示该建构内部一致性信度很高。该建构的因子载荷在 0.55 到 0.84 之间，表明测量足够成为该潜在变量的指标（表 6.6）。

表 6.6 修正后潜在变量感知易用性的因子载荷

peou1	<-----------------------	peou	.547
peou3	<-----------------------	peou	.691
peou6	<-----------------------	peou	.837
peou4	<-----------------------	peou	.733
peou5	<-----------------------	peou	.822

资料来源：本研究整理

修正后感知易用性各个问项的 SMC 值在 0.58 到 0.84 之间，达到了大于或等于 0.50 的推荐值的标准（表 6.7）。

表 6.7　修正后感知易用性问项的 SMC 值

peou6	.700
peou5	.675
peou4	.837
peou3	.578
peou1	.599

资料来源：本研究整理

可以发现修正后的感知易用性测量模型的整个拟合指数不仅都在接受的推荐值之上（GFI = .929，AGFI = .908，RMR = .037，RMSEA = .006，CFI = .918），而且都优于修正前的感知易用性测量模型的整个拟合指数（GFI = .922，AGFI = .896，RMR = .104，RMSEA = .008，CFI = .905），说明该变量修正后的测量模型比修正前的测量模型更能够同数据具有很好的吻合性（表 6.8）。因此，从以上整个分析可以看出，修正后的感知易用性这一潜在变量具有很好的单维性、信度和效度。

表 6.8　修正前后的感知易用性测量模型拟合指标

拟合指数＼对比模型	修正前包含 peou2 的模型	修正后不包含 peou2 的模型
GFI	.922	.929
AGFI	.896	.908
RMR	.104	.037
RMSEA	.081	.006
CFI	.905	.918

资料来源：本研究整理

（三）感知愉悦性模型

该模型包括一个潜在变量和七个显性变量，如图 6.4 所示：

该潜在变量的 Cronbach's α 系数值为 0.94，表示其内部一致性信度很高。因子载荷在 0.71 到 0.88 之间，表明测量足够成为该潜在变量的指标（表 6.9）。

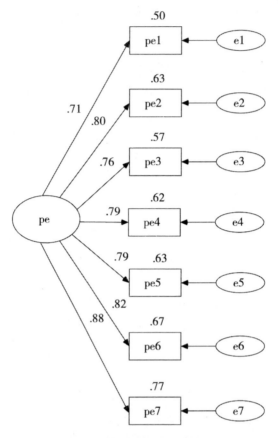

图6.4 感知愉悦性测量模型

拟合度指数：

GFI ＝ .912，AGFI ＝ .895，RMR ＝ .009，RMSEA ＝ .005，CFI ＝ .891

资料来源：本研究整理

表6.9 潜在变量感知愉悦性的因子载荷

pe2	<-------------------	pe	.796
pe3	<-------------------	pe	.758
pe6	<-------------------	pe	.821
pe4	<-------------------	pe	.786
pe5	<-------------------	pe	.793
pe1	<-------------------	pe	.710
pe7	<-------------------	pe	.876

资料来源：本研究整理

感知愉悦性各个问项的 SMC 值在 0.50 到 0.77 之间，满足了至少在 0.50 的推荐值的要求（表 6.10）。

表 6.10   感知愉悦性问项的 SMC 值

pe7	.773
pe6	.671
pe5	.633
pe4	.619
pe3	.573
pe2	.627
pe1	.504

资料来源：本研究整理

该变量的整个拟合指数中，除了 AGFI = .895 以及 CFI = .891 非常接近于 0.90 的推荐值之外，其余的都在接受的推荐值之上（GFI = .912，RMR = .009，RMSEA = .005），说明该变量模型同数据具有很好的吻合性（表 6.11）。因此，从以上整个分析可以看出，感知愉悦性测量模型具有很好的单维性、信度和效度。

表 6.11   感知愉悦性测量模型拟合指标

拟合指数	研究结果
GFI	.912
AGFI	.895
RMR	.009
RMSEA	.005
CFI	.891

资料来源：本研究整理

（四）感知风险模型

该模型包括一个潜在变量和六个显性变量，如图 6.5 所示：

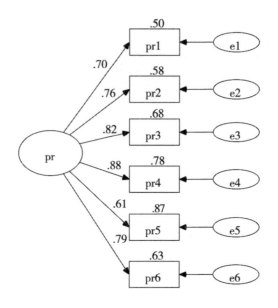

图 6.5　感知风险测量模型

拟合度指数：

GFI = .958, AGFI = .972, RMR = .004, RMSEA = .002, CFI = .917

资料来源：本研究整理

该潜在变量的 Cronbach's α 系数值为 0.95，表示其内部一致性信度很高。因子载荷在 0.61 到 0.88 之间，表明测量足够成为该潜在变量的指标（表6.12）。

表 6.12　潜在变量感知风险的因子载荷

pr1	<-------------------	pr	.704
pr2	<-------------------	pr	.759
pr3	<-------------------	pr	.822
pr4	<-------------------	pr	.884
pr5	<-------------------	pr	.610
pr6	<-------------------	pr	.795

资料来源：本研究整理

感知风险各个问项的 SMC 值在 0.50 到 0.87 之间,满足了至少在 0.50 的推荐值的要求(表 6.13)。

表 6.13　感知风险问项的 SMC 值

pr6	.632
pr5	.874
pr4	.782
pr3	.676
pr2	.576
pr1	.503

资料来源:本研究整理

该变量的整个拟合指数都在接受推荐值之上(GFI = .958,AGFI = .972,RMR = .004,RMSEA = .002,CFI = .917),说明该变量模型同数据具有很好的吻合性(表 6.14)。因此,从以上整个分析可以看出,感知风险这一潜在变量具有很好的单维性、信度和效度。

表 6.14　感知风险测量模型拟合指标

拟合指数	研究结果
GFI	.958
AGFI	.972
RMR	.004
RMSEA	.002
CFI	.917

资料来源:本研究整理

(五)主观规范模型

该模型包括一个潜在变量和四个显性变量,如图 6.6 所示:

该潜在变量的 Cronbach's α 系数值为 0.82,表示其内部一致性信度很高。因子载荷在 0.70 到 0.87 之间,表明测量足够成为该潜在变量的指标(表 6.15)。

表 6.15　潜在变量主观规范的因子载荷

sn1	<-----------------	sn	.808
sn4	<-----------------	sn	.698
sn2	<-----------------	sn	.808
sn3	<-----------------	sn	.872

资料来源:本研究整理

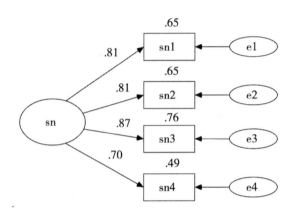

图6.6　主观规范测量模型

拟合度指数：

GFI = .978, AGFI = .891, RMR = .014, RMSEA = .001, CFI = .982

资料来源：本研究整理

　　主观规范各个问项的 SMC 值在 0.49 到 0.76 之间，除了问项 SN4 的 SMC 值是 0.49 非常接近于 0.50 的推荐值之外，其余各个问项的 SMC 值都在 0.50 的推荐值之上，即基本上可以说全部问项都达到了推荐值的要求（表6.16）。

表6.16　主观规范问项的 SMC 值

sn4	.487
sn3	.761
sn2	.652
sn1	.653

资料来源：本研究整理

　　该变量的整个拟合指数都接近于推荐值或在接受推荐值之上（GFI = .978, AGFI = .891, RMR = .014, RMSEA = .001, CFI = .982），说明该变量模型同数据具有很好的吻合性（表6.17）。因此，从以上整个分析可以看出，主观规范测量模型具有很好的单维性、信度和效度。

表 6.17　主观规范测量模型拟合指标

拟合指数	研究结果
GFI	.978
AGFI	.891
RMR	.014
RMSEA	.001
CFI	.982

资料来源：本研究整理

（六）自我效能模型

该模型包括一个潜在变量和六个显性变量，如图 6.7 所示：

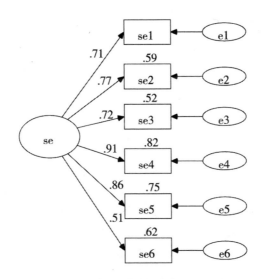

图 6.7　自我效能测量模型

拟合度指数：

GFI = .940, AGFI = .906, RMR = .034, RMSEA = .029, CFI = .944

资料来源：本研究整理

该潜在变量的 Cronbach's α 系数值为 0.89，表示其内部一致性信度很高。因子载荷在 0.51 到 0.91 之间，表明测量足够成为该潜在变量的指标（表 6.18）。

表 6.18 潜在变量自我效能的因子载荷

se1	<—————————————————	se	.709
se2	<—————————————————	se	.766
se3	<—————————————————	se	.719
se4	<—————————————————	se	.907
se5	<—————————————————	se	.865
se6	<—————————————————	se	.509

资料来源：本研究整理

自我效能各个问项的 SMC 值在 0.50 到 0.82 之间，都在 0.50 的推荐值之上，即全部问项都达到了推荐值的要求（表 6.19）。

表 6.19 自我效能问项的 SMC 值

se6	.259
se5	.748
se4	.823
se3	.518
se2	.587
se1	.502

资料来源：本研究整理

该潜在变量的整个拟合指数都接近于推荐值或在接受推荐值之上（GFI = .940，AGFI = .906，RMR = .034，RMSEA = .029，CFI = .944），说明该变量模型同数据具有很好的吻合性（表 6.20）。因此，从以上整个分析可以看出，自我效能测量模型具有很好的单维性、信度和效度。

表 6.20 自我效能测量模型拟合指标

拟合指数	研究结果
GFI	.940
AGFI	.906
RMR	.034
RMSEA	.029
CFI	.944

资料来源：本研究整理

（七）便利条件模型

该模型包括一个潜在变量和九个显性变量，如图 6.8 所示：

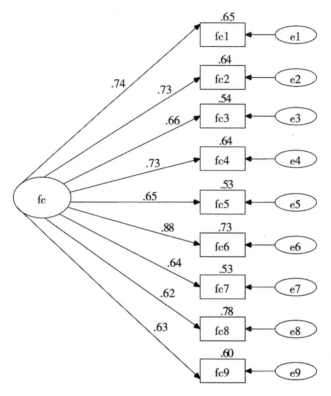

图 6.8 便利条件测量模型

拟合度指数：

GFI = .967, AGFI = .926, RMR = .078, RMSEA = .042, CFI = .940

资料来源：本研究整理

该潜在变量的 Cronbach's α 系数值为 0.87，表示其内部一致性信度很高。因子载荷在 0.61 到 0.88 之间，表明测量足够成为该潜在变量的指标（表 6.21）。

表 6.21 潜在变量便利条件的因子载荷

fc3	<-----------------	fc	.663
fc6	<-----------------	fc	.879
fc5	<-----------------	fc	.652
fc4	<-----------------	fc	.731

续表

fc8	<----------------------	fc	.615
fc7	<----------------------	fc	.636
fc1	<----------------------	fc	.741
fc2	<----------------------	fc	.733
fc9	<----------------------	fc	.634

资料来源：本研究整理

便利条件各个问项的 SMC 值在 0.53 到 0.78 之间，都在 0.50 的推荐值之上，即全部问项都达到了推荐值的要求（又见表 6.22）。

表 6.22　便利条件问项的 SMC 值

fc9	.602
fc8	.784
fc7	.531
fc6	.733
fc5	.525
fc4	.635
fc3	.539
fc2	.637
fc1	.649

资料来源：本研究整理

该潜在变量的整个拟合指数都接近于推荐值或在接受推荐值之上（GFI = .967，AGFI = .926，RMR = .078，RMSEA = .042，CFI = .940），说明该变量模型同数据具有很好的吻合性（表 6.23）。因此，从以上整个分析可以看出，便利条件测量模型具有很好的单维性、信度和效度。

表 6.23　便利条件测量模型拟合指标

拟合指数	研究结果
GFI	.967
AGFI	.926
RMR	.078
RMSEA	.042
CFI	.940

资料来源：本研究整理

（八）信任模型

该模型包括一个潜在变量和五个显性变量，如图6.9所示：

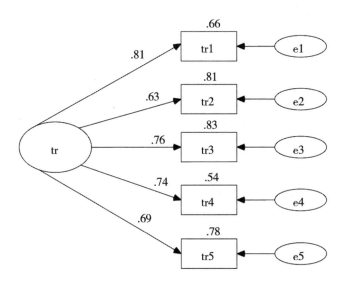

图 6.9　信任测量模型
拟合度指数：

GFI = .946，AGFI = .938，RMR = .046，RMSEA = .051，CFI = .906

资料来源：本研究整理

该潜在变量的 Cronbach's α 系数值为 0.86，表示其内部一致性信度很高。因子载荷在 0.63 到 0.81 之间，表明测量足够成为该潜在变量的指标（表6.24）。

表 6.24　潜在变量信任的因子载荷

tr5	<-----------------------	tr	.688
tr4	<-----------------------	tr	.736
tr1	<-----------------------	tr	.814
tr3	<-----------------------	tr	.759
tr2	<-----------------------	tr	.633

资料来源：本研究整理

信任各个问项的 SMC 值在 0.54 到 0.83 之间，都在 0.50 的推荐值之上，即全部问项都达到了推荐值的要求（表6.25）。

表 6.25　信任问项的 SMC 值

tr5	.779
tr4	.542
tr3	.833
tr2	.814
tr1	.662

资料来源：本研究整理

该潜在变量的整个拟合指数都接近于推荐值或在接受推荐值之上（GFI = .946，AGFI = .938，RMR = .046，RMSEA = .051，CFI = .906），说明该变量模型同数据具有很好的吻合性（表 6.26）。因此，从以上整个分析可以看出，信任测量模型具有很好的单维性、信度和效度。

表 6.26　信任测量模型拟合指标

拟合指数	研究结果
GFI	.946
AGFI	.938
RMR	.046
RMSEA	.051
CFI	.906

资料来源：本研究整理

（九）采用意图模型

该模型包括一个潜在变量和六个显性变量，如图 6.10 所示：

该潜在变量的 Cronbach's α 系数值为 0.93，表示其内部一致性信度很高。因子载荷在 0.64 到 0.85 之间，表明测量足够成为该潜在变量的指标（表 6.27）。

表 6.27　潜在变量采用意图的因子载荷

ai1	<-----------------	ai	.802
ai2	<-----------------	ai	.847
ai3	<-----------------	ai	.640
ai4	<-----------------	ai	.784
ai5	<-----------------	ai	.687
ai6	<-----------------	ai	.720

资料来源：本研究整理

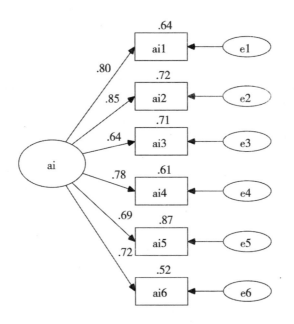

图 6.10 采用意图测量模型

拟合度指数:

GFI = .953, AGFI = .947, RMR = .028, RMSEA = .081, CFI = .933

资料来源:本研究整理

采用意图各个问项的 SMC 值在 0.52 到 0.87 之间,都在 0.50 的推荐值之上,即全部问项都达到了推荐值的要求(表 6.28)。

表 6.28 采用意图问项的 SMC 值

ai6	.518
ai5	.472
ai4	.614
ai3	.410
ai2	.717
ai1	.643

资料来源:本研究整理

该潜在变量的整个拟合指数都接近于推荐值或在接受推荐值之上(GFI = .953, AGFI = .947, RMR = .028, RMSEA = .081, CFI = .933),说明该变量模型同数据具有很好的吻合性（表6.29）。因此，从以上整个分析可以看出，采用意图测量模型具有很好的单维性、信度和效度。

表6.29　采用意图测量模型拟合指标

拟合指数	研究结果
GFI	.953
AGFI	.947
RMR	.028
RMSEA	.081
CFI	.933

资料来源：本研究整理

二、结构模型的检验

本研究通过用以结构方程建模的 Amos7.0 软件来检验所构建的模型和各个假设关系。首先是对整个模型的拟合度进行检验，接下来是对比研究所提出的假设关系进行验证。

（一）整个模型拟合度检验

整个模型的拟合度需要通过多重拟合指标来检验。根据上述分析，使用修正指标（Modification Index；MI）挑选指标变量，在此将感知易用性这一建构中的 PEOU2 问项删除，对整个模型进行了检验。然后在经过反复分析过程后，直到整个模型的整体统计量无法进一步改善为止。整个模型的拟合度为：CMIN/DF（卡方值/自由度）= 2.479，达到了大于或等于2.0而小于或等于5.0的标准（陈顺宇，2007，侯杰泰等，2005）；GFI = 0.918、AGFI = 0.914、CFI = 0.948、NFI = 0.935、IFI = 0.958，皆达到了接近或高于0.90的判定标准（陈顺宇，2007，黄芳铭，2005）；RMR = 0.102，也符合大于零且小于1.0并尽量越小越好的要求（陈顺宇，2007，黄芳铭，2005）；RMSEA = 0.07，亦达到了0.10好的标准之要求并接近于0.05的非常好的标准的要求（陈顺宇，2007，侯杰泰等，2005）。结果显示，结构模型的整个模型拟合度是适当的，标准化路径的评估显示各个建构之间具有显著的关系。表6.30呈现的是结构模型分析的模型拟合指数的总的结果，图6.11展示的是假设关系之间的标准化路径系数。

表 6.30　整个模型拟合指标统计结果

拟合指数	研究结果
CMIN/DF	2.479
GFI	.918
AGFI	.914
CFI	.948
NFI	.935
IFI	.958
RMR	.102
RMSEA	.007

资料来源：本研究整理

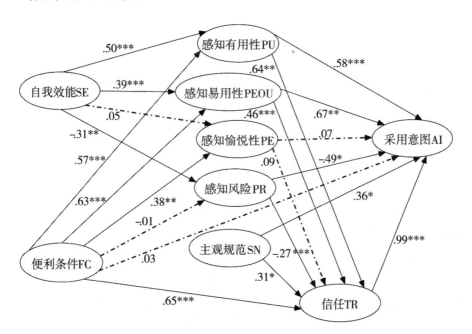

注：——→ 表示路径呈现显著性；　-·-·→ 表示路径呈现非显著性。

图 6.11　网络银行接受模型的标准化路径系数

资料来源：本研究整理

（二）假设检验

根据前面对测量模型和结构模型的检验，所估计的各个建构之间的因果关系之路径关系系数也将被检验。图6.11展示的是对概念模型的结构方程分析，这里仍然用Amos7.0软件对结构模型的各个参数进行评估：模型变量之间关系的大小和方向。通过检验结构方程模型分析中的标准化路径系数可以评估每个假设是被支持还是被拒绝。结构模型中所有潜在变量的标准化路径系数如图6.11和表6.31所示。

表6.31　网络银行接受模型的标准化路径系数

研究假设	结构路径	标准化路径系数 β 值	显著性水平 ρ 值	结论
H1	ai <--- pu	.580	＊＊＊	支持
H2	tr <--- pu	.640	＊＊	支持
H3	ai <--- peou	.674	＊＊	支持
H4	tr <--- peou	.463	＊＊＊	支持
H5	ai <--- pe	.071	.368	不支持
H6	tr <--- pe	.092	.125	不支持
H7	ai <--- pr	−.490	＊	支持
H8	tr <--- pr	−.271	＊＊＊	支持
H9	ai <--- sn	.361	＊	支持
H10	tr <--- sn	.307	＊	支持
H11	ai <--- tr	.987	＊＊＊	支持
H12	pu <--- se	.495	＊＊＊	支持
H13	peou <--- se	.385	＊＊＊	支持
H14	pe <--- se	.048	.089	不支持
H15	pr <--- se	−.314	＊＊	支持
H16	pu <--- fc	.573	＊＊＊	支持
H17	peou <--- fc	.625	＊＊＊	支持
H18	pe <--- fc	.381	＊＊	支持
H19	pr <--- fc	−.005	.941	不支持
H20	ai <--- fc	.028	.238	不支持
H21	tr <--- fc	.651	＊＊＊	支持

注：＊＊＊表示ρ≤0.001；＊＊表示ρ≤0.01；＊表示ρ≤0.05。

资料来源：本研究整理

从图 6.11 和表 6.31 可以观察到，模型中的每条路径都代表了本研究中的假设关系。Amos7.0 软件会对每一个路径系数做出评估。在所有的 21 个假设关系的路径中，16 个路径呈现出显著性，而且几乎都具有比较高的统计显著性水平：9 个路径统计显著性水平在 0.001 以上，4 个路径统计显著性水平在 0.01 以上，其余的 3 个路径统计显著性水平在 0.05 以上。以下是本研究中所有假设关系验证的分析（表 6.32）：

表 6.32　网络银行接受模型的假设检验结果

序号	内容	本研究结论	先前的研究	同先前研究是否一致
H1	感知有用性对网络银行的采用意图有积极影响	支持	Guriting 和 Ndubisi（2006）、Ndubisi（2007）以及 Nysveen et al.（2005）	一致
H2	感知有用性对网络银行中顾客的信任产生积极影响	支持	未曾发现	无比较对象
H3	感知易用性对网络银行的采用意图有积极影响	支持	Guriting 和 Ndubisi（2006）、Ndubisi（2007）以及 Nysveen et al.（2005）	一致
H4	感知易用性对网络银行中顾客的信任产生积极影响	支持	Alsajjan 和 Charles Dennis（2006）	一致
H5	感知愉悦性对网络银行中顾客的采用意图有积极影响	拒绝	Nysveen et al.（2005a）	不一致
H6	感知愉悦性对网络银行中顾客的信任产生积极影响	拒绝	未曾发现	无比较对象
H7	感知风险对网络银行中顾客的采用意图产生消极影响	支持	Cheng et al.（2006）、Jih et al.（2002）、Laforet 和 Li（2005）、Polatoglu 和 Ekin（2001）、Sathye（1999）以及 Tan 和 Teo，2000）	一致

续表

序号	内容	本研究结论	先前的研究	同先前研究是否一致
H8	感知风险对网络银行中顾客的信任产生消极影响	支持	Yousafzai et al.（2003）	一致
H9	主观规范对网络银行中顾客的采用意图产生积极影响	支持	Dauda et al.（2007）、Liao et al.（1999）、Nysveen et al.（2005）以及 Tan 和 Teo（2000）	混合
H10	主观规范对网络银行中顾客的信任产生积极影响	支持	未曾发现	无比较对象
H11	信任对网络银行中顾客的采用意图产生积极影响	支持	Benamati et al.（2006）、Dauda et al.（2007）、Fock 和 Koh（2006）以及 Lee et al.（2007）	一致
H12	自我效能对网络银行中顾客的感知有用性产生积极影响	支持	Chan 和 Lu（2004）、Guriting 和 Ndubisi（2006）以及 Wang et al.（2003）	一致
H13	自我效能对网络银行中顾客的感知易用性产生积极影响	支持	Chan 和 Lu（2004）、Chau 和 Lai（2003）、Guriting 和 Ndubisi（2006）以及 Wang et al.（2003）	一致
H14	自我效能对网络银行中顾客的感知愉悦性产生积极影响	拒绝	未曾发现	无比较对象
H15	自我效能对网络银行中顾客的感知风险产生消极影响	支持	未曾发现	无比较对象
H16	便利条件对网络银行中顾客的感知有用性产生积极影响	支持	Alsajjan 和 Dennis（2006）以及 Sukkar 和 Hasan（2005）	一致

续表

序号	内容	本研究结论	先前的研究	同先前研究是否一致
H17	便利条件对于网络银行中顾客的感知易用性产生积极影响	支持	Alsajjan 和 Dennis（2006）、Chau 和 Lai（2003）、Liao 和 wong（2007）以及 Sukkar 和 Hasan（2005）	一致
H18	便利条件对网络银行中顾客的感知愉悦性产生积极影响	支持	未曾发现	无比较对象
H19	便利条件对网络银行中顾客的感知风险产生消极影响	拒绝	Liao 和 Wong（2007）以及 Ndubisi（2007）	不一致
H20	便利条件对网络银行中顾客的采用意图产生积极影响	拒绝	Dauda et al.（2007）、Gerard 和 Cunningham（2003）、Nysveen et al.（2005）、Pikkarainen et al.（2004）、Polatoglu 和 Ekin（2001）以及 Tan 和 Teo（2000）	不一致
H21	便利条件对网络银行中顾客的信任产生积极影响	支持	Alsajjan 和 Dennis（2006）	一致

资料来源：本研究整理

H1：感知有用性对网络银行的采用意图有积极影响。

感知有用性对网络银行的采用意图有积极影响（$\beta = 0.58$，$\rho \leqslant 0.001$），所以假设 1 被支持。这同 Guriting 和 Ndubisi（2006）、Ndubisi（2007）以及 Nysveen et al.（2005）对网络银行接受的研究结论相一致。

H2：感知有用性对网络银行中顾客的信任产生积极影响。

感知有用性对网络银行中顾客的信任产生积极影响（$\beta = 0.64$，$\rho \leqslant 0.01$），所以假设 2 被支持。目前就本研究所掌握的资料而言，在具体的网络银行情境中，还没有发现有类似的其它研究检验感知有用性对信任的影响。

H3：感知易用性对网络银行的采用意图有积极影响。

感知易用性对网络银行的采用意图有积极影响（$\beta = 0.67$，$\rho \leqslant 0.01$），所以假设 3 被支持。这同 Guriting 和 Ndubisi（2006）、Ndubisi（2007）以及 Nysveen et al. （2005）对网络银行接受的研究结论相一致。

H4：感知易用性对网络银行中顾客的信任产生积极影响。

感知易用性对网络银行中顾客的信任产生积极影响（β = 0.46，ρ ≤ 0.001），所以假设 4 被支持。目前就本研究所掌握的资料而言，在具体的网络银行情境中，同本研究有相同结论的还有 Alsajjan 和 Charles Dennis （2006）的研究。

H5：感知愉悦性对网络银行中顾客的采用意图有积极影响。

感知愉悦性对网络银行采用意图的影响不显著（β = 0.07，ρ = 0.37），所以假设 5 不被支持。该结论同 Nysveen et al. （2005a）对网络银行接受的研究结论是相悖的。

H6：感知愉悦性对网络银行中顾客的信任产生积极影响。

感知愉悦性对网络银行中顾客信任的影响不显著（β = 0.09，ρ = 0.13），所以假设 6 不被支持。目前就本研究所掌握的资料而言，在具体的网络银行情境中，还未见有学者探究感知愉悦性对信任的影响。

H7：感知风险对网络银行中顾客的采用意图产生消极影响。

感知风险对网络银行的采用意图产生消极影响（β = − 0.49，ρ ≤ 0.05），所以假设 7 被支持。这同 Cheng et al. （2006）、Jih et al. （2002）、Laforet 和 Li （2005）、Polatoglu 和 Ekin （2001）、Sathye （1999）以及 Tan 和 Teo，2000）等学者对网络银行接受的研究结论相一致。

H8：感知风险对网络银行中顾客的信任产生消极影响。

感知风险对网络银行中顾客的信任产生消极影响（β = − 0.27，ρ ≤ 0.001），所以假设 8 被支持。该结论同 Yousafzai et al. （2003）对网络银行接受的研究结论是一致的。

H9：主观规范对网络银行中顾客的采用意图产生积极影响。

主观规范对网络银行的采用意图有积极影响（β = 0.36，ρ ≤ 0.05），所以假设 9 被支持。这同 Dauda et al. （2007）以及 Nysveen et al. （2005）对网络银行接受的研究结论是相一致的；但同 Liao et al. （1999）以及 Tan 和 Teo （2000）对网络银行接受的研究结论是相悖的。

H10：主观规范对网络银行中顾客的信任产生积极影响。

主观规范对网络银行中顾客的信任产生积极影响（β = 0.31，ρ ≤ 0.05），所以假设 10 被支持。目前就本研究所掌握的资料而言，在具体的网络银行情境中，还没有发现有类似的其它研究检验主观规范对信任的影响。

H11：信任对网络银行中顾客的采用意图产生积极影响。

主观规范对网络银行的采用意图有积极影响（β = 0.99，ρ ≤ 0.001），所以假设 11 被支持。这同 Benamati et al.（2006）、Dauda et al.（2007）、Fock 和 Koh（2006）以及 Lee et al.（2007）对网络银行接受的研究结论是相一致的。

H12：自我效能对网络银行中顾客的感知有用性产生积极影响。

自我效能对网络银行中顾客的感知有用性产生积极影响（β = 0.50，ρ ≤ 0.001），所以假设 12 被支持。就目前本研究所掌握的资料而言，在具体的网络银行情境中，产生相同结论的其它研究有 Chan 和 Lu（2004）、Guriting 和 Ndubisi（2006）以及 Wang et al.（2003）等。

H13：自我效能对网络银行中顾客的感知易用性产生积极影响。

自我效能对网络银行中顾客的感知易用性产生积极影响（β = 0.39，ρ ≤ 0.001），所以假设 13 被支持。就目前本研究所掌握的资料而言，在具体的网络银行情境中，产生相同结论的其它研究有 Chan 和 Lu（2004）、Chau 和 Lai（2003）、Guriting 和 Ndubisi（2006）以及 Wang et al.（2003）等。

H14：自我效能对网络银行中顾客的感知愉悦性产生积极影响。

自我效能对网络银行中顾客的感知愉悦性影响不显著（β = 0.05，ρ = 0.09），所以假设 14 被拒绝。就目前本研究所掌握的资料而言，在具体的网络银行情境中，还未曾见到有学者就自我效能对感知愉悦性的影响做出检验。

H15：自我效能对网络银行中顾客的感知风险产生消极影响。

自我效能对网络银行中顾客的感知风险产生消极影响（β = -0.31，ρ ≤ 0.01），所以假设 15 被支持。就目前本研究所掌握的资料而言，在具体的网络银行情境中，有关自我效能对感知风险的影响还未曾有学者涉及到。

H16：便利条件对网络银行中顾客的感知有用性产生积极影响。

便利条件对网络银行中顾客的感知有用性产生积极影响（β = 0.57，ρ ≤ 0.001），所以假设 16 被支持。本研究所得出的这一结论同 Alsajjan 和 Dennis（2006）以及 Sukkar 和 Hasan（2005）的研究结论是一致的。

H17：便利条件对于网络银行中顾客的感知易用性产生积极影响。

便利条件对网络银行中顾客的感知易用性产生积极影响（β = 0.63，ρ ≤ 0.001），所以假设 17 成立。本研究所得出的这一结论同 Alsajjan 和 Dennis（2006）、Chau 和 Lai（2003）、Liao 和 wong（2007）以及 Sukkar 和 Hasan（2005）的研究结论是一致的。

H18：便利条件对网络银行中顾客的感知愉悦性产生积极影响。

便利条件对网络银行中顾客的感知易用性产生积极影响（$\beta = 0.38$，$\rho \leqslant 0.01$），所以假设18成立。到目前为止，就本研究所掌握的资料而言，在具体的网络银行情境中，还未曾发现有学者就便利条件对感知愉悦性的影响做出实证性的研究。

H19：便利条件对网络银行中顾客的感知风险产生消极影响。

便利条件对网络银行中顾客的感知风险的影响并不显著（$\beta = -0.01$，$\rho = 0.94$），所以假设19不成立。本研究所得出的这一结论同 Liao 和 Wong（2007）以及 Ndubisi（2007）的研究结论相悖。

H20：便利条件对网络银行中顾客的采用意图产生积极影响。

便利条件对网络银行中顾客的采用意图的影响并不显著（$\beta = 0.03$，$\rho = 0.24$），所以假设20不成立。本研究所得出的这一结论同 Dauda et al.（2007）、Gerard 和 Cunningham（2003）、Nysveen et al.（2005）、Pikkarainen et al.（2004）、Polatoglu 和 Ekin（2001）以及 Tan 和 Teo（2000）的研究结论不相一致。

H21：便利条件对网络银行中顾客的信任产生积极影响。

便利条件对网络银行中顾客的信任产生积极影响（$\beta = 0.65$，$\rho \leqslant 0.001$），所以假设21成立。本研究所得出的这一结论同 Alsajjan 和 Dennis（2006）的研究结论是相一致的。

第七章

讨论与结论

本章首先讨论第五章对 21 个假设的检验结果，其次提炼本研究的主要结论，再次呈现本研究的管理意涵和理论贡献，最后指出本研究的局限和未来的研究方向。

第一节　对假设检验结果的讨论

本研究主要是探讨影响顾客采用网络银行之因素，本研究在科技接受模型的基础上建立了网络银行接受模型，并对模型中的有关 21 个假设进行了实证检验。从第五章实证检验之结果来看，在所有的假设中，共有 16 个假设得到了实证数据检验的支持，即假设 1（感知有用性对网络银行的采用意图有积极影响）、假设 2（感知有用性对网络银行中顾客的信任产生积极影响）、假设 3（感知易用性对网络银行的采用意图有积极影响）、假设 4（感知易用性对网络银行中顾客的信任产生积极影响）、假设 7（感知风险对网络银行中顾客的采用意图产生消极影响）、假设 8（感知风险对网络银行中顾客的信任产生消极影响）、假设 9（主观规范对网络银行中顾客的采用意图产生积极影响）、假设 10（主观规范对网络银行中顾客的信任产生积极影响）、假设 11（信任对网络银行中顾客的采用意图产生积极影响）、假设 12（自我效能对网络银行中顾客的感知有用性产生积极影响）、假设 13（自我效能对网络银行中顾客的感知易用性产生积极影响）、假设 15（自我效能对网络银行中顾客的感知风险产生消极影响）、假设 16（便利条件对网络银行中顾客的感知有用性产生积极影响）、假设 17（便利条件对于网络银行中顾客的感知易用性产生积极影响）、假设 18（便利条件对网络银行中顾客的感知愉悦性产生积极影响）和假设 21（便利条件对网络银行中顾客的信任产生积极影响）。而其余的 5 个假设没有通过实证数据的检验，即假设不成立，这些假设包括假设 5（感知愉悦性对网络银行中顾客的采用意图有积极影响）、假设 6（感知愉悦性对网络银行中顾客的信任产生积极影响）、假设 14（自我效能对网络银行中顾客的感知愉悦性产生积极影响）、假设 19（便利条件对网络银行中顾客的感知风险产生消极影响）和假设 20（便利条件对网络银行中顾客的采用意图产生积极影响）。以下就成立的假设和不成立的假设分别进行讨论。

一、对成立假设的讨论

假设 1（感知有用性对网络银行的采用意图有积极影响）和假设 3（感知易用性对网络银行的采用意图有积极影响）的检验结果再次证明了科技接受模型在信息技术领域具有广泛的通用性。科技接受模型认为使用者采用信息技术的主要原因是其有用性的功能以及源于功能的轻松感。银行部门可强化网络银行的有用性功能和容易采用的特性，以提高顾客对于网络银行有用性和易用性的感知，进而提高顾客对网络银行的采用意图。

就假设 2（感知有用性对网络银行中顾客的信任产生积极影响）和假设 4（感知易用性对网络银行中顾客的信任产生积极影响）而言，银行部门可以通过提高网络银行的系统功能性特征和易操作性来增加顾客对于网络银行的信任程度。

假设 7（感知风险对网络银行中顾客的采用意图产生消极影响）和假设 8（感知风险对网络银行中顾客的信任产生消极影响）说明在网络银行环境中，感知风险在减少顾客对网络银行的采用意图和信任方面起着不可忽视的作用。感知风险也应该是网络银行接受模型中除了感知有用性和感知易用性之外被考虑的角色之一。将感知风险引进科技接受模型亦会更好地预测顾客对网络银行的接受。银行部门应强化网络银行在交易安全及隐私保护方面的能力，以降低顾客对于风险的感知程度和提高顾客对网络银行的信任程度。

就假设 9（主观规范对网络银行中顾客的采用意图产生积极影响）和假设 10（主观规范对网络银行中顾客的信任产生积极影响）而言，银行部门可以通过网络营销、宣传手册/广告、口头传播以及其它促销手段来扩大网络银行的潜在顾客群，这将有助于提高顾客对网络银行的采用意图和加强顾客对网络银行的信任程度。

假设 11（信任对网络银行中顾客的采用意图产生积极影响）的显著性最为突出。这说明在网络银行环境中，信任在增加顾客对网络银行的采用意图方面扮演了重要的角色。信任应该是网络银行接受模型中除了感知有用性和感知易用性之外被考虑的角色之一。将信任引进科技接受模型会更好地预测顾客对网络银行的接受。银行部门应加强网络银行系统的服务质量和信息质量，从而增加顾客对网络银行的信任。另外，银行部门如何强化同顾客的沟通以及整合以网络银行为重点的多渠道营销传播以提高顾客的信任程度，也是推广网络银行业务的重要课题。

就假设 12（自我效能对网络银行中顾客的感知有用性产生积极影响）、假设 13（自我效能对网络银行中顾客的感知易用性产生积极影响）和假设 15（自我效能对网络银行中顾客的感知风险产生消极影响）而言，结合表 5.1 所提供的样本信息特征来判断，银行部门应将经济状况较优、教育程度较高、所处行业较为诱人以及具有电脑、互联网和网络银行使用经验的中青年顾客作为网络银行的首选目标客户。另外，银行部门如何强化顾客使用网络银行系统的自信能力，从而提高网络银行顾客的感知有用性和感知易用性以及降低网络银行顾客的感知风险也是推广网络银行业务的重要课题。

假设 16（便利条件对网络银行中顾客的感知有用性产生积极影响）、假设 17（便利条件对于网络银行中顾客的感知易用性产生积极影响）、假设 18（便利条件对网络银行中顾客的感知愉悦性产生积极影响）和假设 21（便利条件对网络银行中顾客的信任产生积极影响）显示出在网络银行环境中，银行方面应该加强自身组织资源和技术资源等方面的基础设施的建设，不断提升基础设施方面的软件和硬件的辅助支持。如加强信息质量和服务质量的管理和强化网络的可进入性、便利性和导航等技术支持等。这样不仅会使顾客感知到网络银行的系统性功能，也会使顾客体会到网络银行的简单易操作性，还会使顾客体验到采用网络银行过程中带来的愉悦，更会使顾客增加对网络银行的信任程度，进而促进顾客对网络银行进一步的采用。

二、对不成立假设的讨论

假设 5（感知愉悦性对网络银行中顾客的采用意图有积极影响）、假设 6（感知愉悦性对网络银行中顾客的信任产生积极影响）和假设 14（自我效能对网络银行中顾客的感知愉悦性产生积极影响）被拒绝。一个可能的原因是我国顾客采用网络银行还处于初级阶段，他们采用网络银行的目的就是为了实际的用途而不是追求所谓的娱乐，而缺乏对娱乐功能的追求就无法引起顾客的信任感。另外一个可能的原因是银行部门本身对于网络银行业务还处于一个探索的阶段，他们在设计网络银行系统时还很少考虑到娱乐性这一高级层次。所以银行部门若能增加网络银行系统的娱乐性，以提高顾客尤其是自信程度高的顾客对采用网络银行的喜爱程度，则顾客的采用意图也会越明显，而且还会增加顾客对网络银行的信任感。

假设 19（便利条件对网络银行中顾客的感知风险产生消极影响）和假设 20（便利条件对网络银行中顾客的采用意图产生积极影响）也被拒绝。一个可能的原因是尽管银行部门在顾客使用网络银行时给顾客提供了尽可能大的便利性，但是互联网的便利性也同时给病毒、黑客、假冒网站和网上欺诈提供了方便。这样顾客最为在乎的就是在通过网络实行交易时自身信息和财产的保护和安全。所以银行部门在提供便利性的同时，还要尽力不断加强网络安全和对顾客隐私和财产的保护，以便降低顾客对网络银行风险的感知和提高顾客对网络银行的采用意图。

第二节　研究结论

互联网的推广应用及市场竞争的加剧促使传统银行纷纷建立网络银行，而有关顾客采用网络银行的影响因素研究也越来越引起学者们的兴趣和关注。与以往的研究不同，本研究旨在回答和解决以下问题：

（1）究竟有哪些因素会影响顾客对网络银行的采用呢？何种因素对于采用意图的影响较大？

（2）顾客方面的自我效能和银行方面的便利条件对顾客的认知因素产生怎样的影响？

（3）信任和感知风险在网络银行接受中究竟充当什么样的角色？

本研究将科技接受模型引进具体的网络银行情境中，构建了网络银行接受模型。模型得到了 345 个有效样本的实证检验，这些样本通过实地拦截调查方法和网络调查方法而收集。

在所得出的 21 个假设关系的结论中，有 11 个结论是与先前的结论一致的。这些结论是：

感知有用性对网络银行的采用意图有积极影响、感知易用性对网络银行的采用意图有积极影响、感知易用性对网络银行中顾客的信任产生积极影响、感知风险对网络银行中顾客的采用意图产生消极影响、感知风险对网络银行中顾客的信任产生消极影响、信任对网络银行中顾客的采用意图产生积极影响、自我效能对网络银行中顾客的感知有用性产生积极影响、自我效能对网络银行中顾客的感知易用性产生积极影响、便利条件对网络银行中顾客的感知有用性产生积极影响和便利条件对网络银行中顾客的信任产生积极影响。

有 1 个结论与先前的结论相比是混合的，即同先前的有些学者的研究结论相一致，而同先前的另一些学者的研究结论却相悖。该结论是：

主观规范对网络银行中顾客的采用意图产生积极影响。

有 3 个结论与先前的研究不相吻合。这 3 个结论为：

感知愉悦性对网络银行中顾客的采用意图没有影响、便利条件对网络银行中顾客的感知风险没有产生影响和便利条件对网络银行中顾客的采用意图也没有产生影响。

还有 6 个结论是在本研究中得到了开创性的检验。这 6 个结论是：

感知有用性对网络银行中顾客的信任产生积极影响、感知愉悦性对网络银行中顾客的信任没有影响、主观规范对网络银行中顾客的信任产生积极影响、自我效能对网络银行中顾客的感知愉悦性没有产生影响、自我效能对网络银行中顾客的感知风险没有产生影响和便利条件对网络银行中顾客的感知愉悦性产生积极影响。

为了更加清晰地回答本研究引言部分和本节开头所提出的研究问题，本研究归纳出了以下主要结论：

（1）影响采用意图的因素有感知有用性、感知易用性、感知风险、主观规范和信任。其中，除了感知风险对采用意图产生消极影响外，其余的都对采用意图产生积极影响。而在所有的积极影响因素中，信任对采用意图的影响最为突出。

（2）顾客方面的自我效能对感知有用性和感知易用性产生积极影响，对感知愉悦性没有影响，而对感知风险产生消极影响。银行方面的便利条件对感知有用性、感知易用性和感知愉悦性产生积极影响，而对感知风险没有影响。

（3）信任和感知风险在顾客对网络银行的接受中扮演着不可忽视的重大角色。信任对采用意图的积极影响最为突出，信任会受到感知有用性、感知易用性、主观规范和便利条件的积极影响和感知风险的消极影响。感知风险会降低顾客对网络银行的采用意图，而自我效能却会减少顾客对网络银行采用的感知风险。

第三节 管理意涵和理论贡献

本研究结论之重要价值不仅表现在会给网络银行管理实践者开展营销活动带来重要的启示，而且还表现在会为研究顾客对网络银行采用的学者提供理论支持。现分述如下：

一、管理意涵

当今银行业之间的竞争愈演愈烈，各家银行都将网络银行作为战略武器来争夺顾客资源。网络银行会给银行和顾客带来双赢的利益格局，尤其是就银行方面而言，网络银行是银行业里最富有和最盈利的部分（Robinson，2000）。而网络银行要想盈利就必须让顾客充分了解和采用网络银行这一新兴的营销渠道。本研究在科技接受模型的基础上构建了网络银行接受模型并对模型中的21个假设关系进行了实证检验。本研究将给银行业在管理实践方面开展网络银行业务的推广带来重要的启示：

银行部门应该将顾客对网络银行的信任放在首要的位置。本研究的结论显示在所有的影响顾客采用网络银行的因素中，信任对顾客采用意图的影响最为强烈。所以银行部门在推广网络银行业务时不仅要加强宣传网络银行系统的实用功能和简单易操作性，而且更要突出网络银行系统的稳定性、安全性和对顾客隐私和财产的保密性。只有这样才能使顾客认识到网络银行是值得信赖和采用的。

在营销策略和促销措施方面，银行部门应该采用整合营销传播战略来扩大自己的顾客群。其中网络营销和银行宣传手册/广告应该是银行向顾客推广网络银行业务的主要策略。另外口头传播也是网络银行不该忽略的营销手段。通过整合营销传播战略可以使顾客充分受到网络银行的信息和其他采用网络银行人士的影响，从而促使更多的顾客采用网络银行。

在市场细分方面，银行部门应该将市场聚焦于自我效能高的顾客群体。自我效能高的顾客群体一般以中青年为主，他们主要来自收入较高的行业，大都具有文化程度较高的教育背景，而且比较熟悉电脑和互联网技术。这一顾客群体将会给网络银行业务带来不菲的收入。

银行部门还应该加强网络银行的便利条件，以使顾客体验到网络银行给其带来的方便。就硬件支持而言，银行可以建议甚至赞助或联合有关部门加大对网络的投入力度，提高有线和无线互联网络的流量和速度，同时还应加强自身的宽带和信息系统的建设，以使顾客感到容易接入和便利。就软件支持而言，银行应加强对自己员工的培训，增强服务意识；同时也应该加强网页内容的互动性、生动化、安全性和导航的简便性。

银行部门也可以举办定期的网络银行教育及培训活动，这样不仅可以让顾客认识和了解使用网络银行的优点，而且还可以降低顾客因教育水平、年龄、收入、职业等因素所造成的采用差距。银行部门还应该不断对顾客进行安全和风险方面的提醒和教育，以增加顾客的安全风险意识。从长远来看，政府部门也应从教育方面着手来强化民众的计算机能力与自信心，培养民众对网络风险辨识能力。唯如此，民间部门对推动网络银行的使用才能有更好的成效。

总之，银行部门应该认识到：开发像网络银行这样的新产品和服务可以吸引新顾客和保留老顾客，而顾客采用是网络银行业务获取利润的前提条件。在网络银行环境中，信任和感知风险因素对网络银行的采用意图起着至关重要的作用。所以银行部门在设计网络银行系统时，不仅要考虑有用性和易用性，更要考虑可信任性和风险性。银行部门还应该认识到：作为顾客方面因素的自我效能和作为银行方面因素的便利条件对网络银行的采用意图的前置认知因素也起着不可忽视的作用。

二、理论贡献

有关顾客采用网络银行的影响因素研究已经引起学者们的密切关注。通过对相关文献的梳理，本研究发现与先前的研究相比，本研究的理论贡献主要具体表现在以下方面：

先前的研究仅仅是分析了影响顾客对网络银行采用意图的认知因素，而对影响这些认知因素的前置因素并没有探讨和分析。本研究对感知有用性、感知易用性、感知愉悦性和感知风险等认知因素的前置因素进行了深入的探讨和分析。未来其它类似的研究可以在本研究的基础上继续将影响认知因素的前置因素进行进一步划分并检验。

先前绝大多数学者都从顾客方面的影响因素来研究顾客对于网络银行的采用，也有为数不多的学者从银行方面的影响因素来研究顾客对于网络银行的采用，但将银行方面的影响因素和顾客方面的影响因素结合起来对顾客采用网络银行进行研究的几乎还无人问津，这不能不说是网络银行采用研究中的一大缺陷。而本研究从银行和顾客双方面的角度对认知因素的前置因素进行了深入的探讨和具体的分析。未来其它类似的研究可以在本研究的基础上继续将影响采用的顾客方面的因素和银行方面的因素进行进一步划分。

到目前为止，在网络银行情境中，还未曾发现先前有研究探讨感知有用性对顾客信任的影响，也未曾发现先前有研究探讨感知愉悦性对顾客信任的影响，更未曾发现先前有研究探讨主观规范对顾客信任的影响。本研究将信任引进网络银行接受模型，对影响信任的这些前置因素分别进行了实证检验。未来其它类似的研究可以在本研究的基础上继续探讨和检验影响信任的这些前置因素。

到目前为止，在网络银行情境中，还未曾发现有学者就自我效能对顾客感知愉悦性之影响进行探讨和实证检验，也未曾发现有学者就自我效能对顾客感知风险之影响进行探讨和实证分析，更未曾发现有学者就便利条件对顾客感知愉悦性之影响进行探讨和实证检验。本研究对这些因素之间的关系分别进行了实证检验。未来其它类似的研究可以在本研究的基础上继续就这些因素之间的关系进行验证。

本研究中的问卷量表大部分来源于先前对信息技术接受的研究，如科技接受模型、创新理论、计划行为理论和理性行为理论等。在相关专家的指导下，经过在内容和措辞上反复的修改后借用到本研究中，并被本研究的预测试和正式检验所验证。因此，本研究中的问卷量表对于未来其它类似的研究也具有指导意义。

在研究方法上，本研究在采用实地拦截调查调查方法之外，还采用了网络调查方法。网络调查方法的问卷实际回收率比传统的邮寄调查方法要高的多。将实地拦截调查和网络调查相结合的方法在先前的研究中还未曾发现。未来类似的研究可以像本研究一样采用实地拦截调查和网络调查相结合的方法。在资料分析过程中，本研究采用了用于处理结构方程的 Amos7.0 软件，该软件具有友善的界面和能够直接转换原始资料的特点，目前在国内外还未曾见到有学者运用该软件进行网络银行接受的研究。未来类似的研究也可以借鉴本研究的这一做法。

在文献回顾方面，以往的研究没有对顾客采用网络银行的影响因素进行回顾，而本研究却在这方面做了专门梳理和评价。在进行有关信息技术采用的文献回顾时，以往的研究仅仅将所回顾的理论局限于科技接受模型、计划行为理论、理性行为理论和创新理论等，而本研究却将所回顾的理论扩展到任务技术匹配模型、沉浸理论、基于科技的自助服务传递模型和动机理论等更为广泛的范围。可见，在信息技术接受理论的回顾方面，本研究比以往任何研究所回顾的相关理论都要丰富和全面。另外，本研究还以科技接受模型为基准对相关理论进行了比较，这在以往的研究中是不曾多见的。未来类似的研究可以在本研究所作的理论回顾基础上继续开展更加深入的探讨。

第四节　研究局限和未来之研究方向

任何一项科学研究都是一项值得不断继续探索的课题，这是不言而喻的。本研究亦不例外，必定也有值得继续深入研究的余地。因此，这里有必要指出本文的研究局限和未来之研究方向。

一、研究局限

本研究的贡献在于考虑到了网络银行的特点而将顾客方面的信任、感知风险和自我效能等因素以及银行方面的便利条件因素整合进科技接受模型，从而就顾客对网络银行采用意图的影响因素进行了检验。但同任何其它研究一样，本研究亦有其局限之处，主要表现在：

首先，在样本选取方面仅以都市为参考还不足以代表整个中国的实际情况。实地拦截调查仅仅选取了深圳、广州、苏州、上海和杭州五个城市，这五个城市都是中国金融业相对发达的地区，但是中国大部分地区尤其是中西部地区还处于发展十分落后的阶段。网络调查尽管覆盖的城市多一些，但是也仍旧是局限于经济发展较好的城市，边缘落后地区的城镇和农村更是无法覆盖。

其次，研究对象仅限于企业对顾客（B2C），没有采用企业对企业（B2B）或企业对政府（B2G）为研究对象，所以所得出的结论对企业和政府等组织不一定适用。个体顾客、企业顾客和政府顾客在采用网络银行时所面对的环境是不同的，所以，这些顾客在采用网络银行时受到的影响因素也会有所差异。本研究仅仅以个体顾客为研究对象，研究结论不一定能够推广到企业顾客和政府顾客所处的具体情境中。

再次，为了便于被试者填答问卷，本研究对问项采用了多重选择题的方式。尽管每个问题基本上都来源于先前之研究，并在专家的指导下经过反复在内容和措辞方面进行修正，并在具体的网络银行环境中通过了预测试，但是本研究所提供的问题答案不可能包括全部。而且，将每个问题的答案以多选形式固定下来有可能导致被调查者答题时产生偏差。

第四，本研究在实证分析中采用的是一种截面研究的方法，即对一个代表某一时间点的总体或现象的样本的观察。但在现实中，顾客由不采用到采用网络银行或由采用到不采用网络银行是一个过程，这就需要采用历时研究方法，即一种跨时段观察同一现象的研究方法来研究顾客采用网络银行的影响因素。所以，只有将截面研究和历时研究两种方法相结合，才能更加完整和精确地来分析顾客采用网络银行的影响因素。

第五，网络银行服务不受国界和地理范围的约束和限制，银行在通过网络银行进行国际营销活动时，必须注意文化距离给其顾客带来的影响。文化距离是指人们表现出的在价值和规范方面的差异，如信仰的差异、语言的不同和教育的区别等等。研究表明，人们愿意花更多的时间浏览那些以自己国家语言编写而且与本国文化相协调的网站（Siegel，2004）。这就意味着，文化距离越大，顾客越不愿意采用相应的网络银行系统，而文化距离越小，顾客就越愿意采用相应的网络银行系统。因此，没有将文化距离方面的影响因素列入到本研究中也是一种缺陷。

最后，就影响顾客认知因素的前置因素而言，除了顾客和银行双方面的影响因素之外，还应该有环境方面的因素如政府政策和法律支持等。尽管先前还未曾有学者就环境方面的影响因素进行过研究，但本研究没有将该方面的影响因素考虑进模型的构建中不能说不是一种遗憾。

二、未来之研究方向

真正的科学研究是随着未来时代背景的转换而不断地深入发展的，本研究自然也尚有继续探究的许多其它未竟的话题。本研究所得出的管理意涵、研究贡献和研究局限为未来之研究指出了几个方向，即未来之研究可以从以下几个方面着手加以探讨：

首先是扩大样本选择地区。考虑样本的选择时不仅要考虑发达的都市地区，也要考虑发展相对落后的城镇，尤其是城乡差别的因素在选择样本时应该考虑进去。

其次，未来的研究不仅要考虑网络银行的个体顾客，更要针对企业和政府等组织顾客的特点来探讨顾客采用网络银行时的各个影响因素。

再次，未来的研究在通过运用截面研究方法检验网络银行采用的影响因素时，同时也有必要采用历时研究的方法，比如可以追踪顾客从采用到不采用这个过程，或者可以追踪顾客从不采用到采用这个过程，或者可以将顾客分为早期采用者、中期采用者和晚期采用者等等。

第四，网络银行服务不受国界和地理范围的约束和限制，未来的研究在构建网络银行接受模型时，也必须注意文化距离对顾客采用意图的影响。

最后，顾客采用网络银行的影响因素不仅有银行方面和顾客方面的，而且还有环境方面的。未来的研究在构建网络银行接受模型时，也不妨将环境方面的影响因素考虑进模型中。

参考文献

［1］阿尔文·C·伯恩斯和罗纳德·F·布什著、梅清豪，周安柱，徐炜熊译：《营销调研（第二版)》，北京：中国人民大学出版社，2000 年。

［2］艾尔·巴比著、邱泽奇译：《社会研究方法（第 10 版)》，北京：华夏出版社，2005 年。

［3］艾瑞咨询：《2006 年中国网络支付研究报告》，2006 年。2007 年 6 月 29 日引自 http：//www. iresearch. com. cn/html/Online_ Payment/detail_ report_ id_ 36069. html

［4］陈顺宇：《结构方程模式－Amos 操作》，中国台北：心理出版社，2007 年。

［5］方渝军：《中国网上银行业务发展迅猛，规模数量"双增长"》2006 版。2007 年 6 月 28 日引自 http：//news. xinhuanet. com/tech/2006－07/24/content_ 4870563. htm

［6］侯杰泰、温忠麟、成子娟著：《结构方程模型及其应用》，北京：教育科学出版社，2005 年。

［7］黄芳铭著：《结构方程模式：理论与应用》，北京：中国税务出版社，2005 年。

［8］（美）刘易思·艾肯著、张厚粲和黎坚译：《心理测量与评估》，北京：北京师范大学出版社，2006 年。

［9］纳雷希·K·马尔霍特拉著、涂平等译：《市场营销研究——应用导向（第 3 版)》，北京：电子工业出版社，2002 年。

［10］邵兵家、杨霖华：《个人网上银行使用意向影响因素的实证研究》，《营销科学学报》，2006 年第 2 辑第 1 期，第 59～71 页。

［11］邵兵家、杨霖华：《不同群体网上银行使用意向影响因素的比较研究》，《管理工程学报》2008 年第 22 卷第 1 期，第 143～146 页。

［12］滕光进、刘琛：《美国银行业经营策略的变革及其动因分析》，《中国发展观察》，2006 年。2007 年 6 月 28 日引自 http：//www. chinado. cn/ReadNews. asp？NewsID＝551

［13］王永莉：《我国网络银行的发展及其监管初探》，《西南民族大学学报（人文社科版)》，2003 年第 24 卷第 4 期，第 46～50 页。

［14］王玉秋：《我国网络银行的发展研究》，《长春金融高等专科学校学报》，2005 年第 81 卷第 3 期，第 5～8 页。

[15] 吴晓云、焦勇兵：《国际进入模式研究：一种网络的观点》，《商业经济与管理》，2007 年第 188 卷第 6 期，第 43 ~ 50 页。

[16] 中国金融认证中心：《2006 中国网上银行调查报告》，2006 年。2007 年 6 月 29 日引自 http：//www. cfca. com. cn/2006 - dc. htm

[17] ABI. , "More banking via Internet," *Australian Business Intelligence*, 2003.

[18] Adams, D. , Nelson, R. R. , and Todd, P. , "Perceived usefulness, ease of use, and usage of information technology: a replication," *Management of Information System*, Vol. 16, No. 2, 1992, pp. 227 ~ 248.

[19] Agarwal, R. , and Karahanna, E. , "Time flies when you're having fun: Cognitive absorption and beliefs about information technology usage," *MIS Quarterly*, Vol. 24, 2000, pp. 665 ~ 694.

[20] Agarwal, R. , and Prasad, J. , "The role of innovation characteristics and perceived voluntariness in the acceptance of information technologies," *Decision Sciences*, Vol. 28, 1997, pp. 557 ~ 582.

[21] Agarwal, R. , and Prasad, J. , "The Antecedents and Consequents of User Perceptions in Information Technology Adoption," *Decision Support Systems*, Vol. 22, No. 1, 1998, pp. 15 ~ 29.

[22] Agarwal, R. , and Prasad, J. , "Are individual differences germane to the acceptance of new information technologies?" *Decision Support systems*, Vol. 30, No. 2, 1999, pp. 361 ~ 391.

[23] Agarwal, R. , Sambamurthy, V. , and Stair, R. , "The Evolving Relationship between General and Specific Computer Literacy – An Empirical Assessment," *Information Systems Research*, Vol. 11, No. 4, 2000, pp. 418 ~ 430.

[24] Ahuja, M. K. , and Thatcher, J. B. , "Moving beyond Intentions and toward the Theory of Trying: Effects of Work Environment and Gender on Post – Adoption Information Technology Use," *MIS Quarterly*, Vol. 29, No. 3, 2005, pp. 427 ~ 459.

[25] Ajzen, I. , "From intention to action: A Theory of planned behavior" . In: *Action control from cognition to behaviour*. Kuhland, J. , and Beckman, J (eds) . Heidelberg: Springer, 1985.

[26] Ajzen, I. "The theory of planned behavior," *Organizational Behavior and Human Decision Processes*, Vol. 50, 1991, pp. 179 ~ 211.

[27] Ajzen, I. and Fishbein, M. , *Understanding Attitudes and Predicting Social Behavior*. NJ: Prentice Hall, 1980, pp. 217 ~ 242.

[28] Akerlof, George A. , "The Market for 'Lemons': Qualitative Uncertainty and the Market Mechanisms," *Quarterly Journal of Economics*, Vol. 84, No. August, 1970, pp. 488 ~ 500.

[29] Akinci, S. , Aksoy, A. and Atilgan, E. , "Adoption of Internet banking among sophisticated consumer segments in an advanced developing country," *International Journal of Bank Mar-*

keting, Vol. 22, No. 3, 2004, pp. 212 ~ 232.

［30］Alba, J., Lynch, J., Weitz, B., Janiszewski, C., Lutz, R., Sawyer, A., and Wood, S., "Interactive Home Shopping: Consumer, Retailer, and Manufacturer Incentive to Participate in Electronic Market places," *Journal of Marketing*, Vol. 61, No. 7, 1997, pp. 38 ~ 53.

［31］Al – Gahtani, S., "The applicability of TAM outside North America: an empirical test in the United Kingdom," *Information Resources Management Journal*, Vol. 3, 2001, pp. 37 ~ 46.

［32］Alsajjan, B. A. and Dennis, C., "The Impact of Trust on Acceptance of Online Banking," *Commercial Distribution*, Vol. 6, 2006, pp. 27 ~ 30.

［33］Andaleeb S. S., and Anwar, S. F., "Factors influencing customer trust in salespersons in a developing country," *Journal of International Marketing*, Vol. 4, 1996, pp. 35 ~ 52.

［34］Anderson, E., and Weitz, B., "Determinants of Continuity in Conventional channels," *Marketing Science*, Vol. 8, 1990, pp. 310 ~ 323.

［35］Anderson, J., Narus, J., "A model of distributor firm and manufacturing firm working partnership," *Journal of Marketing*, Vol. 54, No. 1, 1990, pp. 42 ~ 58.

［36］Anguelov, C. E., Hilgert, M. A., and Hogarth, J. M., "U. S. consumers and electronic banking, 1995 ~ 2003," *The Federal Reserve Board*, 2004.

［37］Baba, M. L., "Dangerous liaisons: Trust, distrust, and information technology in American work organizations," *Human Organization*, Vol. 58, 1999, pp. 331 ~ 346.

［38］Babin, B., Darden, W., and Griffin, M., "Work and/or Fun: Measuring Hedonic and Utilitarian Shopping Value," *Journal of Consumer Research*, 1994, Vol. 20（March）, pp. 644 ~ 656.

［39］Bagozzi, R. P., "Attitudes, intentions, and behavior: A test of some key hypotheses," *Journal of Personality and Social Psychology*, Vol. 41, 1981, pp. 607 ~ 627.

［40］Bagozzi, R. P., "A field investigation of causal relations among cognitions, affect, intentions, and behavior," *Journal of Marketing Research*, Vol. 19, 1982, pp. 562 ~ 583.

［41］Bagozzi, R. P., "A holistic methodology for modeling consumer response to innovation," *Operations Research*, Vol. 31, 1983, pp. 128 ~ 176.

［42］Bakos, J. Y., and Brynjolfsson, E., "Information technology, incentives and optimal number of suppliers," *Journal of Management Information Systems*, Vol. 10（Fall）, 1993, pp. 37 ~ 53.

［43］Bandura, A., "Self – efficacy: Toward a Unifying Theory of Behavioral Change," *Psychological Review*, Vol. 84, No. 2, 1977, pp. 191 ~ 215.

［44］Bandura, A., "Reflections on Self – Efficacy". In: *Advances in Behavioral Research and Therapy*, Rachman, S.（Ed.）England: Pergamon Press, 1978, pp. 237 ~ 269.

［45］Bandura, A., "Self – efficacy Mechanism in Human Agency," *American Psychologist*, Vol. 37, No. 2, 1982, pp. 122 ~ 147.

[46] Bandura, A. , *Social Foundations of Thought and Action*: *A Social Cognitive Theory*. NJ: Prentice Hall, 1986.

[47] Bandura, A. , "The assessment and predictive generality of self – percepts of efficacy," *Journal of Behavior Therapy and Experimental Psychiatry*, Vol. 13, 1992, pp. 195 ~ 199.

[48] Bandura, A. , *Self – efficacy*: *The exercise of control*. New York: Freeman, 1997.

[49] Barczak, G. , Ellen, P. S. , and Pilling, B. K. , "Developing typologies of consumer motives for use of technologically based banking services," *Journal of Business Research*, Vol. 38, No. 2, 1997, pp. 131 ~ 139.

[50] Barling, J. , and Beattie, R. , "Self – efficacy Beliefs and Sales Performance," *Journal of Organizational Behavior Management*, Vol. 5, 1983, pp. 41 ~ 51.

[51] Baronas, A. K. and Louis, M. R. , "Restoring a sense of control during implementation: how user involvement leads to system acceptance," *MIS Quarterly*, Vol. 12, No. 1, 1988, pp. 111 ~ 124.

[52] Bart, Y. , Shankar, V. Sultan, F. , and Urban, G. L. , "Are the Drivers and Role of Online Trust the Same for All Web Sites and Consumers? A Large – Scale Exploratory Empirical Study," *Journal of Marketing*, Vol. 69, No. 4, 2005, pp. 133 ~ 152.

[53] Bauer, R. A. , "Consumer Behavior as Risk Taking" . In: *Dynamic Marketing in a Changing World*. R. S. Hancock, R. S. (ed.) . Chicago: American Marketing Association, 1960, pp. 389 ~ 398.

[54] BCBS. , "Risk Management for Electronic Banking and Electronic Money Activities," *Basle Committee on Banking Supervision*, 1998.

[55] Bélanger, F. , Hiller, J. and Smith, W. J. , "Trustworthiness in electronic commerce: The role of privacy, security, and site attributes," *Journal of Strategic Information Systems*, Vol. 11, No. 3/4, 2002, pp. 245 ~ 270.

[56] Benamati, J. , Serva, M. A. and Fuller, M. A. , "Are Trust and Distrust Distinct Constructs? An Empirical Study of the Effects of Trust and Distrust among Online Banking Users," *Proceedings of the 39th Hawaii International Conference on System Sciences*, 2006, Retrieved 31/05/2007, from http: //csdl2. computer. org/comp/proceedings/hicss/2006/2507/06/250760121b. pdf

[57] Bensaou, M. , "Interorganizational cooperation: The role of information technology—An empirical comparison of U. S. and Japanese supplier relations," *Information Systems Research*, Vol. 8 (June), 1997, pp. 107 ~ 124.

[58] Bensaou, M. , and Venkatraman, N. , "Configurations of interorganizational relationships: A comparison between U. S. and Japanese automakers," *Management Science*, Vol. 41 (September), 1995, pp. 1471 ~ 1492.

[59] Berry, L. L. , "Services marketing is different," *Business*, Vol. 30 (May), 1980, pp.

24 ~ 29.

[60] Bhattacherjee, A., "Acceptance of e – commerce services: the case of electronic Brokerages," *IEEE Transactions on Systems, Man and Cybernetics, Part A, Systems and Humans*, Vol. 30, No. 4, 2000, pp. 411 ~ 420.

[61] Bhattacherjee, A., "Individual trust in online firms: scale development and initial test," *Journal of Management and Information Systems*, Vol. 19, No. 1, 2002, pp. 211 ~ 241.

[62] Bhattacharya, K. K. and Saha, S., "Trust dimensions in e – retailing: A strategic exploration," In: *IEEE International Engineering Management Conference*, 2004.

[63] Bhatnagar, A., Misra, S., and Rao, H. R., "On risk, convenience and Internet shopping behavior," *Communication of ACM*, Vol. 43, No. 11, 2000, pp. 98 ~ 105.

[64] Bhattacharya, R., Devinney, T., and Pillutla, M., "A Formal Model of Trust Based on Outcomes," *Academy of Management Review*, Vol. 23, No. 3, 1998, pp. 459 ~ 472.

[65] Bhimani, A., "Securing the Commercial Internet," *Communications of the ACM*, Vol. 39, No. 6, 1996, pp. 29 ~ 35.

[66] Bitner, Mary Jo, Stephen W. Brown, and Meuter, Matthew L., "Technology Infusion in Service Encounters," *Journal of the Academy of Marketing Science*, Vol. 28, No. 1, 2000, pp. 138 ~ 149.

[67] Bitner, M. J., Booms, B. H. and Mohr, L. A., "Critical service encounters: the employee's viewpoint," *Journal of Marketing*, Vol. 58 (October), 1994, pp. 95 ~ 106.

[68] Black, N. J., Lockett, A., Winklhofer, H., and Ennew, C., "The adoption of Internet financial services: a qualitative study," *International Journal of Retail and Distribution Management*, Vol. 29, No. 8, 2001, pp. 390 ~ 398.

[69] Black, N. J., Lockett, A., Winklhofer, H. and McKechnie, S., "Modelling consumer choice of distribution channels: an illustration from financial services," *The International Journal of Bank Marketing*, Vol. 20, No. 4, 2002, pp. 161 ~ 173.

[70] Blakney, V. L. and Sekely, W., "Retail Attributes: Influence on Shopping Mode Choice Behavior," *Journal of Managerial Issues*, Vol. 6, No. 1, 1994, pp. 101 ~ 118.

[71] Blau, P. M., *Exchange and power in social life*. New York: Wiley, 1964.

[72] Bloemer, J., Ruyter, K., and Peeters, P., "Investigating drivers of bank loyalty: the complex relationship between image, service quality and satisfaction," *International Journal of Bank Marketing*, 1998, Vol. 16, No. 7, pp. 276 ~ 286.

[73] Bostrom, R., Olfinan, L., and Sein, M., "The Importance of Learning Style in End – User Training," *MIS Quarterly*, Vol. 14, No. I, 1990, pp. 100 ~ 1 20.

[74] Bouwman, H., Carlsson, C., Molina – Castillo, F. J., and Walden, P., "Barriers and drivers in the adoption of current and future mobile services in Finland," *Telematics and Infor-*

matics, Vol. 24, 2007, pp. 145 ~ 160.

[75] Boyle, B. A. , "A multi – dimensional perspective on sales person commitment," *Journal of Business and Industrial Marketing*, Vol. 2, No. 6, 1997, pp. 280 ~ 296.

[76] Bradach, J. , and Eccles, R. , "Price, authority, and Trust: From ideal types to plural forms," *Annual Review of Sociology*, Vol. 15, 1989, pp. 97 ~ 118.

[77] Bradley, L. and Stewart, K. , "A Delphi study of the drivers and inhibitors of Internet banking," *The International Journal of Bank Marketing*, Vol. 20, No. 6, 2003, pp. 250 ~ 260.

[78] Breward, Michael, "Perceived Privacy and Perceived Security and Their Effects on Trust, Risk, and User Intentions," *Eighth World Congress on the Management of eBusiness*, 2007. Retrieved 22/4/1007, from http: //ieeexplore. ieee. org/iel5/4285290/4285291/04285303. pdf? tp = andisnumber = 4285291 andarnumber = 4285303

[79] Brod, C. , "Managing techno stress: Optimizing the use of computer technology," *Personnel Journal*, Vol. 61, No. 10, 1982, pp. 753 ~ 757.

[80] Brosnan, M. J. , "The impact of computer anxiety and self – efficacy upon performance," *Computer Assist Learning*, Vol. 14, No. 3, 1998, pp. 223 ~ 234.

[81] Brown, S. A. , and Venkatesh, V. , "Model of Adoption of Technology in Households: A Baseline Model Test and Extension Incorporating Household Life Cycle," *MIS Quarterly*, Vol. 29, No. 3, 2005, pp. 399 ~ 426.

[82] Bruner, G. , and Kumar, A. , "Explaining consumer acceptance of handheld Internet devices," *Journal of Business Research*, Vol. 58, 2003, pp. 553 ~ 558.

[83] Burgess, Brigitte, "A comparison of TV home shoppers based on risk perception," *Journal of Fashion Marketing and Management*, Vol. 7, No. 3, 2003, pp. 259 ~ 271.

[84] Busselle, R. , Reagan, J. , Pinkleton, B. , and Jackson, K. , "Factors affecting internet use in a saturated – access population," *Telematics and Informatics*, Vol. 16, No. 3, 1999, pp. 45 ~ 58.

[85] Cambre, M. A. and Cook, D. L. , "Computer anxiety: Definition, measurement and correlates," *Journal of Educational Computing Research*, 1985, pp. 37 ~ 54.

[86] Cases, A. S. , "Perceived risk and risk – reduction strategies in Internet shopping," *The International Review of Retail Distribution and Consumer Research*, Vol. 12, No. 4, 2002, pp. 375 ~ 394.

[87] Chan, Siu – Cheung and Lu, Ming – te, "Understanding Internet Banking Adoption and Use Behavior: A Hong Kong Perspective," *Journal of Global Information Management*, Vol. 12, No. 3, 2004, pp. 21 ~ 43.

[88] Chang, Y. , "Dynamics of banking technology adoption: An application to Internet banking," *Working Paper*. University of Warwick. 2002.

[89] Chau, K. Y. Patrick. , "An empirical investigation on factors affecting the acceptance of CASE by system developers," *Information and Management*, Vol. 30, 1996b, pp. 269 ~ 280.

[90] Chau, K. Y. Patrick. , "E – commerce user behavior model: an empirical study," *Journal of Management Information Systems*, Vol. 13, No. 2, 2000, pp. 185 – 204.

[91] Chau, K. Y. Patrick, and Hu, P. J. H. , "Information Technology acceptance by individual professionals: A model comparison approach," *Decision Science*, Vol. 32, No. 4, 2001, pp. 699 ~ 719.

[92] Chau, K. Y. Patrick, and Lai, S. K. Vincent, "An empirical investigation of the determinants of user acceptance of Internet Banking," *Journal of Organizational Computing and Electronic Commerce*, Vol. 13, No. 2, 2003, pp. 123 ~ 145.

[93] Chaudhuri, Arjun and Holbrook, Morris, "The Chain of Effects From Brand Trust and Brand Affect to Brand Performance: The Role of Brand Loyalty," *Journal of Marketing*, Vol. 65 (April), 2001, pp. 81 ~ 93.

[94] Chen, L. , Gillenson, M. , and Sherrell, D. , "Enticing online consumers: An extended technology acceptance perspective," *Information and Management*, Vol. 39, No. 8, 2002, pp. 705 ~ 719.

[95] Cheng, T. C. Edwin, Lam, David Y. C. , and Yeung, Andy C. L. , "Adoption of internet banking: An empirical study in Hong Kong," *Decision Support Systems*, Vol. 42, No. 3, 2006, pp. 1558 ~ 1572.

[96] Cheong, J. H. , and Park, M. – C. , "Mobile internet acceptance in Korea," *Internet Research*, Vol. 15, No. 2, 2005, pp. 125 ~ 140.

[97] Chesney, Thomas, "An Acceptance Model for Useful and Fun Information Systems," *Human Technology: An Interdisciplinary Journal on Humans in ICT Environments*, Vol. 2, No. 2, 2006, pp. 225 ~ 235.

[98] Cheung, M. T. , and Liao, Z. , "Supply – side hurdles in Internet B2C e – commerce: An empirical investigation," *IEEE Transactions on Engineering Management*, Vol. 50, No. 4, 2003, pp. 458 ~ 469.

[99] Childers, T. , Carr, C. , Peck, J. , and Carson, S. , "Hedonic and utilitarian motivations for online retail shopping behavior," *Journal of Retailing*, Vol. 77, No. 4, 2001, pp. 511 ~ 535.

[100] Chin, W. W. , and Gopal, A. , "Adoption intentions in GSS: relative importance of beliefs," *Database for Advances in Information Systems*, Vol. 26, No. 2 ~ 3, 1995, pp. 189 ~ 211.

[101] Chin W. C, and Todd P. A. , "On the use, usefulness and ease of use of structural equation modeling in MIS research: a note of caution," *MIS Quaterly*, Vol. 19, No. 2, 1995, pp. 237 ~ 246.

[102] Chiou, Jyh – Shen and Droge, C. , "Service Quality, Trust, Specific Asset Investment, and Expertise: Direct and Indirect Effects in a Satisfaction – Loyalty Framework," *Journal of the Academy of Marketing Science*, Vol. 34, 2006, pp. 613 ~ 628.

[103] Chou, D. , Yen, D. , Lin, B. , and Hong – Lam Cheng, P. , "Cyberspace security management," *Industrial Management and Data Systems*, Vol. 99, No. 8, 1999, pp. 353 ~ 361.

[104] Chua, E. K. , "Consumer Intention to Deposit at Banks: An Empirical Investigation of its Relationship with Attitude, Normative Belief and Confidence," *Academic Exercise, Faculty of Business Administration*, National University of Singapore, 1980.

[105] Churchill, G. A. , "A paradigm for developing better measures of marketing constructs," *Journal of Marketing Research*, Vol. 16, No. 1, 1979, pp. 64 ~ 73.

[106] Cockburn, C. , and Wilson, T. D. , "Business Use of the World Wide Web," *International Journal of Information Management*, Vol. 16, No. 2, 1996, pp. 83 ~ 102.

[107] Cohen, J. and Dennis, M. H. , "An Analysis of Underlying Constructs Affecting the Choice of Accounting as a Major," *Issues in Accounting Education*, Vol. 8, No. 2, 1993, pp. 219 ~ 238.

[108] Compeau, D. R. and Higgins, C. A. , "Application of Social Cognitive Theory to Training for Computer Skills," *Information Systems Research*, Vol. 6, No. 2, 1995a, pp. 118 ~ 143.

[109] Compeau, D. R. and Higgins, C. A. , "Computer Self – Efficacy: Development of a Measure and Initial Test," *MIS Quartely*, Vol. 19, No. 2, 1995b, pp. 189 ~ 211.

[110] Compeau, D. R. , Higgins, C. A. , and Huff, S. , "Social Cognitive Theory and Individual Reactions to Computing Technology: A Longitudinal Study," *MIS Quarterly*, Vol. 23, No. 2, 1999, pp. 145 ~ 158.

[111] Cooper, D. N. , "The future of work in the digital diaspora: Economic restructuring and Education," *Journal of Organizational Change Management*, Vol. 10, No. 2, 1997, p. 139.

[112] Corritore, C. L. , Kracher, B. , and Wiedenbeck, S. , "On – line trust: Concepts, e-volving themes, a model," *International Journal of Human – Computer Studies*, Vol. 58, 2003, pp. 737 ~ 758.

[113] Cox, Donald F. , *Risk Taking and Information Handling in Consumer Behavior*. Boston: Harvard University, 1967.

[114] CRM Today, *Financial insights Forecasts rapid Internet banking usage through* 2007. 2007. Retrieved 21/02/2008, from http://www. crm2day. com

[115] Cronin, M. J. , *Banking and Finance on the Internet*. Wiley, John and Sons Incorporated, Hoboken. 1997.

[116] Crosby, L. A. , Evans, K. R. , and Cowles, D. , "Relationship quality in services selling: An interpersonal influence perspective," *Journal of Marketing*, Vol. 54, 1990, pp. 68 ~ 81.

［117］Csikszentmihalyi, M. , *Beyond Boredom and Anxiety.* CA: Jossey – Bass, 1975, pp. 109～219.

［118］Csikszentmihalyi, M. , *Flow: The Psychology of Optimal Experience.* New York: Harper and Row, 1990.

［119］Csikszentmihalyi, M. and Csikszentmihalyi, I. , *Optimal experience: Psychological studies of flow in consciousness.* New York: Cambridge University Press, 1988.

［120］Csikszentmihalyi, M. , and LeFevre, J. , "Optimal experience in work and leisure," *Journal of Personality and Social Psychology*, Vol. 56, No. 5, 1989, pp. 815～822.

［121］Csikszentmihalyi, M. , and Massimini, F. , "On the psychological selection of bio – cultural information," *New Ideas in Psychology*, Vol. 3, No. 2, 1985, pp. 115～138.

［122］Culnan, M. J. , "Environmental scanning: The effects of task complexity and source accessibility on information gathering behavior," *Decision Sciences*, Vol. 14, 1983, pp. 194 - 206.

［123］Culnan, M. J. , "The dimensions of accessibility to online information: Implications for implementing office information systems," *ACM Transactions on Office Information Systems*, Vol. 2, 1984, pp. 141～150.

［124］Culnan, M. J. , "The dimensions of perceived accessibility to information: Implications for the delivery of information systems and services," *Journal of the American Society for Information Science*, Vol. 36, 1985, pp. 302～308.

［125］Cummings, L. L. , and Bromiley, P. , "The organizational trust inventory (OTI)". In: *Trust in Organizations: Frontiers of Theory and Research.* Kramer, R. K. , and Tyler, T. R. (Eds). CA: Sage, 1996, pp. 302～330.

［126］Cunningham, S. M. , "The major dimensions of perceived risk". In: *Risk Taking and Information Handling in Consumer Behavior.* Cox, D. F. (Eds). Allston: Harvard University Press, 1967, pp. 82～108.

［127］Dabholkar, Pratibha A. , "Technology – Based Self – Service Delivery: A Classification Scheme For Developing Marketing Strategies," *Advances in Services Marketing and Management*, Vol. 3, 1994, pp. 241～271.

［128］Dabholkar, Pratibha A. , "Consumer Evaluations of New Technology – Based Self – Service Options: An Investigation of Alternative Models of Service Quality," *International Journal of Research in Marketing*, Vol. 13, 1996, pp. 29～51.

［129］Dabholkar, Pratibha A. and Bagozzi, Richard, "An Attitudinal Model of Technology – Based Self – Service: Moderating Effects of Consumer Traits and Situational Factors," *Journal of the Academy of Marketing Science*, Vol. 30, No. 3, 2002, pp. 184～202.

［130］Daniel, E. , and Storey, C. , "Online banking: Strategic and management challenges," *Long Range Planning*, Vol. 30, No. 6, 1997, pp. 890～898.

［131］Dasgupta, P. , "Trust as a commodity – Trust: Making and Breaking Cooperative Relations," *Oklahoma: Blackwell*, 1988.

［132］Dauda, Y. A. , Santhapparaj, S. , Asirvatham, D. , and Raman, M. , "The Impact of E – Commerce Security, and National Environment on Consumer adoption of Internet Banking in Malaysia and Singapore," *Journal of Internet Banking and Commerce*, Vol. 12, No. 2, 2007, Retrieved 12/6/2007, from http: //www. arraydev. com/commerce/jibc/

［133］Davis, F. D. , "Perceived usefulness, perceived ease of use, and user acceptance of information technology," *MIS Quarterly*, Vol. 9, 1989, pp. 319 ~ 340.

［134］Davis, F. D. , "User acceptance of information technology: system characteristics, user perceptions and behavioral impacts," *International Journal of Man – Machine Studies*, Vol. 38, 1993, pp. 475 ~ 487.

［135］Davis, F. D. and Venkatesh, V. , "A critical assessment of potential measurement biases in the technology acceptance model: three experiments," *International Journal of Human – Computer Studies*, Vol. 45, 1996, pp. 19 ~ 45.

［136］Davis, F. D. , Bagozzi, R. P. , and Warshaw, P. R. , "User acceptance of computer technology: a comparison of two theoretical models," *Management Science*, Vol. 35, No. 8, 1989, pp. 982 ~ 1003.

［137］Davis, F. D. , Bagozzi, R. P. , and Warshaw, P. R. , "Extrinsic and Intrinsic Motivation to Use Computers in the Workplace," *Journal of Applied Social Psychology*, Vol. 22, No. 14, 1992, pp. 1111 ~ 1132.

［138］Dbresearch. , "What we learn from the differences in Europe," 2006. Retrieved 21/02/2007, from http: //www. dbresearch. com/PROD/DBR _ INTERNET _ EN – PROD/PROD0000000000196129. pdf

［139］Deci, E. L. and R. M. Ryan. , *Intrinsic Motivation and Self – Determination in Human Behavior*. New York: Plenum Press, 1985.

［140］Deci, E. L. and R. M. Ryan. , *Intrinsic motivation and self – determination in human behavior*. New York: McGraw – Hill, Inc. , 1991.

［141］Deci, E. L. , Koestner, R. and Ryan, R. M. , "A Meta – Analytic Review of Experiments Examining the Effects of Extrinsic Rewards on Intrinsic Motivation," *Psychological Bulletin*, Vol. 125, 1999, pp. 627 ~ 688.

［142］DeLone, W. H. and McLean, E. R. , "Information Systems Success: The Quest for the Dependent Variable," *Information Systems Research*, Vol. 3, No. 1, 1992, pp. 60 ~ 95.

［143］Delvin, J. , "Technology and innovation in retail banking distribution," *International Journal of Bank Marketing*, Vol. 13, 1995, pp. 19 ~ 25.

［144］Dennis, A. R. , Wixom, B. H. , Vandenberg, R. J. , "Understanding Fit And Appropriation Effects In Group Support Systems Via Meta – Analysis," *MIS Quarterly*, Vol. 25, No. 2, 2001, pp. 167 ~ 194.

[145] Dennis, C. and Papamatthaiou, "Shoppers motivations for e – shopping – work in progress. European Institute of Retail and Services Studies," *10th international conference on RECENT ADVANCES IN RETAILING and SERVICES SCIENCE*. 2003.

[146] DePallo, M., *National Survey on Consumer Preparedness and E – Commerce: A Survey of Computer Users Age 45 and Older*. Washington, DC: AARP, 2000.

[147] Deutsch, M., and Gerard, H., "A Study of Normative and Informational Social Influences upon Individual Judgment," *Journal of Abnormal and Social Psychology*, Vol. 51, 1995, pp. 624 ~ 636.

[148] Dick, A. S. and Basu, K., "Customer Loyalty: Toward an Integrated Conceptual Framework," *Journal of the Academy of Marketing Science*, Vol. 22, No. 2, 1994, pp. 99 ~ 113.

[149] DiDio, Laura, "Beta Testers Endorse E – checks," *Computerworld*, Vol. 32, 1998, p. 57.

[150] Dillman, D. A., *Mail and Telephone Surveys: The Total Design Method*. New York: Wiley, 1978.

[151] Dishaw, M., and Strong, D., "Extending the technology acceptance model with task – technology fit constructs," *Information and Management*, Vol. 36, No. 1, 1999, pp. 9 ~ 21.

[152] Dixon, Mary, "39 Experts Predict the Future," *America's Community Banker*, Vol. 7, 1999, pp. 20 ~ 31.

[153] Doll, W. J., Henddrickson, A., Deng, X., "Using Davis's perceived usefulness and ease – of – use instruments for decision making: a confirmation and multi – group invariance analysis," *Decision Support Systems*, Vol. 29, No. 4, 1998, pp. 839 ~ 869.

[154] Doney, P. M., Cannon, J. P., "An examination of the nature of trust in buyer – seller relationships," *Journal of Marketing*, Vol. 61, No. 2, 1997, pp. 35 ~ 51.

[155] Doney, P. M., Cannon, J. P., and Mullen, M., "Understanding National Culture on the Development of Trust," *Academy of Management Review*, July, 1998, pp. 601 ~ 620.

[156] Dong – Her, S., Hsiu – Sen, C., Chun – Yuan, C., and Lin, B., "Internet security: malicious e – mails detection and protection," *Industrial Management and Data Systems*, Vol. 104, No. 7, 2004, pp. 613 ~ 623.

[157] Doolin, B., Dillon, S., Thompson, F., and Corner, J., L., "Perceived risk, the Internet shopping experience and online purchasing behaviour: A New Zealand perspective," *Journal of Global Information Management*, Vol. 13, No. 2, 2005, pp. 66 ~ 88.

[158] Drennan, J., Mort, G. S., and Previte, J., "Privacy, Risk Perception, and Expert Online Behaviour: An Exploratory Study of Household End Users," *Journal of Organizational and*

End User Computing, Vol. 18, No. 1, 2006, pp. 1~22.

[159] Durndell, A. and Haag, Z. , "Computer self – efficacy, computer anxiety, attitudes towards the Internet and reported experience with the Internet by gender in an East European sample," *Computers in Human Behavior*, Vol. 18, 2002, pp. 521~535.

[160] Dutta, A. , and McCrohan, K. , "Management's role in information security in a cyber economy," *California Management Review*, Vol. 45, No. 1, 2002, pp. 67~87.

[161] e – Marketer, "Can online banking reach widespread US adoption?" 2004. Retrieved 21/02/2007, from http: //www. emarketer. com

[162] Eastin, Matthew S. , "Diffusion of e – commerce: an analysis of the adoption of four e – commerce activities," *Telematics and Informatics*, Vol. 19, 2002, pp. 251~267.

[163] Eastin, M. A. , and LaRose, R. L. , "Internet self – efficacy and the psychology of the digital divide," *Journal of Computer Mediated Communication*, Vol. 6, No. 1, 2000, Retrieved 24/8/1007, from http: //www. ascusc. org/jcmc/vol6/issue1/eastin. html

[164] ECBS. , "Electronic Banking," *European Committee for Banking Standards*, 1999.

[165] Eisenhardt, Kathleen M. , "Agency Theory: An Assessment and Review," *Academy of Management Review*, Vol. 14 (November), 1989, pp. 57~74.

[166] Engen, John, "Financial Funnel," *Banking Strategies*, Vol. 76, No. 6, 2000, pp. 64~72.

[167] Eriksson, Kent and Kerem, Katri, "Customer acceptance of internet banking in Estonia," *International Journal of Bank Marketing*, Vol. 23, No. 2, 2005, pp. 200~216.

[168] Featherman, S. M. , and Pavlou, A. P. , "Predicting e – services adoption: a perceived risk facets perspectives," *International Journal of Human – Computer Studies*, Vol. 59, No. 4, 2003, pp. 451~474.

[169] Fenech, T. , "Using Perceived Ease of Use and Perceived Usefulness to Predict Acceptance of the World Wide Web," *Computer Networks and ISDN Systems*, Vol. 30, No. 1~7, 1998, pp. 629~630.

[170] Fishbein, M. and Ajzen, I. , *Belief, Attitude, Intention, and Behavior: An Introduction to Theory and Research.* Reading, MA: Addison – Wesley, 1975.

[171] Fishbein, M. , Ajzen, I. , and McArdle, J. , "Changing the behavior of alcoholics: Effects of persuasive Communication". In: *Understanding Attitudes and Predicting Social Behavior.* Ajzen, I. and Fishbein, M. (eds.) . NJ: Prentice – Hall, 1980.

[172] Flavián, Carlos and Guinalíu, Miguel. , "Consumer trust, perceived security and privacy policy – – Three basic elements of loyalty to a web site," *Industrial Management and Data Systems*, Vol. 106, No. 5, 2006, pp. 601~620.

[173] Fock, Siew Tong and Koh, Hian Chye, "Conceptualization of Trust and Commitment:

Understanding the Relationships between Trust and Commitment and the Willingness To Try Internet Banking Services," *International Journal of Business and Information*, Vol. 1, No. 2, 2006, pp. 194 ~ 208.

[174] Forman, A. M. and Sriram, V. , "The Depersonalization of Retailing: Its Impact on the Lonely Consumer," *Journal of Retailing*, Vol. 67, No. 2, 1991, pp. 226 ~ 243.

[175] Forsythe, S. M. , and Shi, B. , "Consumer Patronage and Risk Perceptions in Internet Shopping," *Journal of Business Research*, Vol. 56, 2003, pp. 867 ~ 875.

[176] Fredriksson, Odd, *Relationship and Loyalty Attitude Differences among Swedish Retail Bank Clients: E - banking Versus Branch Office Users*. New York: Free Press, 2005.

[177] French, J. R. P. , and Raven, B. , "The bases of social power. " In: *Studies in social power*, D. Cartwright (Ed.) . 1959, pp. 150 ~ 167.

[178] Friedman, B. , Kahn, P. H. Jr, and Howe, D. C. , "Trust online," *Communications of the ACM*, Vol. 43, No. 12, 2000, pp. 34 ~ 40.

[179] Frust, K. , Lang, W. W. , and Nolle, D. E. , "Internet Banking: Developments and Prospects," *Office of the Comptroller of the currency*, 2000.

[180] Fukuyama, F. , *Trust: Social Virtues and the Creation of Prosperity*. London: Hamish Hamilton, 1995.

[181] Fung, R. K. K. , and Lee, M. K. O. , "EC - trust (trust in electronic commerce): Exploring the antecedent factors. " In: *Proceedings of 5th American Conference Information Systems*, W. D. Haseman, D. L. Nazareth, eds. , August 13 ~ 15, 1999, pp. 517 ~ 519.

[182] Furnell, S. M. , and Karweni, T. , "Security implications of electronic commerce: a survey of consumers and business," *Electronic Networking Applications and Policy*, Vol. 9, No. 5, 1999, pp. 372 ~ 382.

[183] Fusilier, M. , and Durlabhji, S. , "An Exploration of Student Internet Use in India," *Campus - Wide Information Systems*, Vol. 22, No. 4, 2005, pp. 233 ~ 246.

[184] Fysh, Graham, "Customers Cash in on Increased Availability of Internet Banking," *Tribune Business News*, 1999.

[185] Galanxhi - Janaqi, H. , and Fui - Hoon Nah, F. , "U - commerce: emerging trends and research issues," *Industrial Management and Data Systems*, Vol. 104, No. 9, 2004, pp. 744 ~ 755.

[186] Gambetta, Diego, "Trust: Making and Breaking Cooperative Relations," *Oxford: Blackwell*, 1988.

[187] Ganesan, S. , "Variables of long - term orientation in buyer - seller relationships," *Journal of Marketing*, Vol. 58, No. 2, 1994, pp. 1 ~ 19.

[188] Gatignon, H. , and Robertson, T. S. , "A Propositional Inventory for New Diffusion Research," *Journal of Consumer Research*, Vol. 11, 1985, pp. 849 ~ 867.

［189］Gattiker, U. E, *Technology management in organizations.* CA: Sage, 1990.

［190］Gefen, D. , "Customer Loyalty in E – Commerce," *Journal of the Association of Information Systems*, Vol. 3, 2002, pp. 27 ~ 51.

［191］Gefen, D. , "E – commerce: the role of familiarity and trust," *Omega*, Vol. 28, No. 6, 2000, pp. 725 ~ 737.

［192］Gefen, D. , "Reflections on the dimensions of trust and trustworthiness among online consumers," *DATA BASE for Advances in Information Systems*, Vol. 33, No. 3, 2002, pp. 38 ~ 53.

［193］Gefen, D. , "What makes an ERP implementation relationship worthwhile: Linking trust mechanisms and ERP usefulness," *Journal of Management Information Systems*, Vol. 21, No. 1, 2004, pp. 275 ~ 301.

［194］Gefen, D. , and Govindaraiulu, C. , "ERP customer loyalty: An exploratory investigation into the importance of a trust relationship," *Journal of Information Technology Theory Application*, Vol. 3, No. 1, 2000, pp. 1 ~ 10.

［195］Gefen, D. , and Keil, M. , "The Impact of Developer Responsiveness on Perceptions of Usefulness and Ease of Use: An Extension of the Technology Acceptance Model," *ACM SIGMIS Database*, Vol. 29, No. 2, 1998, pp. 35 ~ 49.

［196］Gefen, D. and Silver, M. , "Lessons learned from the successful adoption of an ERP system," *Proceedings of the 5th international Conference of the Decision Sciences Institute (DSI)*, 1999, pp. 1054 ~ 1057.

［197］Gefen, D. , and Straub, D. W. , "Gender differences in the perception and use of e – mail: an extension of the technology acceptance model," *MIS Quarterly*, Vol. 21, No. 4, 1997, pp. 389 ~ 400.

［198］Gefen, D. , and Straub, D. W. , "The relative importance of perceived ease of use in IS adoption: a study of e – commerce adoption," *Journal of the Association for Information Systems*, Vol. 1, No. 8, 2000, pp. 1 ~ 28.

［199］Gefen, D. , Karahanna, E. and Straub, D. , "Trust and TAM in online shopping: An integrated model," *MIS Quarterly*, Vol. 27, No. 1, 2003, pp. 51 ~ 90.

［200］Gentry, Lance and Calantone, Roger, "A Comparison of Three Models to Explain Shop – Bot Use on the Web," *Psychology and Marketing*, Vol. 19, 2002, pp. 945 ~ 957.

［201］Gerrard, P. , and Cunningham, J. B. , "The diffusion of internet banking among Singapore consumers," *International Journal of Bank Marketing*, Vol. 21, No. 1, 2003, pp. 16 ~ 28.

［202］Gerstberger, P. , and Allen, T. J. , "Criteria used by research and development engineers in the selection of an information source," *Journal of Applied Psychology*, Vol. 52, 1968, pp. 272 ~ 279.

［203］Geyskens, I. , Steenkamp, J. , Scheer, L. K. , and Kumar, N. , "The effects of trust and interdependence on relationship commitment: A transatlantic study," *International Journal of Research in Marketing*, Vol. 13, 1996, pp. 303~317.

[204] Ghani and Deshpande, "Task Characteristics and the experience of Optimal Flow in Human – Computer Interaction," *The Journal of Psychology*, Vol. 128, No. 4, 1994, pp. 381~391.

[205] Giglio, V., "Privacy in the world of cyber banking: emerging legal issues and how you are protected," *The Secured Lender*, 2002, pp. 48~60.

[206] Gist, M. E., Schwoerer, C. E., and Rosen, B., "Effects of Alternative Training Methods on Self – efficacy and Performance in Computer Software Training," *Journal of Applied Psychology*, Vol. 74, No. 6, 1989, pp. 884~891.

[207] Glynn, M. A., and Webster, J., "The Adult Playfulness Scale: an initial assessment," *Psychological Reports*, Vol. 71, 1992, pp. 83~103.

[208] Goh, H. P., "The Diffusion of Internet in Singapore," *Academic Exercise*, Faculty of Business Administration, National University of Singapore, 1995.

[209] Goldsmith, R. E., and Hofacker, C. F., "Measuring Consumer Innovativeness," *Journal of the Academy of Marketing Science*, Vol. 19, No. 3, 1990, pp. 209~221.

[210] Goodhue, D. L., "I/S Satisfactoriness: An Outcomes Measure for MIS Research," *MISRC working paper #WP – 89 – 05*, University of Minnesota. 1988.

[211] Goodhue, D. L., "The model underlying the measurement of the impacts of the IIC on the end – Users," *Journal of the American Society for Information Science*, Vol. 48, No. 5, 1997, pp. 449~453.

[212] Goodhue, D. L., "Understanding user evaluations of information systems," *Management Science*, Vol. 41, No. 12, 1995, pp. 1827~1844.

[213] Goodhue, D. L., and Thompson, R. L., "Task – Technology Fit and Individual Performance," *MIS Quarterly*, Vol. 19, No. 2, 1995, pp. 213~236.

[214] Grandy, T., "Banking in e – space," *The Banker*, Vol. 145, No. 12, 1995, pp. 74~5.

[215] Grazioli, S. and Jarvenpaa, S. L., "Perils of Internet fraud: an empirical investigation of deception and trust with experienced Internet," *IEEE Transactions on Systems, Man, and Cybernetics Part A: Systems and Humans*, Vol. 30, No. 4, 2000, pp. 395~410.

[216] Gregory, G. D, Munch, J., and Peterson, M., "Attitude Functions in Consumer Research: Comparing Value – attitude Relations in Individualist and Collectivist Cultures," *Journal of Business Research*, Vol. 55, No. 1, 2002, pp. 933~943.

[217] Grossnickle, J., and Raskin, O., *Handbook of online marketing research*. New York: McGraw – Hill, 2001.

[218] Gulati, R., "Does familiarity breed trust! The implications of repeated ties for contractual choice in alliances," *Academy of Management Journal*, Vol. 38, No. 1, 1995, pp. 85~112.

[219] Gulati, R. , Gargiulo, M. , "Where do interorganizational networks come from?" *American Journal of Sociology*, Vol. 104 (March), 1999, pp. 1439 ~ 1493.

[220] Guriting, Petrus and Ndubisi, Nelson Oly, "Borneo online banking: evaluating customer perceptions and behavioural intention," *Management Research News*, Vol. 29, No. 1, 2006, pp. 6 ~ 15.

[221] Gundlach, Gregory T. , and Murphy, Patrick E. , "Ethical and legal foundations of relational marketing exchanges," *Journal of Marketing*, Vol. 57, 1993, pp. 35 ~ 46.

[222] Hair, J. , Anderson, R. , Tatham, R. , and Black, W. , *Multivariate Data Analysis* (*5th ed.*) . NJ: Prentice – Hall, 1998.

[223] Hakansson, Hakan, *International Marketing and Purchasing of Industrial Goods*. California: John Wiley and Sons, 1982.

[224] Hamlet, C. and Strube, M. , "Community banks go online," *ABA Banking Journal's* 2000 *White Paper/Banking on the Internet*, March, 2000, pp. 61 ~ 65.

[225] Hansen, J. V. , "Internet commerce security: Issues and models for control checking," *Journal of Operational Research Society*, Vol. 52, No. 10, 2001, pp. 1159 ~ 1164.

[226] Hardy, A. , "The selection of channels when seeking information: Cost/benefit vs. least – effort," *Information Processing Management*, Vol. 18, 1982, pp. 289 ~ 293.

[227] Harris, L. C. , and Good M. M. H. , "The Four Levels of Loyalty and the Pivotal Role of Trust: a Study of Online Service Dynamics," *Journal of Retailing*, Vol. 80, 2004, pp. 139 ~ 158.

[228] Harrison, D. A. , Mykytyn, Jr. P. P. and Riemenschneider, C. K. , "Executive decisions about adoption of information technology in small business: Theory and empirical tests," *Information System Research*, Vol. 8, No. 2, 1997, pp. 171 ~ 195.

[229] Harrison, T. , *Financial Services Marketing*. Wiltshire: Prentice Hall, 2000.

[230] Hartwick, J. , and Barki, H. , "Explaining the role of user participation in information system use," *Management science*, Vol. 40, 1994, pp. 440 ~ 465.

[231] Hawes, J. M. , Mast, K. E. , and Swan, J. E. , "Trust Earning Perceptions of Sellers and Buyers," *Journal of Personal Selling and Sales Management*, Vol. 9 (Spring), 1989, pp. 1 ~ 8.

[232] Heijden, H. , "Factors influencing the usage of websites: the case of a generic portal in The Netherlands," *Information and Management*, Vol. 40, No. 6, 2003, pp. 541 ~ 549.

[233] Heijden, H. , "User acceptance of hedonic information systems" *MIS Quarterly*, Vol. 28, 2004, pp. 695 ~ 704.

[234] Heijden, H. , Verhagen, T. , and Creemers, M. , "Understanding online purchase intentions: contributions from technology and trust perspectives," *European Journal of Information Systems*, Vol. 12, 2003, pp. 41 ~ 48.

[235] Henderson, R. and Divett, M. , "Perceived usefulness, ease of use and electronic su-

permarket use," *International Journal of Human – Computer Studies*, Vol. 59, No. 3, 2003, pp. 383~395.

[236] Hendrickson, A. R., and Collins, M. R., "An assessment of structure and causation of IS usage," *DATA BASE for Advances in Information Systems*, Vol. 27, No. 2, 1996, pp. 61~67.

[237] Hertzum, M. J? rgensen N. and N? rgaard, M., "Usable Security and E – Banking: Ease of Use vis – à – vis Security," *Australasian Journal of Information Systems*, Vol. 11 (special issue), 2004, pp. 52~65.

[238] Hickman, Meredith, "Internet Banking: Transaction to Active Selling," *Bank Systems and Technology*, Vol. 36, 1999, pp. 3~14.

[239] Hill, T., Smith, N. D., and Mann, M. F., "Communicating Innovations: Convincing Computer Phobics to Adopt Innovative Technologies," *Advances in Consumer Research*, Vol. 13, 1986, pp. 419~422.

[240] Hill, T., Smith, N. D., and Mann, M. F., "Role of Efficacy Expectations in Predicting the Decision to Use Advanced Technologies: The Case of Computers," *Journal of Applied Psychology*, Vol. 72, 1987, pp. 307~313.

[241] Hirschrnan, E., and Holbrook, M., "Hedonic Consumption: Emerging Concepts, Methods, and Propositions," *Journal of Marketing*, Vol. 46 (Summer), 1982, pp. 92~101.

[242] Hitt, L. and Frei, F., "Do better customers utilize electronic distribution channels? The case of PC banking," *Management Science*, Vol. 48, 2002, pp. 732~748.

[243] Hoffer, J. A. and Alexander, M. B., "The Diffusion of Machines," *Date Base*, Vol. 23, No. 2, 1992, pp. 13~19.

[244] Hoffman, D. L., and Novak, T. P., "Marketing in hypermedia computer – mediated environments: conceptual foundations," *Journal of Marketing*, Vol. 60, 1996, pp. 50~68.

[245] Hoffman, D. L., and Novak, T. P., "Trust builders vs trustbusters," *The Industry Standard*, Vol. 5, 1998, pp. 23~29.

[246] Hoffman, D. L., Novak, T. P., and Peralta, M., "Building consumer trust online," *Commun ACM*, Vol. 42, No. 4, 1999, pp. 80~85.

[247] Hoffman, D. L., Novak, T. P. and Schlosser, A., "Consumer Control in Online Environments," *Working Paper*. E · Lab, University of Vanderbilt, 2000.

[248] Hoffman, Thomas, "Are Online Banks Profitable?" *Computerworld*, Vol. 34, 1999a, p. 33.

[249] Hong, W., Thong, J. Y. L., Wong, W., and Tam, K., "Determinants of user acceptance of digital libraries: An empirical examination of individual differences and system characteristics," *Journal of Management Information Systems*, Vol. 18, No. 3, 2002, pp. 97~124.

[250] Hosmer, L. T. , "Trust: The connecting link between organizational theory and philosophical ethics," *Academy of Management Review*, Vol. 20, No. 2, 1995, pp. 379 ~ 403.

[251] Howcroft, B. , Hamilton, R. and Hewer, P. , "Consumer attitude and the usage and adoption of home – based banking in the United Kingdom," *The International Journal of Bank Marketing*, Vol. 20, No. 3, 2002, pp. 111 ~ 121.

[252] Hsu, C. L. , and Lu, H. P. , "Why Do People Play On – line Games? An Extended TAM with Social Influences and Flow Experience," *Information and Management*, Vol. 41, No. 7, 2004, pp. 853 ~ 868.

[253] Hsu, M. H. , and Chiu, C. M. , "Internet self – efficacy and electronic service acceptance," *Decision Support Systems*, Vol. 38, 2004, pp. 369 ~ 381.

[254] Hussey, J. , and Hussey, R. , *Business research: A practical guide for undergraduate and postgraduate student.* New York: Palgrave, 1997.

[255] Hwang, Y. , "An Empirical Study of Online Trust and Consumer Behavior: Cultural Orientation, Social Norms, and Personal Innovativeness in Information Technology," *Twenty – Sixth International Conference on Information Systems*, 2005.

[256] Igbaria, M. , and Iivari, J. , "The Effects of Self – Efficacy on Computer Usage," *Omega*, Vol. 23, No. 6, 1995, pp. 587 ~ 605.

[257] Igbaria, M. , Iivari, J. and Maragahh, H. , "Why Do Individuals Use Computer Technology? A Finnish Case Study," *Information and Management*, Vol. 29, No. 5, 1995, pp. 227 ~ 238.

[258] Igbaria, M. , Schiffman, S. J. , and Wicckowshi, T. S. , "The respective roles of perceived usefulness and perceived fun in the acceptance of microcomputer technology," *Behavior and Information Technology*, Vol. 13, No. 6, 1994, pp. 349 ~ 361.

[259] Igbaria, M. , and Tan, M. , "The consequence of information technology acceptance subsequent individual performance," *Information and Management*, Vol. 32, 1997, pp. 113 ~ 121.

[260] Igbaria, M. , Zinatelli, N. , Cragg, P. , and Cavaye, A. L. M. , "Personal computing acceptance factors in small firms: A structural equation model," *MIS Quarterly*, Vol. 21, 1997, pp. 279 ~ 302.

[261] Inge, M. K. , and McKinney, E. , "Extending the Technology Acceptance Model and the Task – Technology Fit Model to Consumer E – Commerce," *Information Technology, Learning, and Performance Journal*, Vol. 22, No. 1, 2004, 24 ~ 32.

[262] Irvine, Steven, "Click, Click—You're Dead," *Euromoney*, Vol. 365, 1999, pp. 78 ~ 80.

[263] Ives, B. , Olson, M. H. and Baroudi, J. J. , "The measurement of user information satisfaction," *Communications of ACM*, Vol. 26, No. 10, 1983, pp. 785 ~ 793.

[264] Jackson, C. M. , Chow, S. , and Leitch, R. A. , "Toward an understanding of the be-

havioral intentions to use an information system," *Decision Sciences*, Vol. 28, 1997, pp. 357 ~ 389.

[265] Jarvenpaa, S. L., and Todd, P. A., "Is There a Future for Retailing on the Internet?" In: *Electronic Marketing and the Consumer*. Peterson, R. A. (ed.). Sage, Thousand Oaks, CA, 1997a.

[266] Jarvenpaa, S. L., and Todd, P. A., "Consumer reactions to electronic shopping on the World Wide Web," *International Journal of Electronic Commerce*, Vol. I (winter), 1997, pp. 59 ~ 88.

[267] Jarvenpaa, S. L. and Tractinsky, N., "Consumer trust in an Internet store: A cross cultural validation," *Journal of Computer Mediated Communication*, Vol. 5, No. 2, 1999, pp. 1 ~ 35.

[268] Jarvenpaa, S. L., Tractinsky, N., and Vitale, M., "Consumer trust in an Internet store: A cross − culturall validation," *JCMC*, Vol. 5, No. 2, 1999, pp. 1 ~ 34.

[269] Jarvenpaa, S. L., Tractinsky, N., and Vitale, M., "Customer trust in Internet store," *Information Technology Management*, Vol. 1, No. 1 ~ 2, 2000, pp. 45 ~ 71.

[270] Jeffries, Francis L., "Subjective Norms, Dispositional Trust, and Initial Trust Development," *Journal of Behavioral and Applied Management*, Vol. 3, No. 2, 2002, pp. 129 ~ 139.

[271] Jiang, J. J., Hsu, M. K., Klein, G., and Lin, B., "E − commerce User Behavior Model: An Empirical Study," *Human Systems Management*, Vol. 19, No. 4, 2000, pp. 265 ~ 276.

[272] Jih, W. J., Wong, S. Y., and Chang, T. B., "Effects of Perceived Risks on Adoption of Internet Banking Services: An Empirical Investigation in Taiwan," *International Journal of E − Business Research*, Vol. 1, No. 1, 2002, pp. 70 ~ 88.

[273] Johnston, W. J. and Lewin, J. E., "Organizational buying behaviour: toward an integrative framework," *Journal of Business Research*, Vol. 35, 1996, pp. 1 ~ 15.

[274] Jones, S., Wilikens, M., Morris, P., and Masera, M., "Trust requirements in e − business," *Communications of the ACM*, Vol. 43, No. 2, 2000, pp. 81 ~ 87.

[275] Joo, Y. J., Bong, M., and Choi, H. J., "Self − efficacy for self − regulated learning, academic self − efficacy, and Internet self − efficacy in Web − based instruction," *Educational Technology Research and Development*, Vol. 48, No. 2, 2000, pp. 5 ~ 17.

[276] Joseph, M., and Stone, G., "An empirical evaluation of US bank customer perceptions of the impact of technology on service delivery in the banking sector," *International Journal of Retail and Distribution Management*, Vol. 31, No. 4, 2003, pp. 190 ~ 202.

[277] Jun, M. and Cai, S., "The key determinants of Internet banking service quality: a content analysis," *International Journal of Bank Marketing*, Vol. 19, 2001, pp. 276 ~ 291.

[278] Karahanna, E., and Straub, D. W., "The psychological origins of perceived usefulness and ease − of − use," *Information and Management*, Vol. 35, 1999, pp. 237 ~ 250.

[279] Karahanna, E., Straub, D. W., and Chervany, N. L., "Information technology adop-

tion across time: a cross – sectional comparison of pre – adoption and post – adoption beliefs," *MIS Quarterly*, Vol. 23, 1999, pp. 183 ~ 213.

[280] Karjaluoto, H., Koivuma¨ki, T. and Salo, J., "Individual differences in private banking: empirical evidence from Finland", *Proceedings of the 36th Hawaii International Conference on System Sciences (HICSS)*, Big Island, Hawaii, 2003, p. 196.

[281] Karjaluoto, H., Mattila, M., and Pento, T., "Electronic banking in Finland – consumer beliefs and reactions to a new delivery channel," *Journal of Financial Services Marketing*, Vol. 6, No. 4, 2002, pp. 346 ~ 361.

[282] Kaynak, E. and Harcar, T. D., "Consumer attitudes towards online banking: a new strategic marketing medium for commercial banks," *International Journal of Technology Marketing*, Vol. 1, No. 1, 2005, pp. 62 ~ 78.

[283] Keen, P. G. W., *Electronic Commerce Relationships: Trust by Design.* NJ: Prentice – Hall, 1999.

[284] Keen, P. G. W., Ballance, C. Chan, S., and Schrump, S., *Electronic Commerce Relationships: Trust by Design.* NJ: Prentice Hall, 2000.

[285] Keil, M., B. C. Y., Tan, K., Wei, T., Saarinen, V., and Tuunainen, A. Wassenaar, "A cross – cultural study on escalation of commitment behavior in software projects," *MIS Quarterly*, Vol. 24 (June), 2000, pp. 299 ~ 325.

[286] Kerr, E., and Hiltz, S. R., *Computer – mediated communication systems.* New York: Academic Press, 1982.

[287] Kesh, S., Ramanujan, S. and Neur, S., "A framework for analyzing e – commerce security," *Information Management and Computer Security*, Vol. 10, No. 4, 2002, pp. 149 ~ 158.

[288] Kim, KK., and Prabhakar, B., "Initial trust, perceived risk and trusting behavior in Internet banking," *Proceeding of the 21 International Conferences on Information Systems*, Brisbane Australia, 2002.

[289] Kim KK., and Prabhakar B., "Initial trust and the adoption of B2C e – commerce: The case of Internet Banking," *Database for Advances in Information Systems*, Vol. 35, No. 2, 2004, pp. 50 ~ 64.

[290] Kim, B. Widdows, R. and Yilmazer, T., "The Determinants of Consumers' Adoption of Internet Banking," 2005. Retrieved 18/11/2006, from http: //www. bos. frb. org/news/conf/payments2005/yilmazer. pdf

[291] Kim, Young Hoon and Kim, Dan J., "A Study of Online Transaction Self – Efficacy, Consumer Trust, and Uncertainty Reduction in Electronic Commerce Transaction," *HICSS* – 38, January, 2005, pp. 3 ~ 6.

[292] Kimery, K. M., and McCord, M., "Thid – party assurances: Mapping the road to

trust in e – retailing," *Journal of Information Technology Theory and Application*, Vol. 4, No. 2, 2002, pp. 63 ~ 83.

[293] Kirmani, Amna and Rao, Akshay R. , "No Pain, No Gain: A Critical Review of the Literature on Signaling Unobservable Product Quality," *Journal of Marketing*, Vol. 64 (April), 2000, pp. 66 ~ 79.

[294] Kleman, H. C. , "Compliance, identification, and internalization: Three processes of attitude change," *Journal of Conflict Resolution*, Vol. 2, 1958, pp. 51 ~ 60.

[295] Kline, R. B. , *Principles and practice of structural equation modeling (Second ed.)* . New York: The Guilford Press, 2005.

[296] Knol and Stroeken, "The diffusion and adoption of information technology in small and medium – sized enterprises through IT scenarios," *Technology Analysis and Strategic Management*, Vol. 13, No. 2, 2001, pp. 227 ~ 246.

[297] Kobsa, A. , "Tailoring privacy to users' needs (invited keynote) . " In: *Proceedings of the User Modeling* 2001: *8th International Conference*, Bauer, M. , Gmytrasiewicz, P. J. and Vassileva, J. (Eds) . , Springer Verlag, Berlin and Heidelberg, 2001, pp. 303 ~ 313.

[298] Kobsa, A. , "Personalized hypermedia and international privacy," *Communications of the ACM*, Vol. 45, No. , 5, 2002, pp. 64 ~ 67.

[299] Kolsaker, A. , and Payne, C. , "Engendering trust in e – commerce: a study of gender – based concerns," *Marketing Intelligence and Planning*, Vol. 20, No. 4, 2002, pp. 206 ~ 214.

[300] Koufaris, M. , "Applying the Technology Acceptance Model and Flow Theory to Online Consumer Behavior," *Information Systems Research*, Vol. 13, No. 2, 2002, pp. 205 ~ 223.

[301] Koufaris, M. , and Hampton – Sosa, W. , "Customer trust online: Examining the role of the experience with the Web – site. " In: *CIS Working Paper Series*. New York: Zicklin School of Business, Baruch College, 2002. Retrieved 23/9/2007, from http: //cisnet. baruch. cuny. edu/ papers/cis200205. pdf

[302] Koufaris, M. , and Hampton – Sosa, W. , "The development of initial trust in an on-line company by new customers," *Information and Management*, Vol. 41, 2004, pp. 377 ~ 397.

[303] Koufaris, M. , Kambil, A. , and Labarbera, P. A. , "Consumer Behavior in web – based commerce: An empirical study," *The International Journal of Electronic Commerce*, Vol. 6, 2001, pp. 115 ~ 138.

[304] Kramer, R. M. , "Trust and distrust in organizations: Emerging perspectives, endur-ing questions," *Annual Review of Psychology*, Vol. 50, 1999, pp. 569 ~ 598.

[305] Kumar, Nirmalya. , "The power of trust in manufacturer – retailer relationships," *Harvard Business. Review*, Vol. 74, No. 6, 1996, pp. 92—106.

[306] Laforet, Sylvie and Li, Xiaoyan, "Consumers' attitudes towards online and mobile bank-

ing in China," *International Journal of Bank Marketing*, Vol. 23, No. 5, 2005, pp. 362 ~ 380.

[307] Lassar, W. M., Manolis, C., and Lassar, S. S., "The relationship between consumer innovativeness, personal characteristics, and online banking adoption," *International Journal of Bank Marketing*, Vol. 23, No. 2, 2005, pp. 176 ~ 199.

[308] Lauden, K. C., and Traver, C. G., *E – Commerce: Business, Technology, Society*, 3rd Edition. NJ: Pearson Prentice Hall, 2007.

[309] Lederer, A. L., Maupin, D. J., Sena, M. P. and Zhuang, Y., "The role of ease of use, usefulness and attitude in the prediction of World Wide Web usage," *Proceedings of the* 1998 *Association for Computing Machinery Special Interest Group on Computer Personnel Research Conference*, 1998, pp. 195 ~ 204.

[310] Lederer, A. L., Maupin, D. J., Sena, M. P., and Zhuang, Y., "The technology acceptance model and the World Wide Web," *Decision Support Systems*, Vol. 29, No. 3, 2000, pp. 269 ~ 282.

[311] Lee, Eun – Ju and Lee, Jinkook, "Haven't Adopted Electronic Financial Services Yet? The Acceptance and Diffusion of Electronic Banking Technologies," *Journal of Financial Counseling and Planning*, Vol. 11, No. 1, 2000, pp. 49 ~ 60.

[312] Lee, Eun – Ju and Lee, Jinkook, "Consumer adoption of Internet banking: Need – based and/or skill based?" *Marketing Management Journal*, Vol. 1, 2001, pp. 36 ~ 53.

[313] Lee, Eun – Ju, Lee, Jinkook and Eastwood, David, "A Two – Step Estimation of Consumer Adoption of Technology – Based Service Innovations," *The Journal of Consumer Affairs*, Vol. 37, No., 2, 2003, pp. 256 ~ 282.

[314] Lee, Eun – Ju, Lee, Jinkook and Schumann, David W., "The Influence of Communication Source and Modality on Consumer Adoption of Technological Innovations", *Journal of Consumer Affairs*, Vol. 36, No. 1, 2002, pp. 1 ~ 27.

[315] Lee, H. G., "Do electronic marketplaces lower the price of goods?" *Communications of the ACM*, Vol. 41, No. 1, 1998, pp. 73 ~ 80.

[316] Lee, K. S., Lee, H. S., and Kim, S. Y., "Factors Influencing the Adoption Behavior of Mobile Banking: A South Korean perspective," *Journal of Internet Banking and Commerce*, Vol. 12, No. 2, 2007, Retrieve 12/9/2007, from http://www.arraydev.com/commerce/jibc/

[317] Lehmann, D. R, and Markman, A. B., "Entrenched knowledge structures and consumer response to new products," *Journal of Marketing Research*, Vol. 38, No. 1, 2001, pp. 14 ~ 29.

[318] Lemon, K. N., White, T. B. and Winer, R., "Dynamic Customer Relationship Management, Incorporating Future Considerations into the Service Retention Decision," *Journal of Marketing*, Vol. 66, No. 1, 2002, pp. 1 ~ 14.

[319] Lent, R. W., "Vocational psychology and career counseling: Inventing the future,"

Journal of Vocational Behavior, Vol. 59, 2001, pp. 213 ~ 225.

［320］Leung, L. , and Wei, R. , "More than just talk on the move: uses and gratifications on the cellular phone," *Journalism and Mass Communication Quarterly*, Vol. 77, No. 2, 2000, pp. 308 ~ 320.

［321］Lewis, B. R. , "Service quality: an international comparison of bank customers' expectations and perceptions," *Journal of Marketing Management*, Vol. 7, 1991, pp. 47 ~ 62.

［322］Li, "Internet Banking in China," 2002. Retrieved 21/06/2006, from http: // www. english. peopledaily. com. cn/business

［323］Li, D. , Chau, P. Y. K. , and Lou, H. , "Understanding Individual Adoption of Instant Messaging: An Empirical Investigation," *Journal of the Association for Information Systems*, Vol. 6, No. 4, 2005, pp. 102 ~ 129.

［324］Li, N. , Kirkup, G. and Hodgson, B. , "Cross – cultural comparison of women students´ attitudes toward the Internet and usage: China and the United Kingdom," *Cyber Psychology and Behavior*, Vol. 4, No. , 3, 2001, pp. 415 ~ 426.

［325］Liao, S. , Shao, Y. P. , Wang, H. , and Chen, A. , "The adoption of virtual banking: an empirical study," *International Journal of Information Management*, Vol. 19, No. 1, 1999, pp. 63 ~ 74.

［326］Liao, Z. , and Cheung, M. T. , "Internet – based e – banking and consumer attitudes: an empirical study," *Information and Management*, Vol. 39, No. 4, 2002, pp. 283 ~ 295.

［327］Liao, Ziqi and Wong, Wing – Keung, "The Determinants of Customer Interactions with Internet – enabled e – Banking Services," *Working Paper*, 2007. Retrieved 23/12/2007, from http: //nt2. fas. nus. edu. sg/ecs/pub/wp/wp0701. pdf

［328］Liker, J. K. and Sindi, A. A. , "User acceptance of expert systems: a test of the theory of reasoned action," *Journal of Engineering and Technology Management*, Vol. 14, 1997, pp. 147 ~ 173.

［329］Lim, N. , "Consumers´ perceived risk: sources versus consequences," *Electronic commerce research and application*, Vol. 2, 2003, pp. 216 ~ 228.

［330］Limayem, M. , Khalifa, M. , and Chin, W. W. , "CASE Tools Usage and Impact on System Development Performance," *Journal of Organizational Computing and Electronic Commerce*, Vol. 14, No. 3, 2004, pp. 153 ~ 174.

［331］Liu, Chang and Arnett, Kirk P. , "Exploring the Factors Associated with Web Site Success in the Context of Electronic Commerce," *Information and Management*, Vol. 38, No. 1, 2000, pp. 23 ~ 34.

［332］Liu, Liu and Louvieris, Panos, "Managing customer retention in the UK online banking sector," *International Journal of Information Technology and Management*, Vol. 5, No. 4,

2006, pp. 5 ~ 15.

[333] Llieva, J., Baron, S., and Healey, N. M., "Online surveys in marketing research: Pros and cons," *International Journal of Market Research*, Vol. 44, No. 3, 2002, pp. 361 ~ 379.

[334] Locke, E. A., Frederick, E., Lee, C., and Bobko, P., "Effect of self – efficacy, goals, and task strategies on task performance," *Journal of Applied Psychology*, Vol. 69, No. 2, 1984, pp. 241 ~ 251.

[335] Lockett, A., and Litter, D., "The adoption of direct banking services," *Journal of Marketing Management*, Vol. 13, No. 8, 1997, pp. 791 ~ 811.

[336] Lohse, G. L., and Spiller, P., "Electronic shopping," *Communications of the ACM*, Vol. 41, No. 7, 1998, pp. 81 ~ 87.

[337] Lopez, David A. and Manson, Daniel P., "A Study of Individual Computer Self – Efficacy and Perceived Usefulness of the Empowered Desktop Information System," *Business Administration Computer Information Systems*, Fall, 1997, pp. 83 ~ 92.

[338] Lovelock, C. H., *Services Marketing*. NJ: Prentice Hall, 1991.

[339] Lu, J., Yu, C. S., Liu, C. and Yao, J. E., "Technology acceptance model for wireless Internet," *Internet Research*, Vol. 13, No. 3, 2003, pp. 206 ~ 222.

[340] Luarn, P. and Lin, H. H., "Toward an understanding of the behavioral intention to use mobile banking," *Computers in Human Behavior*, Vol. 21, 2005, pp. 873 ~ 891.

[341] Lucas, H. C., "Performance and the use of an information system," *Management Science*, Vol. 21, No. 8, 1975, pp. 908 ~ 919.

[342] Lucas, H. C., and Spitler, V. K., "Technology use and performance: A field study of broker workstations," *Decision Sciences*, Vol. 30, 1999, pp. 291 ~ 311.

[343] Luhmann, N., *Trust and Power*. New York: Wiley, 1979.

[344] Lunt, T., "Securing the information infrastructure," *Communications of the ACM*, Vol. 39, No. 6, 1996, p. 130.

[345] Luxman, N., "Www. your – community – bank. com: community banks are going online," *Communities and Banking*, Vol. 27, 1999, pp. 2 ~ 8.

[346] Machauer, A., and Morgner, S., "Segmentation of bank customers by expected benefits and attitudes," *International Journal of Bank Marketing*, Vol. 19, No. 1, 2001, pp. 6 ~ 17.

[347] Macintosh, G., and Lockshin, L. S., "Retail relationships and store loyalty: A multi – level perspective," *International Journal of Research in Marketing*, Vol. 14, 1997, p. 5.

[348] Macneil, I., *The New Social Contract: An Inquiry into Modern Contractual Relations*. New Haven: Yale University Press, 1980.

[349] Malhotra, Y., and Galletta, D. F., "Extending the technology acceptance model to account for social influence: Theoretical bases and empirical validation," *Proceedings of the Hawaii*

International Conference on System Sciences, Vol. 32, 1999, pp. 6 ~ 19.

[350] Marakas, G. M. , Yi, M. Y. , and Johnson, R. D. , "The multilevel and multifaceted character of computer self – efficacy: toward clarification of the construct and an integrative framework for research," *Information Systems Research*, Vol. 9, No. 2, 1998, pp. 126 ~ 163.

[351] Marakas, G. M. , Yi, M. Y. , and Johnson, R. D. , "A theoretical model of differential social attributions toward computing technology: When the metaphor becomes the model," *International Journal of Human – Computer Studies*, Vol. 52, No. 4, 2000, pp. 719 ~ 750.

[352] Marcolin, B. L. , Compeau, D. R. , Munro, M. C. , and Huff, S. L. , "Assessing User Competence: Conceptualization and Measurement," *Information Systems Research*, Vol. 11, No. 1, 2000, pp. 37 ~ 60.

[353] Mark, Diane and Brent, "Extending the Task – Technology Fit Model with Self – Efficacy Constructs," *Human – Computer Interaction Studies in MIS*, 2002 — Eighth Americas Conference on Information Systems, 2002, pp. 1021 ~ 1027.

[354] Mathieson, K. , "Predicting user intentions: comparing the technology acceptance model with the theory of planned behavior," *Information Systems Research*, Vol. 2, No. 3, 1991, pp. 173 ~ 191.

[355] Mathieson, K. , Peacock, E. , and Chin, W. W. , "Extending the technology acceptance model: The influence of perceived user resources," *Database for advances in information systems*, Vol. 32, No. 3, 2001, pp. 86 ~ 112.

[356] Mattila, M. , Karjaluoto, H. and Pento, T. , "Internet banking adoption among mature customers: early majority or laggards," *Journal of Services Marketing*, Vol. 17, No. 5, 2003, pp. 514 ~ 526.

[357] Maurer, M. M. , and Simonson, M. R. , "Development and validation of a measure of computer anxiety," *ERIC Document Reproduction Services (ed)*, 1984, p. 243.

[358] Mavri, Maria and Ioannou, George, "Consumers' perspectives on online banking services," *International Journal of Consumer Studies*, Vol. 30, No. 6, 2006, pp. 552 ~ 560.

[359] Mayer, R. C. , Davis, J. H. , and Schoorman, F. D. , "An integrative model of organizational Trust," *Academy of Management Review*, Vol. 20, No. 3, 1995, pp. 709 ~ 734.

[360] McAllister, D. J. , "Affect – and cognition – based Trust as foundations for interpersonal cooperation in organizations," *Academy of Management Journal*, Vol. 38, No. 1, 1995, pp. 24 ~ 59.

[361] McKnight, D. H. , and Chervany, N. L. , "What Trust means in e – commerce customer relationships: an interdisciplinary conceptual typology," *International Journal of Electronic Commerce*, Vol. 6, No. 2, 2002, pp. 35 ~ 59.

[362] McKnight, D. H. , Choudhury, V. , and Kacmar, C. , "Developing and validating trust measures for e – commerce: An integrative typology," *Information Systems Research*, Vol. 13

(September), 2002a, pp. 334~359.

[363] McKnight, D. H., Cummings, L. L., and Chervany, N. L., "Initial Trust formation in new organizational relationships," *Academy of Management Review*, Vol. 23, No. 3, 1998, pp. 473~490.

[364] Meckbach, Greg, "Rush to E – Commerce puts Customer Experience Last," *Computing Canada*, Vol. 25, No. 36, 1999, p. 1.

[365] Menon, S., and Kahn, B., "Cross – category Effects of Induced Arousal and Pleasure on the Internet Shopping Experience," *Journal of Retailing*, Vol. 78, No. I, 2002, pp. 31~41.

[366] Meuter, Matthew L. and Bitner, Mary Jo., "Self – Service Technologies: Extending Service Frameworks and Identifying Issues for Research," *Marketing Theory and Applications*, 1998, pp. 12~19.

[367] Meuter, M., Ostrom, A. L., Roundtree, R. I., and Bitner, M. J., "Self – Service Technologies: Understanding Customer Satisfaction with Technology – Based Service Encounters," *Journal of Marketing*, Vol. 64, No. 7, 2000, pp. 50~64.

[368] Midgley, D. F., and Dowling, G. R., "Innovativeness: The Concept and Its Measurement," *Journal of Consumer Research*, Vol. 4, 1978, pp. 229~242.

[369] Mols, N. P., "The behavioral consequences of PC banking," *International Journal of Bank Marketing*, Vol. 16, 1998, pp. 195~201.

[370] Mols, N. P., "The Internet and the banks' strategic distribution channel decisions," *International Journal of Bank Marketing*, Vol. 17, 1999, pp. 295~300.

[371] Mols, N. P., "The Internet and services marketing: The case of Danish retail banking," *Internet Research: Electronic Networking Applications and Policy*, Vol. 10, No. 1, 2000, pp. 7~18.

[372] Moon, J. W., and Kim, Y. G., "Extending the TAM for a world – wide – web context," *Information and Management*, Vol. 38, No. 4, 2001, pp. 217~230.

[373] Moore, G. C. and Benbasat, I., "Development of an Instrument to Measure Perceptions of Adopting an Information Technology Innovation," *Information Systems Research*, Vol. 2, No. 3, 1991, pp. 192~222.

[374] Moorman, C., Zaltman, G. and Deshpande, R., "Relationships between suppliers and users of marketing research: the dynamics of Trust within and between organizations," *Journal of Marketing Research*, Vol. 29, 1992, pp. 314~329.

[375] Moorman, C., Zaltman, G., Deshpandé, R., "Factors affecting trust in market research relationships," *Journal of Marketing*, Vol. 57, No. 1, 1993, pp. 81~101.

[376] Morgan, R. M., and Hunt, S. D., "The commitment – Trust theory of relationship marketing," *Journal of Marketing*, Vol. 58, No. 3, 1994, pp. 20~38.

[377] Moutinho, L., and Smith, A., "Modeling bank customers´satisfaction through mediation of attitudes towards human and automated banking," *International Journal of Bank Marketing*, Vol. 18, No. 3, 2000, pp. 124 ~ 134.

[378] Mukherjee, A., and Nath, P., "A model trust in online relationship banking," *International Journal of Bank Marketing*, Vol. 21, No. 1, 2003, pp. 5 ~ 15.

[379] Murphy, C., Coover, D., and Owen, S., "Development and validation of the computer self – efficacy scale," *Educational and Psychological Measurement*, Vol. 49, 1989, pp. 893 ~ 899.

[380] Nath, R., Schrick, P., and Parzinger, M., "Bankers' Perspectives on Internet Banking," *e – Service Journal*, Vol. 69, 2001, pp. 21 ~ 36.

[381] Ndubisi, Nelson Oly, "Customers' perceptions and intention to adopt Internet banking: the moderation effect of computer self – efficacy," *AI and Soc*, Vol. 21, 2007, pp. 315 ~ 327.

[382] Newman, I., and McNeil, K., *Conducting survey research in social science*. New York: University press of America inc., 1998.

[383] Nicolaou, Andreas I. and McKnight, D. Harrison, "Perceived Information Quality in Data Exchanges: Effects on Risk, Trust, and Intention to Use," *Information Systems Research*, Vol. 17, No. 4, 2006, pp. 332 ~ 351.

[384] Njite, D., and Parsa, H. G., "Structural Equation Modeling of Factors That Influence Consumer Internet Purchase Intentions of Services," *Journal of Services Research*, Vol. 5, No. 1, 2005, pp. 43 ~ 59.

[385] Nooteboom, B., Berger, H., and Noorderhaven, N., "Effects of trust and governance on relational risk," *Academy of Management Journal*, Vol. 40, No. 2, 1997, pp. 308 ~ 338.

[386] Novak, T. P., Hoffman, D. L., and Young, Y., "Measuring the flow construct in online environments: A structural modeling approach," 1999. Retrieved 23/12/2007, from http://www2000. ogsm. vanderbilt. edu/papers/flow. construct/measuring_ flow_ construct. html

[387] Nyshadham, E. A., "Privacy policies of air travel web sites: a survey and analysis," *Journal of Air Transport Management*, Vol. 6, No. 3, 2000, pp. 143 ~ 152.

[388] Nysveen, H., Pedersen, P. E., and Thorbjornsen, H., "Explaining intention to use mobile chat services: mdoerating effects of gender," *Journal of Consumer Marketing*, Vol. 22, No. 5, 2005a, pp. 247 ~ 256.

[389] Nysveen, H., Pedersen, P. E. and Thorbjornsen, H., "Intentions to use mobile services: antecedents and cross – service comparisons," *Journal of the Academy of Marketing Science*, Vol. 33, No. 2, 2005, pp. 30 ~ 47.

[390] OCC., "Internet Banking—Comptroller's Handbook. Comptroller of the Currency Administrator of National Banks," *The Office of the Comptroller of the Currency*, 1999.

[391] O'Reilly, C. A., "Variation in decision makers' use of information sources: The im-

pact of quality and accessibility of information," *Academy of Management Journal*, Vol. 25, 1982, pp. 756 ~ 771.

[392] Orr, Bill, "At Last, Internet Banking Takes Off," *ABA Banking Journal*, Vol. 91, 1999, pp. 32 ~ 34.

[393] Osterland, Andrew, "Nothing but Net; Bank One's Wingspan Leaves Bricks and Mortar Behind," *Business Week*, Vol. 8, No. 2, 1999, p. 72.

[394] Ostlund, LE. , "Perceived innovation attributes as predictors of innovativeness," *Journal of Consumer Research*, Vol. 6, No. 1 1974, pp. 23 ~ 29.

[395] Pajares, F. and Miller, D. M. , "Mathematics Self – Efficacy and Mathematical Problem – Solving: Implications of Using Different Forms of Assessment," *Journal of Experimental Education*, Vol. 65, No. 3, 1997, pp. 213 ~ 228.

[396] Palmer, A. , and Bejou, D. , "Buyer – seller relationships: A conceptual model and empirical investigation," *Journal of Marketing Management*, Vol. 10, No. 6, 1994, pp. 495 ~ 512.

[397] Parasuraman, A. , "Technology Readiness Index (TRI): A Multiple – Item Scale to Measure Readiness to Embrace New Technologies," *Journal of Service Research*, Vol. 2, 2000, pp. 307 ~ 320.

[398] Park, J. , Lee, D. , Ahn, J. , "Risk – focused e – commerce adoption model: a cross – country study," *Journal of Global Information Technology Management*, Vol. 7, No. 2, 2004, pp. 6 ~ 30.

[399] Pavlou, P. A. , "Customer acceptance of electronic commerce – integrating trust and risk with the technology acceptance model," *International Journal of Electronic Commerce*, Vol. 7, No. 3, 2003, pp. 69 ~ 103.

[400] Pavlou, P. A. , "Integrating trust in electronic commerce with the technology acceptance model: model development and validation," *MA: AMCIS Proceedings*, 2001, pp. 816 ~ 822.

[401] Pavlou, P. A. and Fygenson, M. , "Understanding and Predicting Electronic Commerce Adoption: An Extension of the Theory of Planned Behavior," *MIS Quarterly*, Vol. 30, No. 1, 2006, pp. 115 ~ 143.

[402] Pavlou, P. A, and Gefen, D. , "Building effective online marketplaces with institution – based trust," *Information Systems Researvh*, Vol. 15, No. 1, 2004, pp. 37 ~ 59.

[403] Pavri, F. N. , *An empirical investigation of the factors contributing to microcomputer usage*: [*Unpublished Doctoral Dissertation*]. London: University of Western Ontario, 1988.

[404] Pease, W. , and Rowe, M. , "Diffusion of Innovation – The Adoption of Electronic Commerce by Small and Medium Enterprises (SMEs) – A Comparative Analysis," *Australian Journal of Information Systems*, Vol. 13, No. 1, 2005, pp. 287 ~ 294.

[405] Pedersen, P. E. , "Adoption of mobile Internet services: an exploratory study of mobile commerce early adopters," *Journal of Organizational Computing and Electronic Commerce*, Vol. 15, No. 3, 2005a, pp. 203~221.

[406] Pedersen, P. E. Pedersen, "Instrumentality challenged: the adoption of a mobile parking service." In: *Mobile Communications: Re-negotiation of the Social Sphere*. Ling, R. , and Pedersen, P. E. Editors. London, 2005b, pp. 373~388.

[407] Pikkarainen, T. , Pikkarainen, K. , Karjaluoto, H. , and Pahnila, S. , "Consumer acceptance of online banking: an extension of the technology acceptance model," *Internet Research*, Vol. 14, No. 3, 2004, pp. 224~235.

[408] Plouffe, R. C. , Hulland, S. J. , and Vandenbosch, M. , "Research report: richness versus parsimony in modeling technology adoption decisions understanding merchant adoption of a smart-card based payment system," *Information Systems Research*, Vol. 12, No. 2, 2001, pp. 208~222.

[409] Polatoglu, V. N. , and Ekin, S. , "An empirical investigation of the Turkish consumers' acceptance on Internet banking services," *The International Journal of Bank Marketing*, Vol. 19, No. 4/5, 2001, pp. 156~166.

[410] Porter, R. Stephen, "New direction for institutional research," *Wiley periodicals Inc*, Vol. 121, 2004, pp. 5~21.

[411] Pritchard, M. P. , and Howard, D. R. , "Analyzing the Commitment-Loyalty Link in Service Contexts," *Journal of the Academy of Marketing Science*, Vol. 27, No. 3, 1999, pp. 333~348.

[412] Quelch, J. A. , and Klein, L. R. , "The Internet and International Marketing," *Sloan Management Review*, Spring, 1996, pp. 60~75.

[413] Ratnasingham, Pauline, "The importance of Trust in electronic commerce, Internet Research," *Electronic Networking Applications and Policy*, Vol. 8, No. 4, 1998, pp. 313~321.

[414] Ratnasingham, Pauline, "The impact of collaborative commerce and trust in Web services," *The Journal of Enterprise Information Management*, Vol. 17, No. 5, 2004, pp. 382~387.

[415] Read, S. , "Online banking," *The Guardian*, Vol. 31 (October), 1998, pp. 1~4.

[416] Reichheld, F. , and Schefter, P. , "E-Loyalty. Your secret weapon on the Web," *Harvard Business Review*, Jul-Aug, 2000, pp. 105~113.

[417] Rhee, H. S. , and Riggins, F. , "GVU's WWW User Surveys: High Level Summary of Internet Banking Survey." 1997. Retrieved 31/10/2006, from http://www. gvu. gatech. edu. /user_ srveys/survey-1997-04/graphs/banking/report. html

[418] Rice, R. E. , and Shook, D. E. , "Access to, usage of, and outcomes from an electronic messaging system," *ACM Transactions on Office Information Systems*, Vol. 6, 1988, pp. 255~276.

[419] Rimal, R. N. , "Longitudinal influences of knowledge and self – efficacy on exercise behavior: Tests of a mutual reinforcement model," *Journal of Health Psychology*, Vol. 6, 2001, pp. 31 ~ 46.

[420] Robertson, T. S. , and Myers, J. H. , "Personality Correlates of Opinion Leadership and Innovative Buying Behavior," *Journal of Marketing Research*, Vol. 6, 1969, pp. 164 ~ 168.

[421] Robey, Daniel, "User Attitudes and Management Information System Use," *Academy of Management Journal*, Vol. 22, No. 3, 1979, pp. 466 ~ 474.

[422] Robinson, T. , "Internet banking: still not a perfect marriage," *Informationweek. com*, 2000, pp. 104 ~ 106.

[423] Roboff, G. , and Charles, C. , "Privacy of financial information in cyberspace: banks addressing what consumers want," *Journal of Retail Banking Services*, Vol. 2, No. 3, 1998, pp. 51 ~ 56.

[424] Rogers, E. M. , *Diffusion of innovations* (3rd ed.) . New York: The free press, 1983.

[425] Rogers, E. M. , *Diffusion of innovations* (4th ed.) . New York: The free Press, 1995.

[426] Rogers, S. and Harris, M, . "Gender and e – commerce: An exploratory study," *Journal of Advertising Research*, Vol. 43, No. 3, 2003, pp. 1 ~ 8.

[427] Rosenberg, V. , "Factors affecting the preferences of industrial personnel for information gathering methods," *Information Storage and Retrieval*, Vol. 3, 1967, pp. 119 ~ 127.

[428] Rotchanakitumunai, S. , and Speece, M. , "Barriers of Internet banking adoption: a qualitative study among corporate customers in Thailand," *International journal of Bank Marketing*, Vol. 21, No. 6 ~ 7, 2003, pp. 312 ~ 323.

[429] Rotchanakitumnuai, S. , and Speece, M. , "Business Value of Thai Internet Banking Services: The Corporate Customers' Perspectives," *Journal of Electronic Commerce Research*, Vol. 11, No. 5, 2004, pp. 270 ~ 286.

[430] Rousseau , D. J. , Sitkin, S. B. , Burt, R. S. , and Camerer, C. , "Not So Different After All: A Cross – Discipline View of Trust," *The Academy of Management Review*, July, 1998, pp. 393 ~ 404.

[431] Rushton, J. P. , *Altruism, socialization, and society*. NJ: Prentice – Hall, 1980.

[432] Rowden, R. , "The relationship between charismatic leadership behaviors and organizational commitment," *Leadership and Organization Development Journal*, Vol. 21, No. 1, 2000, pp. 30 ~ 35.

[433] Salisbury, W. D. , Pearson, R. A. , Pearson, A. W. , and Miller, D. W. , "Perceived security and World Wide Web purchase intention," *Industrial Management and Data Systems*, Vol.

101, No. 3/4, 2001, pp. 165 ~ 176.

[434] Sarel, D. , and Marmorstein, H. , "Marketing online banking services: the voice of the customer," *Journal of Financial Services Marketing*, Vol. 8, No. 2, 2003a, pp. 106 ~ 118.

[435] Sarel, D. , and Marmorstein, H. , "Marketing online banking to the indifferent consumer: a longitudinal analysis of banks' actions," *Journal of Financial Services Marketing*, Vol. 8, No. 3, 2003b, pp. 231 ~ 243.

[436] Sathye, M. , "Adoption of Internet banking by Australian consumers: an empirical investigation," *International Journal of Bank Marketing*, Vol. 17, No. 7, 1999, pp. 324 ~ 334.

[437] Schneider, F. , *Trust in Cyberspace.* Washington DC: National Academy Press, 1998.

[438] Schneider, I. , "Is time running out for Internet – only banks?" *Bank Systems and Technology*, Vol. 9, 2001, p. 8.

[439] Schultz, R. L. , and Slevin, D. P. , "Implementation and Organizational Validity: An Empirical Investigation. " In: *Implementing Operation and Research/Management Science.* Schultz, R. L. and Slevin, D. P. (eds.) . New York: American Elsevier Publishing Co. , 1975, pp. 153 ~ 182.

[440] Segars, A. H. , and Grover, V. , "Re – examining perceived ease of use and usefulness: a confirmatory factor analysis," *MIS Quarterly*, Vol. 17, 1993, pp. 517 ~ 725.

[441] Seitz, J. , and Stickel, E. , "Internet Banking – An Overview," *Journal of Internet Banking and Commerce*, Vol. 3, No. 1, 1998, pp. 9801 ~ 9808.

[442] Seok – Jae, Ok and Ji – Hyun, Shon, "The Determinant of Internet Banking Usage Behavior in Korea: A Comparison of Two Theoretical Models, 2006. " Retrieved 21/11/2006, from http: //www. collecter2006. unisa. edu. au/Paper%2010%20Seok%20Jae%20Ok. pdf

[443] Sheng, H. , Nah, F. F. , and Siau, K. , "An Experimental Study on U – commerce Adoption: Impact of Personalization and Privacy Concerns. " In: *5th Pre – ICIS Annual Workshop on HCI Research in MIS.* Milwaukee, WI. 2006, pp. 80 ~ 84.

[444] Sheppard, B. H. , Harwick, J. , and Warshaw, P. R. , "The theory of reasoned anion: A meta – analysis of past research with recommendation for modifications and future research," *Journal of Consumer Research*, Vol. 15, 1988, pp. 325 ~ 343.

[445] Sheshunoff, A. , "Internet banking: An update from the frontlines," *ABA Banking Journal*, Vol. 92, No. 1, 2000, pp. 51 ~ 53.

[446] Shih, Ya – Yueh and Fang, Kwoting, "The use of a decomposed theory of planned behavior to study Internet banking in Taiwan," *Internet Research*, Vol. 14, No. 3, 2004, pp. 213 ~ 223.

[447] Shimp, Terence and Kavas, Alican, "The Theory of Reasoned Action Applied to Coupon Usage," *Journal of Consumer Research*, Vol. 11, 1984, pp. 795 ~ 809.

[448] Siegel, Carolyn, *Internet Marketing: Foundations and Applications.* New York: Houghton Mifflin, 2004.

[449] Sievewright, M. , "Traditional vs virtual service," *Credit Union Magazine*, Vol. 2, 2002, p. 26.

[450] Simpson, L. , and Lakner, H. , "Perceived risk and mail order shopping for apparel," *Journal of Consumer Studies and Home Economics*, Vol. 17, 1993, pp. 377~389.

[451] Sinha, Indrajit, "Cost Transparency: The Net's Real Threat to Prices and Brands," *Harvard Business Review*, Vol. 78 (Mar/Apr), 2000, pp. 43~50.

[452] Singh, A. M. , *Internet banking: to bank or not to bank. Where is the question?* Durban: University of Durban Westville, 2002.

[453] Singh, Jagdip and Sirdeshmukh, Deepak, "Agency and Trust Mechanisms in Customer Satisfaction and Loyalty Judgments," *Journal of the Academy of Marketing Science*, Vol. 28 (Winter), 2000, pp. 150~167.

[454] Sitkin, S. B. , and Pablo, A. L. , "Reconceptualizing the determinants of risk behavior," *Academic Management Review*, 1992, pp. 179~138.

[455] Sitkin, S. B. , and Weingart, L. R. , "Determinants of risky decision making behavior: A test of the mediating role of risk perceptions and propensity," *Academic Management Journal*, Vol. 38, 1995, pp. 1573~1592.

[456] Slyke, V. C. , Comunale, C. and Belanger, F. , "Gender differences in perceptions of Web – based shopping," *Communications of the ACM*, Vol. 45, No. 7, 2002, pp. 82~86.

[457] Slyke, V. C. , Belanger, F. and Comunale, C. , "Factors influencing the adoption of web – based shopping: the impact of trust," *Database for Advances in Information Systems*, Vol. 35, No. 2, 2004, pp. 41~47.

[458] Smith, J. , and Barclay, D. , "The Effects of Organizational Differences and Trust on the Effectiveness of Selling Partner Relationships," *Journal of Marketing*, Vol. 61, 1997, pp. 3~21.

[459] Sneddon, Mark, "Cyber banking: Remote Banking Using the Internet," *Australian Business Law Review*, Vol. 25, No. 1, 1997, pp. 64~67.

[460] Sohail, M. S. , Shanmugham, B. , "E – banking and customer preferences in Malaysia: An empirical investigation," *Information Sciences*, Vol. 150, 2003, pp. 207~217.

[461] Stewart, Katherine J. , "Transference as a means of building trust in world wise web sites," *Paper presented at the 20th International Conference of Information Systems*, Charlotte, North Carolina. 1999.

[462] Stewart, Katherine J. , "Trust transfer on the World Wide Web," *Organization Science*, Vol. 14, No. 1, 2003, pp. 5~17.

[463] Straub, D. , Limayem, M. , and Karahanna – Evaristo, E. , "Measuring system usage: Implications for IS theory testing," *Management Science*, Vol. 41, 1995, pp. 1328 ~ 1342.

[464] Succi, M. J. and Walter, Z. D. , "Theory of user acceptance of information technologies: an examination of health care professionals," *Proceedings of the 32nd Hawaii International Conference on System Sciences* (*HICSS*), 1999, pp. 1 ~ 7.

[465] Suganthi, and Balachandran, B. , "Internet Banking Patronage: An Empirical Investigation of Malaysia," *Journal of Internet Banking and Commerce*, Vol. 6: 2001, p. 1.

[466] Suh, Bomil and Han, Ingoo, "Effect of trust on customer acceptance of Internet Banking," *Electronic Commerce Research and Applications*, Vol. 1, 2002, pp. 247 ~ 263.

[467] Sukkar, Ahmad Al and Hasan, Helen, "Toward a Model for the Acceptance of Internet Banking in Developing Countries," *Information Technology for Development*, Vol. 11, No. 4, 2005, pp. 381 ~ 398.

[468] Swaminathan, V. , Lepkowska – white, E. , and Rao, B. P. , "Browsers or Buyers in Cyberspace? An Investigation of Factors Influencing Electronic Exchange," *Journal of Computer – mediated Communication*, Vol. 5, 1999. Retrieved 19/9/1007, from http: //www. ascusc. org/jc-mc/vol5/issue2/swaminathan. html

[469] Swanson, E. B. , "Measuring User Attitudes in MIS Research: A Review," *OMEGA*, Vol. 10, No. 2, 1982, pp. 157 ~ 165.

[470] Szajna, Bernadette, "Empirical Evaluation of the Revised Technology Acceptance Model," *Management Science*, Vol. 42, No. I, 1996, pp. 85 ~ 93.

[471] Takacs, Scott and Freiden, Jon B. , "Changes on the Electronic Frontier: Growth and Opportunity of the World – Wide Web," *Journal of Marketing Theory and Practice*, Vol. 6, No. 3, 1998, pp. 24 ~ 37.

[472] Tan, M. and Teo, T. S. H. , "Factors influencing the adoption of Internet banking," *Journal of the Association for Information Systems*, Vol. 1, No. 5, 2000, pp. 1 ~ 42.

[473] Tan, Y. – H. , and Thoen, W. , "Toward a Generic Model of Trust for Electronic Commerce," *International Journal of Electronic Commerce*, Vol. 5, No. 2, 2000 ~ 2001, pp. 61 ~ 74.

[474] Tax, S. S. , Brown, S. W. , and Drashhekaran, M. C. , "Customer evaluations of service complaint experiences," *Journal of Marketing*, Vol. 62, No. 2, 1998, pp. 60 ~ 77.

[475] Taylor, S. and Todd, P. A. , "Understanding information technology usage: a test of competing models," *Information Systems Research*, Vol. 6, No. 2, 1995a, pp. 144 ~ 176.

[476] Taylor, S. , and Todd, P. A. , "Assessing IT usage: The role of prior experience," *MIS Quarterly*, Vol. 19, No. 4, 1995b, pp. 561 ~ 570.

[477] Teo, T. S. H. , Lim, V. K. G. , and Lai, R. Y. C. , "Intrinsic and Extrinsic Motivation

in Internet Usage," *Omega*, Vol. 27, No. 1, 1999, pp. 25 ~ 37.

[478] Terry, D. J. , "Self – efficacy Expectancies and the Theory of Reasoned Action. " In: *The Theory of Reasoned Action: Its Application to AIDS – preventive Behavior.* Terry, D. C. , Gallois, C. and McCamish, M. (eds.) . U. K. : Pergamon, 1993.

[479] Thatcher, J. B. and Perrewè, P. L. , "An empirical examination of individual traits as antecedents to computer anxiety and computer self – efficacy," *MIS Quarterly*, Vol. 26, No. 4, 2002, pp. 381 ~ 396.

[480] Thompson, R. L. , Higgins, C. A. , and Howell, J. M. , "Personal Computing: Toward a Conceptual Model of Utilization," *MIS Quarterly*, Vol. 15, No. 1, 1991, pp. 125 ~ 143.

[481] Thompson, R. L. , Higgins, C. A. , and Howell, J. M. , "Influence of Experience on Personal Computer Utilization: Testing a Conceptual Model," *Journal of Management Information Systems*, Vol. 1, No. 1, 1994, pp. 167 ~ 187.

[482] Thompson, L. F. , Meriac, J. P. , and Cope, J. G. , "Motivating online performance: the influences of goal setting and Internet self – efficacy," *Social Science Computer Review*, Vol. 20, No. 2, 2002, pp. 149 ~ 160.

[483] Timewell, Stephen and Kung, Young, "How the Internet Redefines Banking," *The Banker*, Vol. 149, 1999, pp. 27 ~ 31.

[484] Tomkin, N. , and Baden – Fuller, C. , "Case study: First direct telephone banking," *Working Paper.* City University Business School, London, 1998.

[485] Tornatsky, L. G. , and Klein, K. J. , "Innovation Characteristics and Innovation Adoption – implementation: A Meta – analysis of Findings," *IEEE Transactions on Engineering Management*, Vol. 29, No. 1, 1982, pp. 28 ~ 45.

[486] Triandis, H. C. , "Values, attitudes, and interpersonal behavior. " In: *Beliefs, attitudes, and values.* Howe, H. and Page, M. (Eds.) . Lincoln: University of Nebraska Press, 1980, pp. 195 ~ 259.

[487] Turban, E. , Lee, J. , King, D. , and Chung, H. M. , *Electronic Commerce: A Managerial Perspective.* New York: Prentice – Hall, 2000.

[488] Udo, G. , "Privacy and security concerns as major barriers for e – commerce: a survey study," *Information Management and Computer Security*, Vol. 9, No. 4, 2001, pp. 165 ~ 174.

[489] Vallerand, R. J. , "Toward a hierarchical model of intrinsic and extrinsic motivation," *Advances in Experimental Psychology*, Vol. 29, 1997, pp. 271 ~ 361.

[490] VanHoose, D. , *E – commerce economics.* Cincinnati, Ohio: South – Western/Thomson Learning. 2003.

[491] Venkatesh, V. , "Creation of favorable user perceptions: Exploring the role of intrinsic motivation," *MIS Quarterly*, 1999, 23: pp. 239 ~ 260.

[492] Venkatesh, V. , "Determinants of Perceived Ease of Use: Integrating Control, Intrinsic Motivation, and Emotion into the Technology Acceptance Model," *Information Systems Research*, Vol. 11, No. 4, 2000, pp. 342 ~ 365.

[493] Venkatesh, V. and Davis, F. D. , "A Model of the Antecedents of Perceived Ease of Use: Development and Test," *Decision Sciences*, Vol. 27, No. 3, 1996, pp. 451 ~ 481.

[494] Venkatesh, V. and Davis, F. D. , "Theoretical extension of the technology acceptance model: four longitudinal field studies," *Management Science*, Vol. 46, No. 2, 2000, pp. 186 ~ 204.

[495] Venkatesh, V. , and Morris, G. M. , "Why dont men ever stop to ask for direction? Gender, social influence and their role in technology acceptance and usage behavior," *MIS Quarterly*, Vol. 24, No. 1, 2000, pp. 115 ~ 137.

[496] Venkatesh, V. , and Speier, C. , "Computer technology training in the workplace: A longitudinal investigation of the effect of mood," *Organizational Behavior and Human Decision Processes*, Vol. 79, 1999, pp. 1 ~ 28.

[497] Venkatesh, V. , Morris, M. G. , and Ackerman, P. L. , "A Longitudinal Field Investigation of Gender Differences in Individual Technology Adoption Decision Making Processes," *Organizational Behavior and Human Decision Processes*, Vol. 83, 2000, pp. 33 ~ 60.

[498] Venkatesh, V. , Morris, M. G. , Davis, G. B. , and Davis, F. D. , "User acceptance of information technology: Toward a unified view," *MIS Quarterly*, Vol. 27, No. 3, 2003, pp. 425 ~ 478.

[499] Venkatesh, V. , Speier, C. and Morris, M. G. , "User acceptance enablers in individual decision making about technology: toward an integrated model," *Decision Sciences*, Vol. 33, No. 3, 2002, pp. 297 ~ 316.

[500] Vessey, I. and Galleta, D. , "Cognitive fit: an empirical study of information acquisition," *Information Systems Research*, Vol. 2, No. 1, 1991, pp. 63 ~ 86.

[501] Wah, Louisa, "Banking on the Internet," *Management Review*, Vol. 88, 1999, pp. 44 ~ 48.

[502] Wakefield, R. L. , and Whitten, D. , "Examining User Perceptions of Third – Party Organization Credibility and Trust in an E – retailer," *Journal of Organization and End User Computing*, Vol. 18, No. 2, 2006, pp. 1 ~ 19.

[503] Wang, Y. S. , Wang, Y. M. , Lin, H. H. , and Tang, T. I. , "Determinants of user acceptance of Internet banking: an empirical study," *International journal of service Industry management*, Vol. 14, No. 5, 2003, pp. 501 ~ 519.

[504] Warrington, T. B. , Abgrab, N. J. , and Caldwell, H. M. , "Building trust to develop competitive advantage in e – business relationships," *Competitiveness Review*, Vol. 10, No. 2, 2000, pp. 160 ~ 168.

［505］Watt, J. , "Using the Internet for quantitative survey research," *Quirks Marketing Research Review*, 1997. Retrieved 11/1/2008, from http: //www. quirks. com/articles/a1997/19970610. aspx? searchID = 3327201

［506］Webster, F. E. Jr. , "New Product Adoption in Industrial Markets: A Framework for Analysis," *Journal of Marketing*, Vol. 33, No. 3, 1969, pp. 35 ~ 39.

［507］Webster, J. , and Martocchio, J. , "Microcomputer Playfulness: Development of a Measure with Workplace Implications," *MS Quarterly*, Vol. 16, No. 2, 1992, pp. 201 ~ 226.

［508］Webster, J. , Trevino, L. K. and Ryan, L. , "The dimensionality and correlates of flow in human – computer interaction," *Computers in Human Behavior*, Vol. 9, 1993, pp. 411 ~ 426.

［509］Wejnert, B. , "Integrating models of diffusion of innovations: A conceptual framework," *Annual Review of Sociology*, Vol. 28, 2002, pp. 297 ~ 326.

［510］Westin, A. F. , *Privacy and Freedom*. New York: Atheneum, 1967.

［511］Wetzels M. , Ruyter K. D. , and Lemmink, J. , "Measuring service quality trade – offs in Asian distribution channels: a multi – layer perspective," *Total Quality Management*, Vol. 11, No. 3, 2000, pp. 307 ~ 318.

［512］White, Lawrence J. , "Technological Change, Financial Innovation, and Financial Regulation in the U. S. : The Challenges for Public Policy," *Working paper*. Stern School of Business, New York University, 1998.

［513］White, H. , and Nteli, F. , "Internet banking in the UK: Why are there not more customers?" *Journal of Financial Services Marketing*, Vol. 9, No. 1, 2004, pp. 49 ~ 56.

［514］Williamson, O. E. , *The Economic Institutions of Capitalism*. New York: Free Press, 1985.

［515］Williamson, O. E. , "Calculativeness, Trust, and Economic Organization," *Journal of Law and Economics*, Vol. 34, 1993, pp. 453 ~ 502.

［516］Wilson, Charles, "The Nature of Equilibrium in Markets with Adverse Selection," *Journal of Economics*, Vol. 11, No. 1, 1980, pp. 108 ~ 130.

［517］Wind, Jerry and Rangaswamy, Arvind, "Customerization: The Next Revolution in Mass Customerization," *Journal of Interactive Marketing*, Vol. 15, No. 1, 2001, pp. 13 ~ 32.

［518］W? ber, K. , and Gretzel, U. , "Tourism managers' adoption of marketing decision support systems," *Journal of Travel Research*, Vol. 39, 2000, pp. 172 ~ 181.

［519］Wong, A. , and Sohal, A. , "Customers' perspectives on service quality and relationship quality in retail encounters," *Managing Service Quality*, Vol. 12, 2002, pp. 424 ~ 433.

［520］Wong, S. , Y, and Chang, T. , B. , "Effects of perceived risks on Internet banking services: An empirical investigation in Taiwan," *International journal of e – business research*, Vol. 1, No. 1, 2005, pp. 70 ~ 88.

[521] Wood, R. E., and Bandura, A., "Social cognitive theory of organizational management," *Academy of management Review*, Vol. 14, 1989, pp. 361 ~ 384.

[522] Wu, I. L., and Chen, J. L., "An extension of Trust and TAM model with TPB in the initial adoption of on – line tax: An empirical study," *International Journal of Human – Computer Studies*, Vol. 62, 2005, pp. 784 ~ 808.

[523] Wu, Wann – Yih and Li, Chia – Ying, "A contingency approach to incorporate human, emotional and social influence into a TAM for KM programs," *Journal of Information Science*, Vol. 33, No. 3, 2007, pp. 275 ~ 297.

[524] Yoon, S. J., "The Antecedents and Consequences of Trust in Online Purchase Decisions," *Journal of Interactive Marketing*, Vol. 16, No. 2, 2002, pp. 47 ~ 63.

[525] Yousafzai, S. Y., Pallister, J. G. and Foxall, G. R., "A proposed model of e – trust for electronic banking," *Technovation*, Vol. 23, No. 11, 2003, pp. 847 ~ 860.

[526] Yu, J., Ha, I., Choi, M., and Rho, J., "Extending the TAM for a t – commerce," *Information and Management*, Vol. 42, 2005, pp. 965 ~ 976.

[527] Zeithaml, V. A., Berry, L. L., and Parasuraman, A., "The behavioral consequences of service quality," *Journal of Marketing*, Vol. 60 (April), 1996, pp. 31 ~ 46.

[528] Zucker, L., "Production of Trust: Institutional Sources of Economic Structure, 1840 ~ 1920." In: *Research in Organizational Behavior*. Staw, B. and Cummings, L. (eds.). CT: JAI Press, 1986, pp. 53 ~ 111.

[529] Zwass, V., "Electronic commerce: structures and issues," *International Journal of Electronic Commerce*, Vol. 1, No. 1, 1996, pp. 3 ~ 23.

附 录

附录 A 　调查问卷 　　　　NO.＿＿＿

各位尊敬的受访者：

　　您好！

　　非常感谢您能够在百忙之中抽出宝贵的时间来填写该调查问卷！这是一份探讨受访者对于网络银行采用的研究，试图找出顾客采用网络银行的影响因素。我们希望通过此研究能够更好地理解网络银行如何才能更有成效地向您提供服务。**本问卷采用无记名方式，所有资料仅作学术研究之用并严格保密，请您放心填答。**如果您需要任何咨询，请直接通过以下方式联系我们。

　　Email：rainmondjoy@yahoo.com.cn　　MSN：robyn－joy@hotmail.com

　　QQ：728835465　ICQ：199635192　Skype：rainmondjoy

　　Tel：（86）2223494515　Mbl：（86）13428992986

由衷地感谢您的参与和支持！

研究单位：南开大学商学院

博士生：焦勇兵

博士生导师：吴晓云

什么是网络银行？ 网络银行是以互联网为基础的银行服务，是指顾客利用有线或无线设施通过一个互联网入口进入到银行网站接受不同种类的银行服务，诸如账单咨询与支付、转账、证券交易和其它理财服务等。

第一部分 背景信息

这一部分主要了解与您有关的背景信息，请在对应的选项前小方括号内打勾或把相应字体改成红色。

1. 您的性别是什么？

□男　□女

2. 您的年龄是什么？

□18～25岁　□26～35岁　□36～45岁　□46～55岁　□≥55岁

3. 您的职业是什么？

□大学生　□公司白领　□公务员 医疗、教育或科研　□其它

4. 您的月收入是什么？

□≤2000元　□2001～3500元　□3501～5000元　□5001～7000元
□≥7001元

5. 您的教育背景是什么？

□≤中学　□大中专　□大学本科　□研究生

6. 您的婚姻状况是什么？

□单身　□已婚

7. 您使用电脑的时间为多久？

□从不使用　□<1年 1～2年　□3～5年　□6～10年　□>10年

8. 您使用互联网的时间为多久？

□从不使用　□<1年　□1～2年　□3～5年　□6～10年　□>10年

9. 您使用过网络银行的时间为多久？

□从不使用　□<1年　□1～2年　□3～5年　□>5年

10. 您是多少家银行的顾客？

□1　□2　□3　□4　□5　□6　□7

11. 您一般情况下平均每月采用几次网络银行？

□<1次　□1～3次　□4～6次　□7～9次　□>10次

12. 你会觉得网络银行是你选择一家银行开立新账户的一个必须条件吗？

□是　□否

13. 您曾经或打算通过网络银行办理哪些交易服务？（可以多选）

□存款余额查询　□存款账户转账　□外币买卖　□信用卡支付　□证券交易　□基金买卖　□黄金或白银买卖　□煤气费、通信费、个人保险、所得税、车险或养路费等的缴纳　□个人资料变更　□交易细目查询　□金融产品

信息查询 □其它，请指出：_____

14. 您是从哪儿了解网络银行的？（可以多选）

□银行宣传手册/广告 □书籍 □互联网 □报纸杂志 □电视电台

□口头传播 □其它，请指出：_____

15. 您经常采用或打算采用的是哪家网络银行？（可以多选）

□工商银行 □中国银行 □建设银行 □农业银行 □交通银行 □招
商银行 □民生银行 □光大银行 □中信实业银行 □兴业银行 □上海浦
东发展银行 □广东发展银行 □深圳发展银行 □渣打银行 □汇丰银行
□荷兰银行 □花旗银行 □东亚银行 □其它，请指出：_____

第二部分　问卷内容

这一部分主要是要了解您对网络银行的看法，请依照个人实际认知状况，把每项所对应的数字改成红色或直接用圆圈将数字圈起来。若您没使用过网络银行，请您凭印象中的想法来回答（注：1＝非常不同意；2＝不同意；3＝稍微不同意；4＝无意见；5＝稍微同意；6＝同意；7＝非常同意）。

1. 感知有用性（PU）

PU1. 网络银行能够使我更加快速地完成银行交易　　　　　　1　2　3　4　5　6　7

PU2. 网络银行对我获取银行产品和服务的信息有帮助　　　　1　2　3　4　5　6　7

PU3. 网络银行可以提高我理财的效率　　　　　　　　　　　1　2　3　4　5　6　7

PU4. 网络银行可以使我更快捷地享受银行服务　　　　　　　1　2　3　4　5　6　7

PU5. 总而言之，采用网络银行对我有用　　　　　　　　　　1　2　3　4　5　6　7

2. 感知易用性（PEOU）

PEOU1. 网络银行使我容易地处理银行交易　　　　　　　　　1　2　3　4　5　6　7

PEOU2. 我需要较短时间来学习网络银行的操作过程　　　　　1　2　3　4　5　6　7

PEOU3. 我在使用网络银行过程中感到得心应手　　　　　　　1　2　3　4　5　6　7

PEOU4. 熟练地使用网络银行是件容易的事情　　　　　　　　1　2　3　4　5　6　7

PEOU5. 我较容易地通过网络银行找到所需的服务　　　　　　1　2　3　4　5　6　7

PEOU6. 总而言之，使用网络银行比较容易　　　　　　　　　1　2　3　4　5　6　7

3. 感知愉悦性（PE）

PE1. 利用网络银行进行交易时我能体会到乐趣和享受   1 2 3 4 5 6 7

PE2. 网络银行给我带来的享受使我更愿意采用网络银行   1 2 3 4 5 6 7

PE3. 利用网络银行进行交易时我会觉得时间流逝得很快   1 2 3 4 5 6 7

PE4. 网络银行能够向我提供分支银行不能提供的享受   1 2 3 4 5 6 7

PE5. 阅读网络银行的内容比观看电视金融节目愉快   1 2 3 4 5 6 7

PE6. 使用网络银行会刺激我的好奇心   1 2 3 4 5 6 7

PE7. 总而言之，使用网络银行令我感到愉快   1 2 3 4 5 6 7

4. 感知风险（PR）

PR1. 使用网络银行时我担心病毒或黑客窃取我的账户信息   1 2 3 4 5 6 7

PR2. 使用网络银行时我担心银行泄露我的个人隐私   1 2 3 4 5 6 7

PR3. 我担心我的网络银行交易信息会被他人知道   1 2 3 4 5 6 7

PR4. 我担心我的网络银行交易信息会被他人篡改   1 2 3 4 5 6 7

PR5. 网络银行缺乏人际互动，我感到没有分支网点安全   1 2 3 4 5 6 7

PR6. 总而言之，采用网络银行会使我感到有风险   1 2 3 4 5 6 7

5. 主观规范（SN）

SN1. 我对网络银行的使用可能会受到家人的影响   1 2 3 4 5 6 7

SN2. 社会上大部分人都使用网络银行，这对我影响很大   1 2 3 4 5 6 7

SN3. 我对网络银行的使用可能会受到我的上级的影响   1 2 3 4 5 6 7

SN4. 朋友和同事都用网络银行，我也没有必要很落伍   1 2 3 4 5 6 7

6. 自我效能（SE）

SE1. 我相信我完全会有能力采用网络银行   1 2 3 4 5 6 7

SE2. 尽管以前未使用过网络银行，但我很自信能够运用它   1 2 3 4 5 6 7

SE3. 在仅参考在线指导的情况下我就可以使用网络银行   1 2 3 4 5 6 7

SE4. 即使周围没人教我如何操作，我也能够使用网络银行   1 2 3 4 5 6 7

SE5. 即使界面系统发生变化，我也能够使用网络银行   1 2 3 4 5 6 7

SE6. 自信地使用网络银行使我陶醉于其中   1 2 3 4 5 6 7

7. 便利条件（FC）

FC1. 网络银行的优良服务增加了我对它的信任　　　　1　2　3　4　5　6　7

FC2. 服务质量越好，我对网络银行越信赖　　　　　　1　2　3　4　5　6　7

FC3. 人性化的互动界面增强了我对网络银行的信任　　1　2　3　4　5　6　7

FC4. 24 小时便利的解决方案使我信任网络银行　　　　1　2　3　4　5　6　7

FC5. 网络安全技术的不断进步对于网络银行采用是必须的　1　2　3　4　5　6　7

FC6. 较快的互联网链接速度对于网络银行是重要的　　1　2　3　4　5　6　7

FC7. 足够的银行信息服务使我感到了网络银行的便利性　1　2　3　4　5　6　7

FC8. 我在每天的任何时刻都可以使用网络银行　　　　1　2　3　4　5　6　7

FC9. 我在世界上任何地方都可以使用网络银行　　　　1　2　3　4　5　6　7

8. 信任（TR）

TR1. 我认为通过网络银行进行交易值得信赖　　　　　1　2　3　4　5　6　7

TR2. 对网络银行服务者的信任会影响对网络银行的采用　1　2　3　4　5　6　7

TR3. 现有的网络银行服务提供者比新进入者更值得信任　1　2　3　4　5　6　7

TR4. 我信任网络银行的技术　　　　　　　　　　　　1　2　3　4　5　6　7

TR5. 我信任网络银行保护我隐私的能力　　　　　　　1　2　3　4　5　6　7

9. 采用意图（AI）

AI1. 我打算采用网络银行　　　　　　　　　　　　　1　2　3　4　5　6　7

AI2. 我将来会经常使用网络银行　　　　　　　　　　1　2　3　4　5　6　7

AI3. 我会将网络银行添加到我的最爱链接或收藏夹　　1　2　3　4　5　6　7

AI4. 一旦我的开户行开通网络银行业务，我就马上采用它　1　2　3　4　5　6　7

AI5. 我会考虑通过网络银行购买基金等金融产品　　　1　2　3　4　5　6　7

AI6. 我会强烈推荐他人使用网络银行　　　　　　　　1　2　3　4　5　6　7

再次非常感谢您的宝贵时间和珍贵的信息！

您是否希望得到本研究结果的一个副本？如果希望得到，请将您的电子邮件地址和通信地址提供如下：

邮政编码：

通信地址：

电子信箱：

附录 B　问卷调查资料

表 B1　问卷调查统计表

调查地点或方法	调查场所	具体位置	发放份数	回收份数	有效份数
深圳实地拦截	家乐福梅林店	福田区梅林一村家乐福 CL－211	100	86	
	建设银行梅景支行	福田区梅林一村 28 栋首层			
	国美梅林店	福田区梅山街沿书苑二楼			
广州实地拦截	新大新百货公司	越秀区中山五路 4 号	50	36	
	广百百货	越秀区北京路 295 号			
苏州实地拦截	汇丰银行苏州分行	苏州工业园区中央商贸区	50	40	235
	东亚银行苏州分行	苏州工业园区星海街 200 号			
上海实地拦截	沃尔玛浦东店	浦东新区临沂北路 252 号	50	34	
杭州实地拦截	麦当劳明珠餐厅	上城区延安路 302 号明珠商业中心	50	42	
网络调查	互联网	互联网	78	116	110

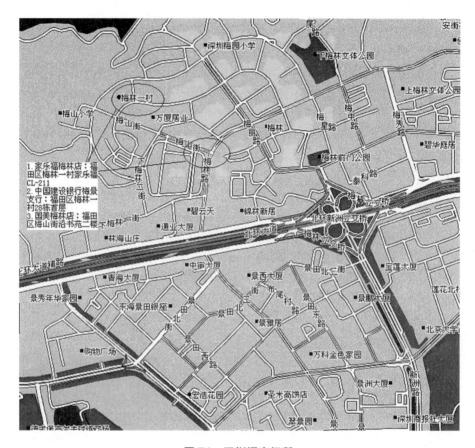

图 B1　深圳调查场所

图 B2　广州调查场所

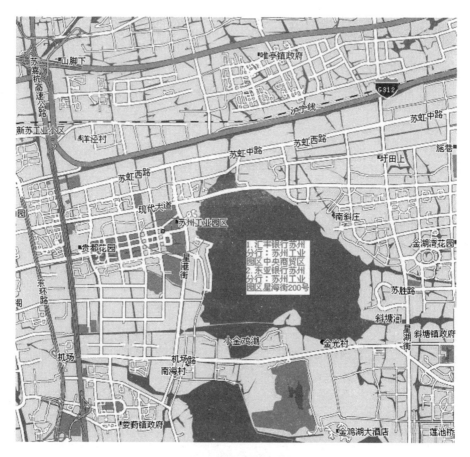

图 B3　苏州调查场所

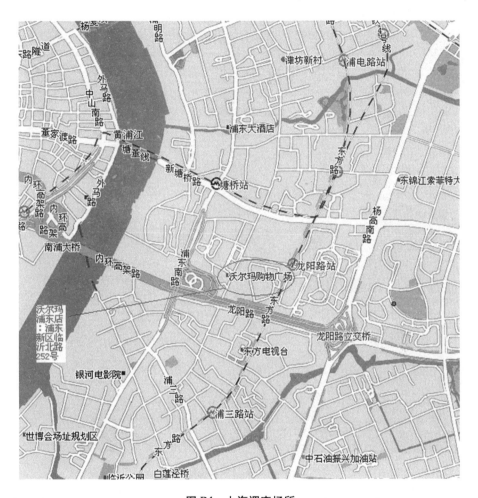

图 B4　上海调查场所

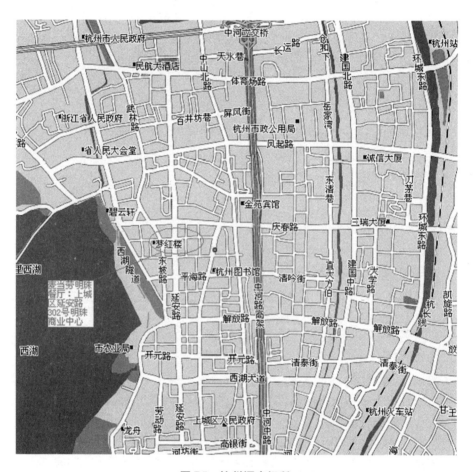

图 B5　杭州调查场所

后 记

　　光阴似箭，日月如梭。弹指一挥间，五岁时光已逝。

　　回首往事，思绪万千。三载博士生涯，实乃令吾难以忘怀。博士生涯仅为宇宙变迁长河中之流星闪逝，然则于吾乃为人生旅程中之绚烂盛年。求学期间，吾磨砺自强、宵旰攻苦，以求学有所得。零八年四月，正值春暖花开之际，论文终于如愿杀青。而论文之杀青亦凝结诸多他人之帮助，谨以此致谢。

　　谨谢吾之导师吴晓云教授。吾绝非愚钝之人，自以为千里马。三年前曾欲拜吴教授为师。赖恩师慧眼识才，收吾于门下。恩师治学严谨，学识渊博，思想深邃，视野雄阔。尤其在吾写作期间，恩师对吾循循善诱，谆谆教诲，终于使吾在学之载能够玉琢成器。恩师屡屡待人以诚，每每为学以严，其言教身传，惠吾匪浅。

　　敬谢其他老师之无私帮助。范秀成教授，在专业领域和方法论上皆给予吾详尽和深入指导。今在论文出版之际，范教授在百忙之中欣然为我作序，着实令吾倍感鼓舞。严建援教授和许晖教授在吾开题之际向吾提出了诸多宝贵之建议。郭国庆教授在评审论文和答辩之时亦提出了论文进一步完善之意见。

　　深谢吾之同窗好友。三载博士生涯虽若白驹过隙，然诸君与吾锤炼之手足之情将永驻心间。曹花蕊明眸善睐，聪慧灵秀；邓竹菁双瞳剪水，蕙质兰心；刘侠婷婷玉立，慧比文姬；于萍仪静体闲，气若幽兰。论文写作遇挫之际，诸位淑女皆对吾尽心帮助，激吾斗志。李海廷思维敏捷、博学多才并具内秀之俊；康凯锐意进取、为人诚恳且有孔明之聪。海廷与康凯二君为吾之论文贡献颇深，真乃桃花潭水深千尺，不及师弟送我情。马向辉、曾耀荣和李强咸为满腹经纶、学富五车、才高八斗、才华横溢和通晓古今之才。李昀、许小苍和郑林华温文尔雅、慎言谨行，且虚怀若谷、不骄不躁、功成不居。诸君常常与吾一起青梅煮酒、指点江山、激扬文字、纵论天下英雄豪杰。诸君为吾创作灵感之源泉，谢哉吾友！

诚谢吾父、吾母、吾妻和吾子。吾生于书香门第，自幼受父母熏陶颇深。严君鬓白，为期生活之无虞，时以花甲之龄奔波于外；慈母体弱，为求起居之安适，常以多病之躯操劳于内；贤妻无暇，整日忙碌，冀较多收入补贴家境；犬子聪颖，勤学好问，图未来成栋梁之材。寸草有心，难报三春之晖；四海无涯，堪比亲恩之厚！

学海无涯，勤奋为舟。今日南开，人杰地灵。允公允能，日新月异！昔居三载，亦不甚惜。抚今追昔，无限依依！

书不尽言，言不尽意。是为后记。

焦勇兵

公元二零零八年四月十日首稿于南开园

公元二零一一年一月十五日再稿于宁波